Die Nürnberger Straßennamen

Die Nürnberger Straßen-namen

von

Fritz Gruber

1989
Verlag A. Hofmann
Nürnberg

Luftbild Bischof & Broel, Nürnberg, Freigabe: LAN-Nr. G-301/5089

Gesamtherstellung:
Druckerei und Verlag A. Hofmann, Nürnberg

Printed in Germany 1989
ISBN 3 871 91-138-0

Auslieferung an den Buchhandel:
M. Edelmann, Nürnberg

Zur Einführung

Seit vielen Jahrhunderten wird in den Städten die Notwendigkeit von Straßenbezeichnungen verknüpft mit Erinnerungen an große Persönlichkeiten, an bestimmte Ereignisse, typische Merkmale, wie zum Beispiel die Lage bei wichtigen Bauwerken oder Zunftwerkstätten. Die Straßen, Tore, Gassen und Plätze einer Stadt können also ein großes Teil Lokal- und Kulturgeschichte widerspiegeln, wenn Namensschilder auch ihre jeweilige Bedeutung zeigen würden. Weil dies nicht so ist, hat der Verlag A. Hofmann dieses Buch zur Herkunft der Straßennamen in Nürnberg angefertigt; zumal das Interesse an lokalen Besonderheiten nach wie vor wach, eher sogar noch im steigen begriffen ist.

Die Geschichte der Straßennamen reicht zurück bis ins Mittelalter; aus dieser Zeit stammt die Mehrzahl jener Bezeichnungen, die sich direkt auf unsere Stadt beziehen. Leider sind durch eine Reihe von Umbenennungen, anläßlich der Eingliederung in den freien Reichsstaat Bayern, eine Menge von sehr deftigen Nürnberger Straßennamen ausgemerzt worden.

Mit zunehmender Ausdehnung der Stadt über ländliche Gebiete hinweg vermehrte sich die Zahl jener Namen, die ihren Ursprung in so gut wie nie auslotbaren Flurbezeichnungen haben. Auch wurde nun häufiger die relativ nichtssagende Methode der Benennung mit Begriffen aus der Pflanzenwelt und Geographie angewandt; begründet wurde dies mit dem Hinweis auf Orientierungserleichterungen, welche dadurch gegeben seien, daß man für bestimmte Stadtgebiete Namensgruppen festlegte.

Wir vom Verlag A. Hofmann hätten uns gewünscht, daß die Zahl bedeutsamer Straßennamen zu den Stadtrandgebieten hin gar nicht so befremdlich abgenommen hätte. — Diesen kleinen Wermutstropfen wollen wir als Schlußpunkt hinter diese Einleitung setzen.

Wir wünschen Ihnen gute Unterhaltung bei der Lektüre und würden uns freuen, wenn womöglich der eine oder andere einen Beitrag zur Ergänzung dieses Buches fände.

Die häufig im Text erscheinende Abkürzung RSZ bedeutet: Reichsstadtzeit.

Verlag A. Hofmann, Nürnberg

Reformation der Stadt Nürnberg
Nbg., A. Koberger, 1484

Aachener Straße Wetzendorf
Stadt in Nordrhein-Westfalen. Technische Hochschule, Tuchindustrie. Seit dem 12. Jahrhundert Reichsstadt.

Aalener Straße Schweinau
Stadt in Württemberg.

Abenberger Straße Eibach
Abenberg, Stadt im Landkreis Roth, mit Schloß der Herrn von Abenberg (Heilige Stilla).

Abendgasse Eibach
Nach der Tageszeit benannt.

Achahildisweg Moorenbrunn
Achahildis (um 1100), adelige Wohltäterin und Kirchenstifterin in Wendelstein.

Achenbachstraße Weiherhaus
Andreas Achenbach (1815-1910) und Oswald Achenbach (1827-1905), Maler und Graphiker.

Ackerstraße Steinbühl
Nach den Äckern am Espan von Steinbühl.

Adalbertstraße Schweinau
Nach Prinzen Adalbert von Bayern (1828-1875).

Adalbert-Stifter-Straße Zerzabelshof
Dichter und k. u. k. Schulrat, 1805-1868, (Der Waldsteig, Bunte Steine).

Adam-Kraft-Straße St. Johannis
Adam Kraft (um 1455/60-1508/09), berühmter Bildhauer in Nürnberg. Schuf das Sakramentshäuschen in St. Lorenz, das Landauersche Grabmal in der Tetzelkapelle der Egidien-

kirche, die sogenannten Leidensstationen von der Burgschmietstraße zum St. Johannis-Friedhof (diese Leidensstationen gehören zu den letzten Werken Adam Krafts).

Mathias Prechtl
Bildnis des Adam Kraft

Adam-Klein-Straße Gostenhof

Nürnberger Maler und Kupferstecher Adam Klein, 1792 - 1875. Genre- und Tierbilder.

Joh. Adam Klein
Freund Welker und Erhard bei Salzburg (1818)

Adamsplatz Schoppershof
Nach der früher dort gelegenen Fabrik von J. Fr. Adam.

Adamstraße Schoppershof
Vg. Adamsplatz

Adelgundenstraße St. Johannis
Bayerische Prinzessin Adelgunde, um 1870.

Adelheidstraße Schweinau
Kaiserin Adelheid, Gemahlin Otto des Großen (939 - 999).

Adenauerbrücke St. Peter und Wöhrd
Dr. Konrad Adenauer (1876 - 1967), erster deutscher Bundeskanzler (1949 - 1963).

Adlerstraße Altstadt
Früher „Der Roßmarkt", 1810 nach dem Gasthof „Goldener Reichsadler" umbenannt.

Adolf-Braun-Straße Muggenhof
Dr. Adolf Braun (1862 - 1929), Politiker und Publizist.

Agathenweg Bleiweißviertel
Nach dem weiblichen Vornamen.

Agnesbrücke Altstadt
Nach dem weiblichen Vornamen.

Agnesgasse Altstadt
(früher Hundsgäßchen), 1828 nach Albrecht Dürers Frau Agnes, einer geborenen Frey, umbenannt.

Ahornweg Eibach
Nach dem Ahornbaum.

Aichacher Straße Gaulnhofen
Stadt Aichach im Landkreis Aichach-Friedberg. Ansehnliche barocke Bürgerbauten, barockes Rathaus.

Ailsbachweg Großreuth bei Schweinau
Der Ailsbach mündet bei Behringersmühle (Fränkische Schweiz) in die Püttlach.

Aischweg Großreuth bei Schweinau
Nach dem Nebenfluß der Regnitz.

Ajtoschstraße Lichtenhof
Aus dem ungarischen Ort Ajtosch stammen die Vorfahren Dürers.

Akeleiweg Werderau
Nach der Blume.

Alberichstraße Gleißhammer
Alberich, Hüter des Nibelungenschatzes.

Albert-Schweitzer-Straße Neukatzwang
Albert Schweitzer (1875-1965), evangelischer Theologe, Philosoph, Musikforscher und Missionsarzt in Lambarene (Gabun). 1952 Friedensnobelpreis.

Albertstraße Gleißhammer
(früher Turnstraße). Nach dem männlichen Vornamen.

Albrecht-Achilles-Straße Herpersdorf
Albrecht Achilles (1414-1486), Markgraf von Ansbach, (siehe auch: Reickestraße).

Albrecht-Dürer-Platz Altstadt
Früher Milchmarkt, 1828 nach dem Maler Albrecht Dürer benannt. Dürer wurde am 21. Mai 1471 in Nürnberg geboren,

als drittes von 18 Kindern des Goldschmiedes Albrecht Türer und der Barbara Holper, Tochter des Innungsmeisters der Nürnberger Goldschmiede. Er ist am 6. April 1528 in Nürnberg gestorben.

Albrecht Dürer
Der Trockensteg beim Hallertor

Albrecht-Dürer-Straße Altstadt
Früher Zistel- oder Zisselgasse, Wohnsitz der Korbmacher, 1828 umbenannt nach Nürnbergs berühmtesten Maler und Kupferstecher Albrecht Dürer (1471 - 1528).

Albrecht-Thaer-Straße Röthenbach bei Schweinau
Albrecht Thaer (1752 - 1828), Arzt, Landwirt und Professor der Landwirtschaft.

Aldringenstraße Mühlhof/Holzheim
Johann Graf von Aldringen (1588 - 1634), ein Vertrauter Wallensteins.

Alemannenstraße Gibitzenhof
Germanischer Volksstamm der Völkerwanderungszeit.

Alexanderstraße Steinbühl
Nach dem männlichen Vornamen.

Alfelder Weg Laufamholz
Das Dorf Alfeld liegt in der Hersbrucker Schweiz im Förrenbachtal.

Alfons-Stauder-Straße Neukatzwang
Dr. med., Dr. rer. pol. h. c. Alfons Stauder (1878-1937), Nürnberger Arzt, Vorsitzender mehrerer ärztlicher Vereinigungen, Initiator der Bayerischen Ärzteversorgung.

Alfonsstraße Schweinau
Nach dem männlichen Vornamen, vermutlich auch nach dem bayerischen Prinzen Alfons.

Alfredstraße Höfen
Nach dem männlichen Vornamen.

Alfred-Graf-Weg Langwasser
Nach einem in Nürnberg geborenen Schriftsteller.

Alfred-Hensel-Weg Dutzendteich
Alfred Hensel war ehemals Leiter des Gartenbauamtes Nürnberg.

Allersberger Straße St. Peter
Ehemaliger pfalz-neuburgischer Markt Allersberg, Landkreis Roth.

Almoshofer Hauptstraße Almoshof
Altes Rodungsdorf im Knoblauchsland, 1923 eingemeindet, mit zwei alten Schlössern Nürnberger Herren (Holzschuher, Stromer).

Alpenrosenweg Maiach
Nach der Alpenblume.

Alsterstraße Neukatzwang
Alster, Nebenfluß der Elbe.

Altdorfer Straße Gleißhammer
Die Stadt Altdorf war von 1504 - 1806 nürnbergisch. Dort war von 1577 - 1809 die Universität der Reichsstadt (Wallenstein).

Altenberger Straße Kleinreuth bei Schweinau
Altenberg bei Zirndorf (1632, Ausgangspunkt des schwedischen Angriffs auf die Alte Veste, wo sich Wallenstein verschanzt hatte).

Altenfurter Straße Altenfurt
Nach dem Ortsteil Altenfurt, 1973 eingemeindet. Rundkapelle aus dem 12. Jahrhundert.

Alte Straße Eibach
1924 aus „Schützenstraße" umbenannt.

Altmühlweg Reichelsdorf
Nach dem Donauzufluß Altmühl.

Amalienstraße St. Johannis
Nach dem weiblichen Vornamen.

Ambergerstraße Schweinau
Georg Paul Amberger (1789 - 1844), Kaufmann und Magistratsrat, Begründer der Stadtchronik, stiftete der Stadt seine Norikasammlung.

Ammanstraße Steinbühl
Jost Amman (1539 - 1591), Maler, Zeichner, Kupferätzer und Formenschneider. Der gebürtige Züricher war 30 Jahre in

Der Hůter.

Kehrt hie hereyn jr Kauffleut all/
Schauwt/ob mein arbeit euch gefall/
Von guter/Wolln/ſauber/nicht bilzet/
Wol gſchlagen/gwalcken vnd gefilzet/
Auch wol geformbt vnd zugericht/
Gezogen Hůt vnd auch gebicht/
Auch mach ich der Filzſocken viel/
Wenn der kalt Winter anbrechn wil.

J. Amman

Nürnberg tätig (Frauentrachtenbuch, Kartenspielbuch, Stände und Handwerker mit Versen von Hans Sachs).

Ammerndorfer Straße Höfen
Markt im Biberttal.

Amorbacher Straße Großgründlach
Stadt Amorbach im Odenwald, Landkreis Miltenberg. Seit 1803 Sitz der Fürsten von Leiningen.

Amrumer Straße Almoshof
Nach der Nordseeinsel Amrum.

Amselstraße St. Leonhard
(frühere Untere Tunnelstraße), nach dem Singvogel.

Amtmannsbrücklein Fischbach
Nach einem Flurnamen.

Amundsenstraße Neukatzwang
Roald Amundsen (1872 - 1928), norwegischer Polarforscher, erreichte 1911 als erster den Südpol.

Andernacher Straße Ziegelstein
Stadt Andernach am Rhein.

Andersenstraße Laufamholz/Freiland
Hans Christian Andersen (1805 - 1875), dänischer Dichter, weltberühmt durch seine Kunstmärchen (Prinzessin auf der Erbse, Der standhafte Zinnsoldat u. a.).

Andreas-Hofer-Straße Lichtenhof
Tiroler Freiheitsheld (geb. 1767), 1810 von den Franzosen in Mantua erschossen.

Andreasstraße Gibitzenhof
Nach dem männlichen Vornamen.

Anemonenstraße Katzwang
Nach der Blume.

Anger, Am Ziegelstein
Dort war der Gemeindeanger Ziegelsteins.

Angerburger Straße Ziegelstein
Angerburg, Stadt in Ostpreußen.

Angerstraße Steinbühl
Nach dem Gemeindeanger des alten Dorfes Steinbühl.

Annastraße Lichtenhof
Nach dem weiblichen Vornamen.

Anne-Frank-Straße Lichtenhof
Anne Frank (1929 - 1945, ermordet im KZ Bergen-Belsen). Berühmt durch ihr Tagebuch, welches sie, als Kind einer jüdischen Familie, über ihre Erlebnisse im Hinterhausversteck ihres Amsterdamer Exils schrieb.

Annette-Kolb-Straße Langwasser
Anne Mathilde Kolb, München, 1870 - 1967, war mütterlicherseits französischer Herkunft und trat durch eigenwillige Essays und Übersetzungen hervor. Sie emigrierte 1933 nach New York, bemühte sich dann nach dem 2. Weltkrieg stark um die Wiederannäherung Deutschlands und Frankreichs. Bekannt wurden u. a. ihre Biographien „Mozart“ (1937) und „Franz Schubert“, ebenso ihre Romane „Blätter in den Wind“ (1954) und „Das Exemplar“ (1913).

Annweiler Straße Gartenstadt
Stadt im Queichtal (Pfälzer Wald), Sommerfrische,

rege Industrie - in der Nähe der Burg Trifels - seit 1219 Stadt.

Ansbacher Straße Röthenbach bei Schweinau
Hauptstadt des bayerischen Bezirkes Mittelfranken, früher Sitz der Markgrafen.

Ansgarstraße Moorenbrunn
Der heilige Ansgar, Apostel des deutschen Nordens.

Anzengruberstraße Fischbach
Ludwig Anzengruber (1839 - 1889), österreichischer Dramatiker und Erzähler (Der Meineidbauer, Der Pfarrer von Kirchfeld, Der G'wissenswurm).

Apenrader Straße Thon
Apenrade, alte Handels- und Hafenstadt in Dänemark (Apenra), gehörte bis 1919 zu Nordschleswig.

Apinusstraße Mögeldorf
Johann Apinus (1668 - 1703), Stadtarzt in Hersbruck, dann Professor der Medizin an der reichsstädtischen Universität in Altdorf.

Appelstraße Reichelsdorfer Keller
Adolf Appel, von 1908 - 1920 Pfarrer an der evangelisch-lutherischen Kirche in Katzwang, Heimatforscher.

Appenzeller Straße Großreuth
Nach der Hauptstadt des Schweizer Kantons Appenzell.

Appoldstraße Großreuth bei Schweinau
Der Bleistiftmacher Johann Friedrich Appold lebte um 1750.

Archivstraße Gärten hinter der Veste
Das Bayerische Staatsarchiv befindet sich in der Archivstraße.

Arendsstraße Schweinau

Leopold Alexander Friedrich Arends (1817 - 1882) erfand ein deutsches Stenographiesystem.

Arminiusstraße Tullnau

Arminius, Urbild der Siegfriedsage, besiegte 9 nach Chr. die römischen Legionen im Teutoburger Wald (Hermannschlacht).

Armin-Knab-Straße Gartenstadt

Armin Knab (1881 - 1951), Komponist, schrieb Lieder, Chorwerke und Kantaten.

Arndtstraße St. Johannis

Ernst Moritz Arndt (1769 - 1860), patriotischer Dichter, Geschichtsprofessor in Bonn, Mitglied im Frankfurter Parlament 1848.

Arnoldstraße Gleißhammer

Nach dem männlichen Vornamen.

Arnulfstraße Gärten bei Wöhrd

Nach dem männlichen Vornamen.

Artelshofer Straße Laufamholz

Das Dorf Artelshofen liegt bei Hersbruck im oberen Pegnitztal. Der Altar in der Kirche stammt von Wolf Traut (1477-1520). Schloß.

Arzbergweg Laufamholz

Nach dem Vorjuraberg bei Hersbruck mit Aussichtsturm.

Arzloher Straße Laufamholz

Nach dem Ort Arzlohe im Landkreis Nürnberg Land.

Asbacher Straße Gebersdorf
Ober- und Unterasbach sind Dörfer im Landkreis Fürth.

Aschaffenburger Straße Großgründlach
Stadt Aschaffenburg am Main in Unterfranken. Renaissanceschloß Johannisburg.

Asternstraße Eibach
Nach der Herbstblume.

Attinghausenstraße Großreuth hinter der Veste
Figur aus Schillers „Wilhelm Tell“. Siegelbewahrer des Landes Uri und Landamtmann.

Au, In der Herpersdorf
Nach einem Flurnamen.

Auerbaucher Straße Laufamholz
Stadt Auerbach im Landkreis Amberg-Sulzbach.

Aufseßplatz Steinbühl
Hans Freiherr von und zu Aufseß (1801-1872) war der Gründer des Germanischen Nationalmuseums (1852) und bis 1862 dessen erster Direktor.

Augraben Fischbach
Nach dem südlich dieser Straße verlaufenden Augraben.

Augsburger Straße Eberhardshof
Nach der Fuggerstadt am Lech.

Augustenstraße Lichtenhof
Nach dem weiblichen Vornamen.

August-Euler-Weg Ziegelstein
August Euler (1868-1957), Flugpionier und Flugzeugbauer.

Augustinerstraße Altstadt
Nach dem 1525 aufgehobenen Augustinerkloster (früher „Bei den Augustinern"). Erbaut um 1275.

August-Macke-Straße Worzeldorf
August Macke (1887-1914), Maler der Künstlergruppe „Der Blaue Reiter".

Aurachweg Großreuth bei Schweinau
Das Flüßchen Aurach kommt von Emskirchen und mündet in die Regnitz.

Auricher Straße Thon
Aurich, Regierungshauptstadt von Ostfriesland, am Ems-Jade-Kanal.

Außenstraße Reichelsdorf
Nach der Lage außerhalb des Ortskerns.

Aussiger Platz Zerzabelshof
Aussig, Hauptstadt des Kreises Nordböhmen Tschechoslowakei.

Austraße Gostenhof
Nach dem Flurnamen „Au" aus der Dorfzeit Gostenhofs.

Autobahn, An der Kornburg
Nach der südlich vorbeiführenden Bundesautobahn Nürnberg-Heilbronn.

Avenariusstraße Großreuth hinter der Veste
Richard Heinrich Avenarius (1843-1896), Philosoph, Professor in Zürich. Sein Hauptwerk: Kritik der reinen Erfahrung.

Ayrerstraße Zerzabelshof

Jakob Ayrer (1544 - 1605), Nürnberger Dramendichter, kaiserlicher Notar und Gerichtsprokurator. Er dichtete 69 Theaterstücke, geistliche Lieder und eine Chronik der Stadt Bamberg. Nur gelegentlich benützte er in seinen 33 Komödien und Tragödien moralische Schlußwendungen. Ayrer lernte von den englischen Komödiantengruppen, die in Nürnberg Gastspiele gaben.

Azaleenweg Mögeldorf

Nach dem Zierstrauch benannt.

Baaderstraße Gleißhammer

Franz Xaver von Baader (1765 - 1842), Philosoph und Theologe in München.

Bad Bernecker Straße Erlenstegen

Bad Berneck, Kneippbad im Fichtelgebirge.

Bad Brückenauer Straße Großgründlach

Bad Brückenau, Kurort in der Rhön.

Bad Kissinger Straße Großgründlach

Bad Kissingen, Sol- und Moorbad in Unterfranken.

Badstraße Marienvorstadt

Benannt nach einem ehemaligen Pegnitzbad.

Bahnhofsplatz Tafelhof

Vor dem 1905 eröffneten Hauptbahnhof.

Bahnhofstraße Marienvorstadt

Nach dem Hauptbahnhof benannt.

Bahnlinie, An der Altenfurt

Nach der Bahnlinie Nürnberg - Regensburg.

Baierlacherstraße Eibach
Dr. Eduard Baierlacher (1825-1889), berühmter Arzt. Verwendete galvanischen Strom zur Heilbehandlung.

Baiersdorfer Straße Buchenbühl
Baiersdorf bei Erlangen, bekannt wegen seines Meerrettichanbaues.

Baimbacher Weg Katzwang
Baimbach ist ein Ortsteil von Schwabach.

Bärenbühlgraben Fischbach
Nach einem Flurnamen.

Bärenschanzstraße Gostenhof
Die Bärenschanze, eine Verteidigungsanlage des 17. Jh.

Bäumling, Am Lohe
Nach einem Flurnamen

Bahnhof, Hinterm Galgenhof
Liegt hinter dem Hauptbahnhof.

Bad Wörishofener Straße Gaulnhofen
Bad Wörishofen im Landkreis Unterallgäu. Wirkungsstätte von Kneipp.

Bächlein, Am Fischbach
Benannt nach dem Fischbach.

Baldurstraße Forsthof
Nach dem germanischen Lichtgott Baldur.

Balthasar-Neumann-Straße Mögeldorf
Großer Baumeister des Barocks (1687-1753), erbaute u. a. die Residenz in Würzburg, Vierzehnheiligen.

Baltrumer Straße Almoshof

Benannt nach dem Ort und der gleichnamigen Insel Baltrum, Nordseebad.

Bamberger Straße Schnepfenreuth

Stadt Bamberg in Oberfranken an der Mündung der Regnitz in den Main. Ausgangspunkt des Ludwigskanals. Bamberger Dom, 1273 eingeweiht, Bamberger Reiter, Grabmahl Heinrich II. und seiner Gemahlin Kunigunde.

Banatstraße Zerzabelshof

Banat, geschichtliche Landschaft. Heute zwischen Rumänien, Jugoslawien und Ungarn geteilt. Heimat der Banater Schwaben.

Bankgasse Altstadt

1785 wurde das alte Gebäude des „Heilsbronner Hofs" abgerissen und ein Bankgebäude errichtet, welches 1806 von Bayern als königliche Hauptbank übernommen wurde.

Barbiergasse Gostenhof

Alte Ortsbezeichnung, schon im alten Dorf Gostenhof.

Barlachstraße Herpersdorf und Pillenreuth

Ernst Barlach (1870 - 1938), Bildhauer, Graphiker und Dichter.

Bartholomäusstraße Wöhrd

Bartholomäus, einer der zwölf Apostel Jesu. Schutzpatron der Kirche in Wöhrd.

Bartókstraße Katzwang

Béla Bartók (1881 - 1945), ungarischer Komponist (Oper, Ballett, Klavier- und Orchesterwerke).

Der Heilsbronner Hof Anno 1623

Baststraße Buch

Johann Michael Bast (1820-1891) gründete eine Spiritus- und Hefefabrik in Buch.

Bauernfeindstraße Rangierbahnhof

Karl Max von Bauernfeind (1818-1894), Gründer und Direktor der Münchener TH, Erfinder des Prismenkreuzes und des Distanzprismas (Elemente der Vermessungskunde).

Bauernfeld, Am Fischbach

Nach einem Flurnamen.

Bauernfeldstraße Fischbach

Nach einem Flurnamen.

Bauerngasse Gostenhof
Alte Bezeichnung aus der Dorfzeit.

Bauernwald, Am Loher Moos
Nach einer Flur- bzw. Waldbezeichnung.

Bauhof Altstadt
Platz, an dem sich das frühere reichsstädtische, jetzt städtisches Bauamt befindet.

Bauhüttenstraße Gibitzenhof
Dort waren große Lagerplätze für Baumaterial.

Baustraße, Obere und Untere St. Peter
1868 wurden dort umfangreiche Wohnbauten errichtet.

Bauvereinstraße Gärten bei Wöhrd
Nach dem 1861 von Klett errichteten Bauverein.

Bayernstraße Dutzendteich
Nach dem Land der Bayern.

Bayreuther Straße Gärten bei Wöhrd
Bayreuth, Regierungshauptstadt von Oberfranken. Ehemalige Residenz der Markgrafen von Ansbach-Kulmbach, markgräfliches Opernhaus.

Bayreuther Straße, Äußere Schoppershof
Vgl. Bayreuther Straße.

Bebelstraße Neukatzwang
August Bebel (1840-1913), Mitbegründer der Sozialdemokratischen Arbeiterpartei.

Bechhofer Straße Reichelsdorf
Nach dem Städtchen Bechhofen bei Feuchtwangen.

Beckmannstraße Worzeldorf
Max Beckmann (1884 - 1950), Maler und Graphiker, zählt zu den Hauptmeistern des deutschen Expressionismus.

Beckschlagergasse Altstadt
Früherer Wohnsitz der Messingschläger, die Pfannen und Töpfe herstellten. Wegen des Lärms den sie verursachten, wurden die Beckschlager in der Vorstadt angesiedelt. Ihre Gasse wurde auch „die Unruh“ genannt. Mit dem Aufkommen der Hammerwerke ging das Handwerk zurück und starb um 1790 in Nürnberg aus.

Beckstraße Gostenhof
Christ. Alex. Beck, Brauereibesitzer (1800 - 1877), machte der Stadt reiche Stiftungen.

Beerbacher Weg (früher Gartenstraße) Laufamholz
Beerbach ist ein Dorf im Landkreis Erlangen-Höchstadt.

Beethovenstraße Erlenstegen
Ludwig van Beethoven (1770 - 1827), berühmter Komponist (Sinfonien, Klavier-Konzerte, Klavier- und Violinsonaten, Oper „Fidelio“).

Behlanger, Am Laufamholz
Nach einem Flurnamen.

Behringstraße Mögeldorf
Dr. Emil von Behring (1854 - 1917), berühmter Arzt, Universitätsprofessor in Marburg, Entdecker des Diphterieheilserums. 1901 Nobelpreis.

Beilngrieser Straße Reichelsdorf
Stadt im Altmühltal im Fränkischen Jura, hier mündet die Sulz. Um 1007 schenkte Kaiser Heinrich II. „Pilengriz“ dem

neuen Bistum Bamberg, 1015 kam es an Eichstätt - 1485 Stadt. In der Nähe Schloß Hirschberg.

Belgarder Straße Röthenbach bei Schweinau
Die Stadt Belgard liegt an der Persante in Pommern.

Belznerweg Großreuth hinter der Veste
Wilhelm Belzner (1863 - 1919), Rot- und Glockengießer, Nürnberger Mundartdichter.

Benekestraße Gärten hinter der Veste
Friedrich Eduard Beneke (1798 - 1854), Philosoph, Professor in Berlin (Empirisch beobachtende Philosophie).

Ben-Gurion-Ring Zerzabelshof
Nach dem israelischen Ministerpräsidenten, Parteiführer und Gewerkschafter (1886 - 1973).

Bennostraße Schafhof
Nach dem männlichen Vornamen.

Berchinger Straße Röthenbach bei Schweinau
Mittelalterliches Städtchen bei Beilngries, auch Klein-Rothenburg genannt.

Berckhauserstraße Gärten hinter der Veste
Hieronymus Berckhauser, 1567 - 1657, Nürnberger Goldschmied und Steinschneider.

Berg, Am Moorenbrunn
Nach der Lage der Straße.

Bergäckerstraße Brunn
Nach einem Flurnamen.

Bergauerplatz, Oberer und Unterer Altstadt
Bergauer, berühmter Nürnberger Färbermeister im 16. Jahrhundert.

Bergleite, An der Katzwang
Nach einem Flurnamen.

Bergstraße Altstadt
Früher „Oberer Milchmarkt". 1810 umbenannt.

Berliner Platz Rennweg
Nach der Stadt Berlin.

Bernadottestraße Sündersbühl
Folke Bernadotte (1895 - 1948), schwedischer Graf, Präsident des schwedischen Roten Kreuzes. Als UN-Beauftragter für Palästina von jüdischen Terroristen ermordet.

Bernhardstraße Höfen
Nach einem männlichen Vornamen.

Bernstädter Straße Langwasser
Stadt Bernstadt in Niederschlesien, Kreis Oels.

Berolzheimer Straße Röthenbach bei Schweinau
Markt Berolzheim liegt im Landkreis Weißenburg-Gunzenhausen.

Bertastraße Gleißhammer
Nach einem weiblichen Vornamen.

Bertha-von-Suttner-Straße Sündersbühl
Nach der Schriftstellerin Bertha von Suttner (1843 - 1914). Sie erhielt 1905 den Friedensnobelpreis („Die Waffen nieder").

Bertolt-Brecht-Straße Langwasser

Bertolt Brecht (1898 - 1956), Dramatiker, Lyriker, Erzähler (Dreigroschenoper, Mutter Courage und ihre Kinder, Galileo Galilei, Flüchtlingsgespräche).

Beslerstraße Eibach

Die Beslers waren eine Nürnberger Ärzte-, Botaniker- und Naturaliensammlerfamilie. - Der Apotheker Basilius Besler (1561 - 1629) verfaßte 1613 eine detaillierte Betrachtung des botanischen Gartens am Bistum Eichstätt. Die diesbezügliche Veröffentlichung galt als erstes botanisches Prachtwerk in Deutschland.

Bessemerstraße Herrnhütte

Henry, Sir Bessemer (1813 - 1898) englischer Ingenieur, war der Erfinder eines Verfahrens für die Massenherstellung von Flußstahl (Bessemerbirne).

Bestelmeyerstraße Zerzabelshof

Georg Bestelmeyer (1785 - 1852), Tabakfabrikant, bayerischer Landtagsabgeordneter und 1838 - 1849 2. Bürgermeister in Nürnberg.

Betzengäßchen Altstadt

Nach den Betzen, Schafen, die dort an einem Haus gemalt waren. Vermutlich handelt es sich, wie in Lammsgasse, um die Darstellung des agnus dei, des Gotteslamms, ein Symbol, das oft an den Seelhäusern des Beginenordens angebracht war.

Betzensteiner Straße Ziegelstein

Betzenstein, kleinste Stadt Bayerns, mit alter malerischer Burg, in der Fränkischen Schweiz.

Beuthener Straße Langwasser

Nach der oberschlesischen Stadt Beuthen.

Bibertstraße Gebersdorf
Nebenfluß der Rednitz.

Bibraweg Eibach
Der Naturforscher Ernst Freiherr von Bibra (1806-1878) stammte aus Schwebheim in Franken und starb in Nürnberg (Reisewerke und Romane).

Bielefelder Straße Wetzendorf
Nach der Stadt Bielefeld in Nordrhein-Westfalen.

Bielingplatz St. Johannis
Benannt nach dem Nürnberger Buchdrucker G. Ph. Bieling (1744-1816), Magistratsrat.

Bielingstraße St. Johannis
Vgl. Bielingplatz

Bienweg Wetzendorf
Nach dem Nürnberger Prospektzeichner Hans Bien (1590-1632). Zeichner von Stadtansichten.

Bierweg Loher Moos
Alte Ortsbezeichnung, Abkürzungsweg für Bierfuhrwerke.

Billrothstraße Mögeldorf
Theodor Billroth (1829-1894), berühmter Chirurg und Professor in Zürich und Wien. Er entwickelte neuartige Magen- und Kehlkopfoperationen.

Bindergasse Altstadt
Dort wohnte das Faßbindergewerbe.

Bingstraße Zerzabelshof
Ignaz Bing (1840-1918), Gründer einer bedeutenden Metallwarenfabrik.

Binzenweg Neunhof
Nach einem Flurnamen.

Birkacher Straße Reichelsdorf
Birkach, Dorf bei Hilpoltstein, Landkreis Roth.

Birkenhof Gleißhammer
Nach der Bepflanzung eines Wohnhofes.

Birkenschlag, Am Reichelsdorfer Keller
Nach dem ehemaligen Birkenwäldchen an dieser Straße.

Birkenstraße Steinbühl
Sigmund von Birken, genannt „Betulius" (gestorben im Jahre 1681) führte den, von Harsdörfer und Klaj 1644 in Nürnberg gegründeten, Pegnesischen Blumenorden fort.

Birkhahnweg Weiherhaus
Nach einem Vogelnamen.

Birnthon
Nach einem Ortsteil Birnthon, 1973 eingemeindet. Hier befand sich eines der ältesten Zeidelgüter, im Besitz der Behaim.

Bischof-Meiser-Straße Altstadt
Evangelischer Landesbischof von Bayern (1881 - 1956).

Bismarckstraße Schoppershof
Otto von Bismarck (1815 - 1898), Reichskanzler, Gründer des Zweiten Deutschen Reiches.

Bleichstraße Kleinweidenmühle
Die ehemalige Bleiche der Deutschherren.

Bleiweißstraße, Hintere Forsthof
Hier wohnten früher die Bleiweißmacher bzw. Bleistiftmacher.

Bleiweißstraße, Mittlere Forsthof
Vgl. Hintere Bleiweißstraße

Bleiweißstraße, Vordere Forsthof
Vgl. Hintere Bleiweißstraße.

Bliesstraße Gartenstadt
Fluß im Saarland.

Blücherstraße Schweinau
Gebhard Leberecht von Blücher (1742-1819), Fürst von Wahlstadt, war preußischer Generalfeldmarschall (Marschall Vorwärts).

Blütenstraße (früher Wiesenstraße) Mögeldorf
Nach dem botanischen Begriff.

Blumenstraße Marienvorstadt
Nach dem botanischen Begriff.

Blumenthalstraße Kleinweidenmühle
Leonhard Graf von Blumenthal (1810-1900), preußischer Generalstabschef und Marschall (1870/71).

Blumröderstraße Mögeldorf
Gustav Blumröder (1802-1853), Nürnberger Arzt und Schriftsteller.

Bochumer Straße Eibach (Hafengebiet)
Bochum, Stadt an der Ruhr, bedeutender Binnenhafen. Industriestadt, Ruhr-Universität.

Bodelschwinghstraße Langwasser
Friedrich von Bodelschwingh (1831-1910) gründete die Anstalten der evangelischen Mission in Bethel bei Bielefeld.

Böcklerstraße Mögeldorf
Georg Andreas Böckler (1644-1698), Hofbaumeister der Markgrafen in Ansbach, Verfasser architekturtheoretischer Werke.

Boelckestraße Gleißhammer
Oswald Boelcke (1891-1916), erfolgreicher Kampfflieger des Ersten Weltkrieges.

Bölscheweg Eibach
Wilhelm Bölsche (1861-1939), naturwissenschaftlicher Schriftsteller (Das Liebesleben der Natur).

Bönerstraße Steinbühl
Johann A. Böner (1647-1720), Nürnberger Kupferstecher. Er zeichnete Nürnberger Ansichten.

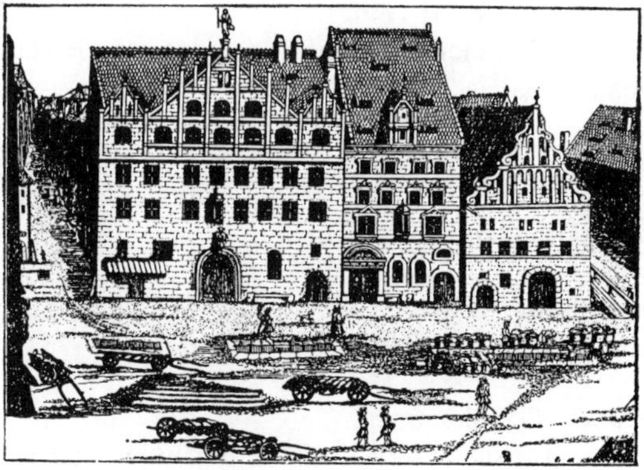

Der Kornmarkt bei St. Lorenz im Jahre 1701
Nach J. A. Boener

Börnestraße Fischbach
Nach dem Schriftsteller Ludwig Börne (1786 - 1837).

Bogenstraße Steinbühl
Bekam den Namen 1872, weil der Weg dort einen Bogen macht.

Bondorfer Weg Ebensee
Nach einem Ort in der Fränkischen Schweiz.

Bonhoefferstraße Langwasser
Dietrich Bonhoeffer (1906 - 1945), evangelischer Theologe und Widerstandskämpfer, starb im KZ Flossenbürg.

Bonifatiusstraße Moorenbrunn
Bonifatius, angelsächsischer Missionar.

Bopfinger Straße Röthenbach bei Schweinau
Stadt im Schwäbischen Jura, die 1802 bayerisch und 1810 württembergisch wurde.

Bootsweg Reichelsdorf
Nach dem nahegelegenen Sportbootgelände am Main-Donau-Kanal.

Borchertstraße Kornburg
Wolfgang Borchert (1921 - 1947), Dramatiker und Schriftsteller (Draußen vor der Tür).

Borkumer Straße Thon
Nach dem Ort und der Insel Borkum.

Borsigstraße Gleißhammer
August Borsig (1804 - 1854), Gründer einer großen Maschinen- und Lokomotivenfabrik in Berlin (1837).

Bothmerstraße Mögeldorf
Felix Graf von Bothmer (1852 - 1937), bayerischer Infanterie-General.

Bothostraße Lichtenhof
Nach dem männlichen Vornamen.

Boxbergweg Boxdorf
Nach einem Flurnamen.

Boxdorfer Hauptstraße Boxdorf
Nach dem Ortsteil Boxdorf, 1973 eingemeindet.

Bozener Straße Lichtenhof
Bozen, Hauptstadt der Provinz Bozen in Südtirol, 1919 zu Italien.

Braillestraße Großreuth hinter der Veste
Louis Braille (1809 - 1852), französischer Blindenlehrer (selbst blind), war der Erfinder der Blindenschrift.

Brand, Am Fischbach
Nach einem Flurnamen.

Brandenburger Straße Eibach
Nach dem Markgrafentum Ansbach-Bayreuth (Brandenburg), zu dem früher das Dorf Eibach gehörte.

Brandstraße Laufamholz
Nach dem Berg „Schwarzer Brand“ in der Hersbrucker Schweiz.

Brauneckweg Langwasser
Nach dem Berg Brauneck bei Lenggries.

Braunfelsstraße Katzwang
Walter Braunfels, Komponist (1882-1954).

Braunsbacher Weg Buch
Braunsbach, Dorf im Knoblauchsland, jetzt Ortsteil von Fürth.

Bregenzer Straße Moorenbrunn
Bregenz, österreichische Stadt am Bodensee.

Brehmstraße Gibitzenhof
Alfred Edmund Brehm (1829-1884), berühmter Naturforscher, („Brehms Tierleben") gründete das Berliner Aquarium und leitete den Hamburger Zoo.

Breite Gasse Altstadt
Wurde schon im 14. Jahrhundert so genannt, im Gegensatz zur Schmalen Gasse. In die „smal gaz", die heutige Brunnengasse, führten nur die Ausgänge der Hinterhäuser, während die Vorderseiten zur „Breiten Gasse" (lata platea) und zum Fischbach schauten. Ein weiterer früher Name der Brunnengasse, nämlich „Kotgasse" rührte wohl daher, daß sie als Abladeplatz für den Abfall aus den Häusern der Breiten Gasse diente.

Breitenäcker Weg Buch
Nach einem Flurnamen.

Breitenbrunner Straße Laufamholz
Breitenbrunn, Dorf bei Hersbruck.

Breitengraserstraße Mögeldorf
Nach Wilhelm Breitengraser (1495-1542), Lehrer an der Trivialschule von St. Egidien; Organist und Orgelkomponist.

Breiting, An der Worzeldorf
Nach einem Flurnamen.

Breitscheidstraße Galgenhof
Rudolf Breitscheid (1874-1944, KZ Buchenwald), SPD-Politiker.

Bremer Straße Eibach (Hafengebiet)
Bremen an der Weser, alte Hansestadt mit Bauten der Gotik und Renaissance (Dom, Rathaus, Rolandstatue).

Brendelstraße Reichelsdorf
Jakob Brendel (1907-1964), Gold- und Bronzemedaillengewinner Olympischer Spiele im Ringkampf, Deutscher Meister und Europameister im Freistilringen.

Breslauer Straße Langwasser
Breslau, früher Hauptstadt Schlesiens, Stadt seit 1261.

Brettergartenstraße Schniegling
Nach einer alten Ortsbezeichnung. Früher befand sich dort das Schloßgut „Brettergarten".

Briandstraße Sündersbühl
Aristide Briand (1862-1932), französischer Staatsmann, leitete mit Streesemann die Locarnopolitik der Verständigung ein. Deutschland verdankt ihm die Rheinlandräumung. 1926 Friedensnobelpreis.

Brieger Straße Langwasser
Brieg, Stadt in Schlesien.

Brombachstraße Katzwang
Nach dem Brombach, Nebenfluß der Schwäbischen Rezat.

Brombeerweg Schmausenbuck
Nach dem Brombeerstrauch.

Bromberger Straße Schoppershof
Bromberg an der Brahe, Stadt im früheren Posen. (Seit 1346 hatte es deutsches Recht).

Brosamerstraße Gibitzenhof
Hans Brosamer (1480 - 1554), Nürnberger Holzschneider, Maler und Kupferstecher. (Holzschnitte für die Lutherbibel).

Bruckberger Straße Leyh
Bruckberg, im Rangau, Landkreis Ansbach.

Brucker Straße Großgründlach
Nach dem zur Stadt Erlangen gehörenden Ortsteil Bruck.

Brucknerstraße Muggenhof
Anton Bruckner (1824 - 1896), österreichischer Tondichter. Sinfonien, Messen, Orgelwerke.

Bruckwiesenstraße Gibitzenhof
Nach einem Flurnamen.

Brückenstraße St. Johannis
Vor 1897 Leichenhausgasse, dann nach der Johannisbrücke umbenannt.

Brüningstraße Boxdorf
Heinrich Brüning (1885 - 1970), Politiker, war 1930 - 1932 Reichskanzler.

Brünndlesweg Eibach
Hieß vor 1924 Quellenstraße.

Brunecker Straße Lichtenhof
Nach der Stadt Bruneck im Pustertal in Südtriol.

Brunhildstraße Lichtenhof
Gemahlin des Burgunderkönigs Gunther (Siegfriedsage).

Brunnauer Straße Reichelsdorf
Brunnau, Ort im Landkreis Roth.

Brunnengäßchen Altstadt
Nach einem alten öffentlichen Brunnen.

Brunnengasse Altstadt
Früher „Kotgasse“, „Lichterzieherhöflein“, „Krebsgäßlein“, wurde 1810 nach dem Gasthaus zum „Goldenen Brunnen“ benannt.

Brunner Hauptstraße Brunn
Nach dem Ortsteil Brunn, 1973 eingemeindet.

Brunner Straße Fischbach
Vgl. Brunner Hauptstraße.

Buberweg Kornburg
Martin Buber (1878-1965), jüdischer Religionsphilosoph und Schriftsteller, Professor in Jerusalem.

Buchdruckstraße Langwasser
Benannt nach dem Druckverfahren. Nürnberg war die erste deutsche Stadt, in der schon 1390/91 Papier erzeugt wurde. Erste, nachweislich in Nürnberg gedruckte Bücher gab es um 1470. Die Stadt blieb jahrhundertelang eines der großen Zentren der Buchherstellung (siehe auch Koberger Straße).

Buchenbühler Weg Ziegelstein
Er führt nach Buchenbühl (alter Waldname am Bühl).

Buchenschlag Gibitzenhof
Nach einem alten Flurnamen.

Bucher Hauptstraße Buch
Das alte Rodungsdorf, nach den Buchen benannt, wurde 1924 eingemeindet.

Bucher Kirchenweg Buch
Führt zur Kirche in Kraftshof.

Bucher Straße Gärten hinter der Veste
Buch, größte Ortschaft im Knoblauchsland.

Bucher Straße, Äußere Thon
Vgl. Bucher Straße.

Buchfinkweg Pillenreuth
Nach dem heimischen Vogel Buchfink.

Buchheimer Straße Kleinreuth bei Schweinau
Buchheim liegt im Landkreis Ansbach.

Buchloer Straße Gaulnhofen
Der Markt Buchloe im Landkreis Ostallgäu.

Buchwiesenstraße Großgründlach
Nach den Buchwiesen, einem Flurnamen.

Budapester Platz Gibitzenhof
Nach der Hauptstadt Ungarns.

Budapester Straße Gibitzenhof
Vgl. Budapester Platz.

Büchenbacher Straße Sündersbühl
Nach dem Ort Büchenbach bei Erlangen.

Büg, In der Reichelsdorf
Nach einem alten Flurnamen.

Bühl, Am Roten Katzwang und Gaulnhofen
Nach einem Flurnamen.

Bühlstraße Mögeldorf
Nach einem Flurnamen. Bühl = kleiner Berg.

Bülowstraße Erlenstegen
Bernhard von Bülow (1849 - 1929), von 1900 - 1909 deutscher Reichskanzler.

Bürgweg Mögeldorf
Benannt nach den Orten Ober- und Unterbürg.

Büttnersgasse Altstadt
Hier wohnten und arbeiteten die Büttner.

Bulmannstraße Galgenhof
Hans Bulmann (gestorben 1535), Nürnberger Kunstschlosser und Uhrmacher.

Bunsenstraße Gibitzenhof
Professor Robert Bunsen (1811 - 1899), Physiker und Chemiker (Bunsenbrenner).

Bunzlauer Straße Langwasser
Bunzlau, Stadt in Schlesien a. Bober.

Burg Altstadt
Nach der Nürnberger Burg (Kaiserburg, Burggrafenburg), die sicher schon vor 1000 entstand. Durch Kaiser Heinrich ausgebaut als Schutzwehr gegen die vordringenden Slawen.

Burgbernheimer Straße Höfen
Burgbernheim, Stadt im Landkreis Neustadt an der Aisch-Bad Windsheim.

Burger Straße Gleißhammer

G. M. Burger (1750-1825), Nürnberger Bäckermeister, Mechaniker und Mystiker.

Burgfarrnbacher Straße Höfen

Burgfarrnbach, Ortsteil von Fürth.

Burgkmairstraße Gärten hinter der Veste

Hans Burgkmair d. Ä. (1473-1531), Augsburger Maler und Zeichner der Renaissance, wirkte auch in Nürnberg (Turnierbuch mit 52 Bildern).

Burgsalacher Straße Röthenbach bei Schweinau

Burgsalach, Pfarrdorf im Landkreis Weißenburg-Gunzenhausen.

Burgschmietstraße (früher Seilersgasse) St. Johannis

Johann Daniel Burgschmiet (1796-1858) war Nürnberger Bildhauer und Erzgießer. Ursprünglich Drechsler, studierte er in Paris. (Dürerstatue in Nürnberg, Luther in Möhra, Beethoven in Bonn).

Burgstraße Altstadt

Führt vom Rathaus zur Kaiserburg.

Burgundenstraße Neulichtenhof

Nach dem germanischen Volksstamm der Burgunden.

Burkhardtstraße Weiherhaus

Nach Magdalena Burkhardt, gestorben 1591, letzte Nonne von Pillenreuth.

Buschingstraße Langwasser

Prof. Dr. rer. pol. Paul Busching (1877-1945), Wohnungspolitiker, Gründer des Verbandes gemeinnütziger Wohnungsunternehmen in Bayern.

Bussardweg Mögeldorf
Nach dem Vogelnamen.

Buttendorfer Straße Kleinreuth bei Schweinau
Nach der Ortschaft Buttendorf, nordwestlich von Roßtal.

Cadolzburger Straße Gebersdorf
Nach dem alten Städtchen Cadolzburg, Kreis Fürth. Uralte Siedlung, im Besitz der Burggrafen. Eine der großartigsten Burgen des Mittelalters, zerstört 1945. Kirschgärten.

Calvinstraße Gibitzenhof
Johann Calvin, Schweizer Reformator (1509-1564).

Camerariusstraße Gostenhof
Joachim Camerarius d. Ä. (1500-1574), eigentlich Kammermeister, Humanist, Freund Erasmus' von Rotterdam und Melanchthons, lange Jahre Direktor der Hohen Schule in Nürnberg. Er war Abgesandter der Stadt bei Abfassung der Augsburger Konfession. 1535 nahm er einen Ruf an die Universität Tübingen an, weil die Nürnberger, allen voran Pirckheimer, seinem humanistischen Bildungsideal mißtrauisch bis unwillig begegneten. Camerarius war ein Freund Dürers und beschrieb diesen wie folgt: „Ihm hatte die Natur einen in Bau und Wuchs ansehnlichen Leib verliehen, dem bedeutenden Geist gemäß, der ihn bewohnte . . . Sein Antlitz war wohl geprägt, die Augen leuchteten, die Nase war edel, und wie die Griechen sagen, vierseitig; der Hals schlank, die Brust weit, der Leib hager, die Schenkel kraftvoll, die Beine fest."

Campestraße St. Johannis
Friedrich Campe (1777-1846) gründete 1802 in Nürnberg einen Verlag und eine Buch- und Kunsthandlung, die den Nürnberger Karten- und Bilderbüchern weiteste Verbreitung verschaffte. Sein erfolgreichster Schüler war Karl Meyer, der

in Nürnberg die erste große Kunstanstalt gründete, von der aus der Stahlstich in alle Welt ging.

Carl-Legien-Straße Langwasser
Carl Legien (1861-1920), Vorsitzender der Generalkommission der Gewerkschaften Deutschlands sowie des Allgemeinen Deutschen Gewerkschaftsbundes, Leiter des Generalstreiks gegen den Kapp-Putsch.

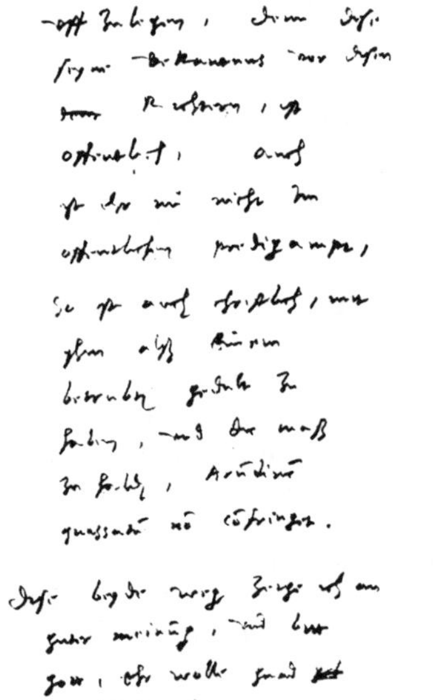

Melanchthon, Ph.,
Brief an Joachim Camerarius.
(29. November 1555)

Carl-Schurz-Straße Ziegelstein

Carl Schurz (1829-1909), Politiker und Publizist, flüchtete 1849 nach Amerika, war dort später Senator und Innenminister. Verteter des Deutschamerikanertums.

Carl-Schwemmer-Straße Schniegling

Carl Schwemmer war der Gründer der Triumphwerke (1870-1938).

Carl-von-Linde-Straße Schoppershof

Carl von Linde (1842-1934), Ingenieur und Industrieller, Erfinder der Kältemaschinen und der flüssigen Luft. Professor an der TH in München.

Carossaweg Langwasser

Hans Carossa (1878-1956), Arzt, Lyriker und Erzähler.

Castellstraße Eibach

Nach dem Fürsten- und Grafengeschlecht von Castell aus dem fränkischen Dorf Castell im Steigerwald.

Celtisplatz Tafelhof

Konrad Celtis (1459-1508). Sein eigentlicher Name war Pickel, und wurde ins Lateinische übertragen. Celtis stammte aus Wipfeld (Main), er war Dichter und Humanist, wurde 1478 auf dem Reichstag zu Nürnberg als erster Deutscher von Kaiser Friedrich III. mit dem Dichterlorbeer gekrönt. Er verbesserte die Lehrmethoden und entdeckte bei seinen Forschungen die Werke der Roswitha von Gandeisheim

Im Jahre 1495 übersandte er dem Nürnberger Rat sein Werk „De origine, situ, moribus et institutis Norimbergae", ein Geschichtsbuch über die Ursprünge, Sitten und Gebräuche der Stadt, an welchem er 3 Jahre lang gearbeitet hatte. Der Rat dankte ihm . . . und ließ Celtis ansonsten leer ausgehen. Als schließlich Kaiser Maximilian für eine neue, umgearbeitete Auflage der Norimbergae die Druckkosten bei Hieronymus

Hölzel bezahlte, gab's endlich auch vom Rat ein Honrar von 20 fl.

Celtisstraße Tafelhof
Vgl. Celtisplatz

Celtisunterführung Tafelhof
Vgl. Celtisplatz

Chamer Straße Mögeldorf
Cham, größte Stadt des Bayerischen Waldes.

Charlottenstraße Steinbühl
Nach dem weiblichen Vornamen.

Chemnitzer Straße Schoppershof
Chemnitz, Stadt in Sachsen (jetzt Karl-Marx-Stadt).

Cheruskerstraße Mögeldorf
Nach dem germanischen Volksstamm.

Chlodwigstraße Leyh
König Chlodwig I. (466 - 511), heute Ludwig, war der Gründer des Frankenreiches (482) und nahm das Christentum an.

Christian-Hessel-Straße Doos
Johann Friedrich Christian Hessel (1796 - 1872), Mineraloge, in Nürnberg geboren, Professor in Marburg. Er zeigte, daß nur 32 Kristallklassen möglich sind.

Christian-Wildner-Straße Großreuth hinter der Veste
Christian Wildner (1849 - 1912), Türmer auf dem Sinwellturm. Sein Vater war Nürnberger Volkssänger, Verfasser von Märchen.

Christoph-Carl-Platz Laufamholz
Christoph Carl von Forster (1838-1923), Gemeinderat in Laufamholz, machte sich um den Ort verdient.

Christophstraße Mögeldorf
Nach dem männlichen Vornamen.

Christoph-Weiß-Straße St. Johannis
Christoph Weiß (1813-1883), Nürnberger Mundartdichter.

Cimbernstraße Gleißhammer
Nach dem germanischen Volksstamm der Cimbern.

Clarsbacher Straße Kleinreuth bei Schweinau
Nach dem kleinen Dorf Clarsbach über Roßtal.

Clausewitzstraße Schoppershof
Carl von Clausewitz (1760-1831), preußischer General, einer der bedeutendsten Theoretiker des Kriegswesens, Militärschriftsteller.

Cnopfstraße Eibach
Dr. Julius Cnopf (1823-1906), Arzt und Gründer des nach ihm benannten Kinderspitals auf der Hallerwiese.

Coburger Straße Schoppershof
Coburg, oberfränkische Stadt, früher Hauptstadt des Herzogtums Sachsen-Coburg (Veste).

Colmberger Straße Röthenbach bei Schweinau
Nach dem Markt Colmberg bei Ansbach.

Comeniusstraße Galgenhof
Johann Amos Comenius (1592-1670), Pädagoge und Theologe, Begründer der modernen Erziehungswissenschaft. Er war der letzte Bischof der Böhmisch-Mährischen Brüder,

Nachfolger der Hussiten, Verleger des Orbis pictus, berühmtes Schulbuch nach progressiven, didaktischen Lehrmethoden fürs Schreiben und Lesen.

Conradtystraße Gibitzenhof
Kommerzienrat Friedrich Conradty (1858-1909), Großindustrieller und Förderer der Stadt.

Corneliusstraße Katzwang
Peter Cornelius (1824-1874), Komponist und Dichter.

Coseler Straße Langwasser
Cosel, Kreisstadt in Oberschlesien, um 1300 schon so genannt, seit 1742 preußisch.

Cottbuser Straße Neukatzwang
Cottbus, Bezirkshauptstadt an der Spree.

Crailsheimer Straße Schweinau
Die württembergische Oberamtsstadt kam 1399 an die Burggrafen von Nürnberg, wurde 1791 preußisch, 1805 bayerisch, 1810 an Württemberg.

Cramergasse, Hintere und Vordere Gleißhammer
Alte Ortsbezeichnung aus dem 1901 eingemeindeten Dorf Gleißhammer.

Cramer-Klett-Straße, Äußere Wöhrd
Früher Wöhrder Straße, 1874 nach Theodor Freiherr von Cramer-Klett (1817-1884) umbenannt, Gründer der M.A.N.

Cramer-Klett-Straße, Innere Wöhrd
Vor 1872 Wöhrder Torstraße, siehe Cramer-Klett-Straße, Äußere.

Cranachstraße Gärten hinter der Veste
Lukas Cranach d. Ä. (1472-1553), berühmter deutscher Maler, Anhänger der Reformation, Bürgermeister von Wittenberg. Sein Sohn Lukas Cranach d. J. (1515-1586).

Creglinger Straße Röthenbach bei Schweinau
Stadt Creglingen im Taubertal, Landkreis Bad Mergentheim. Gotische Herrgottskirche mit Marienaltar von Riemenschneider.

Creußnerstraße Schoppershof
Friedrich Creußner (1477-1497), Nürnberger Buchdrucker. Bei ihm erschien 1497 die Reisebeschreibung des Marco Polo.

Culmer Straße Schopperhof
Culm, Stadt in Westpreußen.

Cuxhavener Straße Thon
Cuxhaven, Stadt an der Elbemündung, Vorhafen von Hamburg.

Dachsbacher Straße Höfen
Die Gemeinde Dachsbach liegt im Landkreis Neustadt an der Aisch-Bad Windsheim.

Dagmarstraße Mögeldorf
Nach dem weiblichen Vornamen.

Dagobertstraße Leyh
Merowingerkönig Dagobert, † 639.

Dahlienstraße Eibach
Nach der Blume.

Dahlmannstraße Erlenstegen
Friedrich Christ. Dahlmann (1785-1860), Historiker und

Politiker, Professor in Kiel. Zahlreiche geschichtliche und politische Bücher.

Daimlerstraße Schweinau
Gottlieb Daimler (1834 - 1900), Maschinenbauer, entwickelte den Kraftwagen und das Motorboot (Untertürkheim - Mercedes).

Dallingerstraße Galgenhof
Anton Paul (1772 - 1843) und Anton Leonhard (1806 - 1874). Dallinger waren Nürnberger Medailleure und Graveure.

Damaschkeweg Gartenstadt
Adolf Damaschke (1865 - 1935), führender deutscher Bodenreformer.

Dambacher Weg Großreuth bei Schweinau
Dambach, Ortschaft im Stadtkreis Fürth.

Dammstraße Gostenhof
Hinweis auf den nahen Bahndamm.

Danteweg Boxdorf
Dante Alighieri (1265 - 1321), italienischer Dichter, bekannt durch seine „Göttliche Komödie".

Danziger Platz Schoppershof
Alte westpreußische Stadt, nach 1918 Freie Stadt Danzig. Um 977 schon predigte dort Adalbert von Prag, 1309 kam es an den Deutschen Orden.

Danziger Straße Schoppershof
Vgl. Danziger Platz.

Darmstädter Straße Boxdorf
Darmstadt, Stadt am Odenwald.

Dattelweg Gebersdorf

Nach der Dattel, Frucht des Dattelbaumes.

Daumerstraße Großreuth hinter der Veste

Georg Friedrich Daumer (1800 - 1875), Nürnberger Philosoph und Dichter. Brahms vertonte 54 Gedichte Daumers. 1850 schreibt Karl Marx von London aus in der Rheinischen Zeitung: „Daumer sei ein elender Nürnberger Kleinstädter, der vor der modernen geschichtlichen Tragödie sich erschreckt in blöde Bauernidylle zurückziehe, um die eigne weibische Resignation zu bemänteln."

Von 1828 - 1830 überläßt der Rat der Stadt Nürnberg Daumer die Pflege und Erziehung des Findlings „Kaspar Hauser". Auf beide wurden Mordanschläge verübt.

Georg Friedrich Daumer

Deberndorfer Weg Gebersdorf
Nach der Gemeinde Deberndorf im Landkreis Fürth/Bayern.

Dechsendorfer Straße Sündersbühl
Großdechsendorf, Dorf im Landkreis Erlangen-Höchstadt/Aisch.

Defreggerstraße Lichtenhof
Franz von Defregger (1835-1921), berühmter Tiroler Maler.

Dehmelstraße Eibach
Richard Dehmel (1863-1920), naturalistischer Dichter. Er schrieb gegen die moralische Heuchelei.

Deichslerstraße Gärten bei Wöhrd
Heinrich Deichsler, 1430-1506/07. Er schrieb eine Nürnberger Chronik.

Deidesheimer Straße Gartenstadt
Pfälzer Weinstadt an der Hardt. 1100 beim Bistum Speyer, 1395 Stadt.

Deinstraße Schoppershof
Johann Dein (1650-1711), Nürnberger Mechaniker und Zirkelschmied.

Delmenhorster Straße Thon
Delmenhorst, Stadt in Oldenburg.

Delpstraße Langwasser
Alfred Delp (1907-1945, hingerichtet), katholischer Theologe und Widerstandskämpfer.

Delsenbachweg Wetzendorf
Johann Adam Delsenbach (1687-1765), Kupferstecher, bekannt durch seine Nürnberger Ansichten.

Denisstraße Gostenhof

Paul Camille Denis (1795 - 1872), der technische Erbauer der Nürnberg-Fürther Ludwigs-Eisenbahn.

Eine Aktiengesellschaft für den Bahnbau wurde seit 1833 durch Georg Zacharias Platner und Johannes Scharrer zusammengebracht. Am 7. Dezember 1835 wurde die „Ludwigsbahn" eröffnet, zunächst im Wechsel mit Pferdebahnbetrieb.

Dennerstraße Gostenhof

Johann Christoph Denner (1655 - 1707), Nürnberger Instrumentenmacher, erfand den unmittelbaren Vorläufer der Klarinette, das Klappen-Chalumeau.

Detmolder Straße Wetzendorf

Detmold, Stadt in Nordrhein-Westfalen.

Dettelbacher Straße Großgründlach

Dettelbach, Stadt am Main, mit Mauergürtel, 36 Wehrtürmen und 2 Toren. Seit 1484 Stadt.

Das Deutsche Haus und die Jakobskirche — nach Johann Adam Delsenbach

Deumentenstraße Schoppershof
Nach dem Deumentenhof, der früher im heutigen Stadtpark lag.

Deutenbacher Straße Reichelsdorf
Deutenbach, Ortsteil der Stadt Stein, Landkreis Fürth.

Deutschherrnstraße Kleinweidenmühle
Nach der Lage neben der Deutschherrnwiese, die früher im Besitz des Deutschherrn-Ordens in Nürnberg war.

Dianaplatz Gibitzenhof
Diana, römische Göttin der Jagd.

Dianastraße Gibitzenhof
Benannt nach der früheren nahe gelegenen Gibitzenhofer Heide und der dortigen Jagdgegend.

Dickensstraße Fischbach
Charles Dickens (1812-1870), englischer Erzähler (Oliver Twist, Weihnachtsgeschichten, David Copperfield).

Diebacher Straße Großreuth bei Schweinau
Diebach, Gemeinde im Landkreis Ansbach.

Dieckmannstraße Großreuth bei Schweinau
Max Dieckmann (1882-1960), Hochfrequenztechniker und Pionier der Rundfunk- und Fernsehtechnik.

Dientzenhoferstraße Mögeldorf
Die berühmte Barockbaumeisterfamilie Dientzenhofer stammte aus Aibling und baute im 17. Jahrhundert besonders in Böhmen und Franken.

Dieselstraße Schweinau

Rudolf Diesel (1858 - 1913), Erfinder des nach ihm benannten Verbrennungsmotors.

Diespecker Straße Höfen

Diespeck, Ort im Landkreis Neustadt an der Aisch-Bad Windsheim.

Dietersdorfer Straße Reichelsdorf

Dietersdorf, Ortsteil von Schwabach.

Dietfurter Straße Röthenbach bei Schweinau

Dietfurt, Städtchen an der Altmühl. Im Spanischen Erbfolgekrieg siegten hier 1703 die Österreicher über die Bayern.

Dietrichstraße Lichtenhof

Veit Dietrich (1506 - 1549), evangelischer Theologe und Pfarrer von St. Sebald.

Dietzstraße Steinbühl

Hofrat Dr. Theodor von Dietz (1803 - 1877), städtischer Krankenhausdirektor in Nürnberg.

Dilherrstraße Gostenhof

Johann Michael Dilherr (1604 - 1669), Pfarrer bei St. Sebald und Schulinspektor. Er veranstaltete die 1. Musikaufführung in Nürnberg. Nahm sich freundschaftlich und fördernd der Nürnberger Pegnitzschäfer-Dichter an (Klaj, Harsdörffer, Sigmund von Birken).

Dillbergstraße Brunn

Nach einem Flurnamen.

Dillinger Straße Gartenstadt

Dillingen, Stadt im Saargebiet.

Diltheystraße Großreuth hinter der Veste

Wilhelm Dilthey (1833 - 1911), Philosoph, zuletzt Professor in Berlin. Er stellte die verstehenden Geisteswissenschaften den erklärenden Naturwissenschaften gegenüber.

Dinkelsbühler Straße Röthenbach bei Schweinau

Stadt in Mittelfranken, alte Reichsstadt (St. Georgskirche, Kinderzeche, Christoph von Schmid, bekannter Kinderbuchautor).

Distelstraße Großreuth hinter der Veste

Nach der Pflanze.

Döblinstraße Fischbach

Alfred Döblin (1878 - 1957), Nervenarzt in Berlin, Erzähler und Essayist („Berlin Alexanderplatz").

Döppelstraße Reichelsdorf

Karl Döppel (1890 - 1952) war Sportlehrer am Nürnberger Stadtamt für Leibesübungen, fünffacher Deutscher Meister und Europameister im Schwergewichtsringen (1921).

Dörflerstraße Gostenhof

Leonhard Dörfler (1790 - 1872), Privatier, machte wohltätige Stiftungen.

Dörrersgasse Altstadt

Die Dörrer oder Derrer waren ein altes Nürnberger Ratsgeschlecht. Starb im ersten Drittel des 18. Jahrhunderts aus.

Doktorsfeld, Am Laufamholz

Ein Flurname, entstanden nach dem dort liegenden Doktorshof.

Doktorshof Altstadt

Der Doktorshof wurde nach dem Wohnsitz der städtischen

Ärzte benannt. Nach den Stadtrechnungen gab es schon 1377 Stadtärzte, welche vom Rat für jeden armen Siechen, den sie behandelten, einen Gulden erhielten. 1592 wurde in Nürnberg das Arztwesen durch Joachim Camerarius in einem collegium medicum organisiert.

Dollnsteiner Straße Gaismannshof
Der Ort Dollnstein im Altmühltal, schon 1168 als Besitz der Grafen von Hirschberg genannt, kam im 15. Jahrhundert an Eichstätt.

Dombühler Straße Röthenbach bei Schweinau
Dombühl, Ort an der bayerisch-württembergischen Grenze, Landkreis Ansbach.

Dompfaffweg Weiherhaus
Nach einem Vogelnamen.

Donaustraße Eibach (Hafengebiet)
Donau, zweitlängster Strom Europas.

Donauwörther Straße Eibach
Donauwörth, alte freie Reichsstadt im bayerischen Schwaben.

Donizettistraße Reichelsdorfer Keller
Gaetano Donizetti (1797-1848), italienischer Komponist („Lucia von Lammermoor“, „Don Pasquale“, „Die Regimentstochter“).

Dooser Straße (früher Länderweg) Doos
Nach dem ehemaligen Dorf Doos, das schon lange eingemeindet wurde. (Doos kommt von „dozi“ = tosendes Wasser). Dort ist eine Talenge der Pegnitz.

St. Sebald. Sebaldusgrab nach einem Kupferstich aus J. G. Doppelmayr, Historische Nachricht von den Nürnbergischen Mathematicis und Künstlern… Nürnberg 1730

Doppelmayrweg Langwasser
Johann Gabriel Doppelmayr (1677-1750), Nürnberger Geograph und Mathematiker.

Dorfäckerstraße Schniegling
Nach einer alten Flurbezeichnung.

Dorffeldstraße Lohe
Nach einem Flurnamen.

Dorfstraße, Obere Neunhof
Nach der Lage der Straße im ehemaligen Dorf Neunhof.

Dorfstraße, Untere Neunhof
Vgl. Obere Dorfstraße

Dorfwiesenweg Schnepfenreuth
Nach einer Flurbezeichnung.

Dormitzer Straße Loher Moos
Dormitz, Ort im Landkreis Forchheim.

Dorotheenstraße Schweinau
Nach der sagenumwobenen Gestalt der „Schweinauer Durl" (Dorothea).

Dortmunder Straße
Stadt in Nordrhein-Westfalen.

Dottenheimer Straße Gaismannshof
Dottenheim im Aischgrund, Landkreis Neustadt an der Aisch-Bad Windsheim.

Dovestraße Lichtenhof
Heinrich Wilhelm Dove (1803-1879), berühmter deutscher

Physiker. Der Berliner Professor förderte besonders die wissenschaftliche Meteorologie.

Drahtzieherstraße Reichelsdorf und Mühlhof
Nach den nahen Drahtzieherwerken. Das Drahtziehen war ein Altnürnberger Gewerbe.

Draustraße Moorenbrunn
Nach dem Fluß Drau, Nebenfluß der Donau.

Drechslersiedlung Boxdorf
Friedrich Drechsler, Initiator der Siedlung Boxdorf. Er war 1935-1943 und 1948-1954 der erste Bürgermeister der Gemeinde Boxdorf.

Dresdener Straße Schoppershof
Dresden, Stadt in Sachsen. 1945 bei einem großen Luftangriff sehr zerstört.

Drexlerhauer Straße Kornburg
Nach der Ortschaft Drexlerhau.

Drosselweg Mögeldorf
Nach dem gleichnamigen Vogel.

Dr.-Carlo-Schmid-Straße Jobst
Völkerrechtslehrer, Schriftsteller und Übersetzer französischer Literatur (1896-1979). Ehemaliger Vizepräsident des deutschen Bundestages.

Dr.-Gustav-Heinemann-Brücke Wöhrd
Dr. Gustav Heinemann (1899-1976), Mitbegründer der CDU, seit 1957 SPD-Mitglied, 1969-1974 Bundespräsident der Bundesrepublik Deutschland.

Dr.-Gustav-Heinemann-Straße Wöhrd
Vgl. Dr.-Gustav-Heinemann-Brücke.

Dr.-Kurt-Schumacher-Straße Altstadt
Dr. Kurt Schumacher (1895 - 1952), Politiker, erster Nachkriegsvorsitzender der SPD.

Dr.-Linnert-Ring Langwasser
Dr. med. dent. Linnert (1885 - 1949), Nürnberger Stadtrat und Landtagsabgeordneter, verdient um die Stadt.

Dr.-Luppe-Platz Steinbühl
Dr. Hermann Luppe (1874 - 1945) war von 1920 - 1933 Oberbürgermeister in Nürnberg und leistete hier Hervorragendes im Fürsorgewesen und Wohnungsbau.
Luppe stammte aus Kiel, studierte Recht und Nationalökonomie und begann seine politische Karriere als berufsmäßiger Stadtrat in Frankfurt. Er war Gründungsmitglied der damaligen liberalen Deutschen Demokratischen Partei. Luppe wurde nach der Machtergreifung der NSDAP seines Amtes als Nürnberger OB enthoben. Er kam am 3. April 1945 (wieder in Kiel) bei einem Bombenangriff ums Leben.

Dudweiler Straße Gartenstadt
Dudweiler, Industriegemeinde im Saarland.

Düppeler Straße Wetzendorf
Düppel, Ort im Norden Schleswigs, 1919 an Dänemark abgetreten (Düppeler Schanzen 1864).

Dürrenhofstraße St. Peter
Nach einem alten früheren Hof „Dürrenhof“ benannt.

Dürrwanger Straße Röthenbach bei Schweinau
Dürrwangen, Ort bei Dinkelsbühl.

Dürschingerstraße Gebersdorf
Johann Jakob Dürschinger (1690-1745), Bleistiftmacher in St. Leonhard.

Düsseldorfer Straße Wetzendorf
Düsseldorf, Landeshauptstadt von Nordrhein-Westfalen.

Duisburger Straße Eibach (Hafengebiet)
Duisburg, Stadt am Rhein, einer der größten Binnenhäfen der Welt.

Dunantstraße Sündersbühl
Henri Dunant (1828-1910), schweizerischer Schriftsteller und Philanthrop. Sein Buch „Un souvenir de Solferino" gab Anlaß zur Genfer Konvention und zur Gründung des Roten Kreuzes. 1901 erhielt er den Friedens-Nobelpreis.

Dutzendteichstraße Gleißhammer
Früher Tutschenteich. Nach der aus dem Mittelalter stammenden Weiheranlage, „dozen" = Rohrkolben.

Ebenreuther Straße Laufamholz
Ebenreuth ist ein Dorf bei Nürnberg.

Ebenseestraße Mögeldorf
Der Ebensee liegt im Pegnitztal, unmittelbar in der Nähe der Straße.

Eberhardshof Höfen
Schon im Mittelalter bekannter Gutshof.

Eberhardshofstraße Gostenhof
Nach dem nahen Eberhardshof benannt.

Ebermayerstraße Rangierbahnhof
Gustav von Ebermayer (1839-1911), Generaldirektor der bayerischen Staatsbahnen.

Ebracher Gäßchen Altstadt
Nach dem dort früher gelegenen Hof mit Herberge, die dem Kloster Ebrach im Steigerwald gehörten. 1482 wurde der ganze Komplex erneuert, 1806 wurde der Hof als Staatseigentum konfisziert.

Eckenhaider Weg Ziegelstein
Dorf bei Lauf. Das Dorfgut Eckenhaid ist seit dem 14. Jahrhundert im Besitz der Muffel.

Eckenstraße Zerzabelshof
Eine eckige, winkelige Straße.

Eckernförder Straße Thon
Eckernförde, Ort in Schleswig-Holstein.

Eckershofer Straße Reichelsdorf
Nach dem Weiler bei Schwabach.

Eckhardstraße Lichtenhof
Nach dem Namen Eckhard.

Edisonstraße Großreuth bei Schweinau
Thomas Alva Edison (1847-1931), amerikanischer Erfinder: Phonograph, Kinomatograph.

Edmund-Rumpler-Weg Ziegelstein
Edmund Rumpler (1872-1940), Flugzeugfabrikant in Berlin.

Eduardstraße Höfen
Nach dem männlichen Vornamen.

Edvard-Grieg-Straße Reichelsdorfer Keller
Edvard Grieg (1843 - 1907), norwegischer Komponist („Peer Gynt“).

Effeltricher Straße Loher Moos
Effeltrich, schönes altes Dorf im Landkreis Forchheim (Kirche, Dorflinde, Trachten, Baumschulen).

Effnerstraße Mögeldorf
Joseph Effner (1687 - 1745), kurfürstlicher Hofbaumeister in München (Schlösser Nymphenburg und Schleißheim).

Egenhauser Straße Kleinreuth bei Schweinau
Das Pfarrdorf Egenhausen liegt im Landkreis Neustadt an der Aisch-Bad Windsheim.

Egerer Straße Zerzabelshof
Eger, ehemalige Reichsstadt im Sudetenland, mit engen Beziehungen zu Nürnberg (Barbarossaburg, Wallenstein 1634 ermordet).

Egidienplatz Altstadt
Früheres Schottenkloster, geweiht St. Egidius, mundartlich auch St. Gilgen oder Dieling genannt. Heute steht dort die, 1711 - 1718 erbaute, Barockkirche St. Egidien.

Egloffsteiner Straße Loher Moos
Dorf in der Fränkischen Schweiz mit dem Bergschloß der Grafen von Egloffstein.

Ehemannstraße St. Peter
Hans Ehemann (gestorben 1551), bedeutender Nürnberger Kunstschlosser, erfand das Zankeisen (Mahlschloß).

Ehrenbürgweg Buchenbühl

Die Ehrenbürg, das „Walberla“, ist ein alter Wallfahrtsberg bei Forchheim.

Ehrenhalle, An der St. Peter

Nach der im Luitpoldhain stehenden Ehrenhalle für Gefallene des 1. und 2. Weltkriegs.

Eibacher Hauptstraße Eibach

Der Ort Eibach (Name von der Eibe) wurde 1922 eingemeindet.

Eibacher Schulstraße Eibach

Nach der an dieser Straße gelegenen Schule im Nürnberger Ortsteil Eibach.

Eibenweg Eibach

Nach dem Eibenbaum, früher Willibaldstraße.

Eibisch, Beim Eibach

Nach der Heilpflanze, auch alter Flurname.

Eichelberg, Am Reichelsdorf

Alter Flurname.

Eichendorffstraße (früher Alleeweg) Erlenstegen

Josef Freiherr von Eichendorff (1788 - 1857), einer der größten Dichter der deutschen Romantik. Lyrik - Erzählungen.

Eichenhain, Zum Loher Moos

Nach dem kleinen Eichenwald.

Eichenlöhlein Herpersdorf

Nach einem Flurnamen.

Eichenstraße Mögeldorf
Nach dem ehemals nahen Wald.

Eiche, Zur Hohen Wetzendorf
Nach einem alten Flurnamen.

Eichgrabenfeld, Am Zerzabelshof
Nach einem alten Flurnamen.

Eichstätter Platz Reichelsdorf
Vgl. Eichstätter Straße.

Eichstätter Straße Reichelsdorf
Eichstätt, Bischofsstadt an der Altmühl (Willibaldsburg).

Eifelweg Gartenstadt
Die Eifel, nordwestlicher Teil des Rheinischen Schiefergebirges, nördlich der Mosel.

Eigenheimstraße Großgründlach
Nach der angrenzenden Bebauung.

Eilgutstraße Tafelhof
Führt zum Eilgutbahnhof.

Einsteinring Reichelsdorf
Albert Einstein (1879-1955), Physiker, stellte 1915 die Relativitätstheorie auf. 1921 Nobelpreis für Physik.

Eintrachtstraße Großreuth hinter der Veste
Wahrscheinlich dem Wunsch nach politischer und sozialer Eintracht gewidmet.

Eisenacher Straße Schoppershof
Nach der Lutherstadt in Thüringen, mit der Wartburg. Geburtsort von Johann Sebastian Bach.

Eisenmannstraße Mögeldorf

Johann Gottfried Eisenmann (1795 - 1867), Mediziner und Schriftsteller. Vorkämpfer des demokratischen Gedankens.

Eisensteiner Straße Zerzabelshof

Luftkurort im Bayerischen Wald.

Eisenstraße Schweinau

Wolfgang Eisen (1460 - 1524), Nürnberger Kaufmann.

Eißvogel

Eisvogelstraße Zerzabelshof

Die Eisvogel waren ein Nürnberger Ratsgeschlecht im 13. und 14. Jahrhundert.

Eisweiherweg Fischbach

Benannt nach dem nordwestlich von Fischbach gelegenen Eisweiher.

Elbestraße Neukatzwang

Nach der Elbe, einem der Hauptströme Mitteleuropas.

Elbinger Straße Schoppershof

Nach der Stadt in Westpreußen; Seehafen, 1237 Deutschordensburg.

Elias-Holl-Straße Gleißhammer
Elias Holl (1573-1646) Augsburger Baumeister der Renaissance (Augsburger Rathaus).

Elisenstraße Schweinau
Nach dem weiblichen Vornamen, vor 1900 Schulgasse.

Ellenbacher Weg Laufamholz
Nach dem Dorf Ellenbach bei Hersbruck.

Ellingstraße Röthenbach bei Schweinau
Jakob Elling (gestorben 1898) war lange Bürgermeister von Röthenbach.

Ellwanger Straße Katzwang
Nach dem Ort Ellwangen/Jagst.

Elmshorner Straße Thon
Elmshorn, Stadt in Schleswig-Holstein.

Elsa-Brandström-Straße Großreuth bei Schweinau
Elsa Brandström (1888-1948), schwedische Krankenschwester und aufopfernde Betreuerin der deutschen Kriegsgefangenen in Rußland in den beiden Weltkriegen. „Engel von Sibirien".

Elsässer Straße Lichtenhof
Ehemals zum Deutschen Reich gehörige Landschaft, jetzt Frankreich Alsace.

Elsnerstraße Gostenhof
Jakob Elsner (gestorben 1546), Nürnberger Buchmaler und Illuminist (Buntmalerei), auch Wappen.

Elsterstraße Schniegling
Nach dem Vogel.

Eltersdorfer Straße Thon und Schnepfenreuth
Eltersdorf, ehemaliges Dorf, jetzt Ortsteil der Stadt Erlangen (1972).

Emdener Straße Almoshof
Emden, Stadt in Ostfriesland.

Emilienstraße Wöhrd
Name der ersten Gattin des Reichsrates Theodor von Cramer-Klett.

Emil-Nolde-Straße Worzeldorf
Nach dem Maler Emil Hansen, genannt Nolde (1867 - 1956), einer der wesentlichsten Vertreter des deutschen Expressionismus.

Emmeramstraße Moorenbrunn
Emmeram, fränkischer Missionsbischof und heiliger Märtyrer, zu Tode gemartert, zwischen 652 und 716.

Emmericher Straße Ziegelstein
Emmerich, Ort am Niederrhein.

Emmerlingsgasse Steinbühl
Emmerling (gestorben 1873), Dirigent und Förderer der klassischen Musik in Nürnberg.

Emskirchener Straße Höfen
Emskirchen, Markt im Landkreis Neustadt an der Aisch-Bad Windsheim. Großer Viadukt der Bahn Nürnberg - Würzburg, wird von der Aurach durchflossen.

Enderleinstraße St. Peter
Caspar Enderlein (1560 - 1633) stammte aus Basel und ließ sich in Nürnberg als Edelzinngießer nieder. Er war der Verfertiger des berühmten Taufbeckens in der Lorenzkirche.

Edelzinn mit Reliefs aus Enderleins Werkstatt war als Tafelschmuck beliebt.

Endresstraße Gibitzenhof
Ludwig Endres (1867-1932), Direktor der M.A.N.

Endterstraße Tafelhof
Von Endter, Nürnberger Buchdrucker- und Buchhändlergeschlecht im 17. und 18. Jahrhundert. Erste Schriftgießerei in Nürnberg.

Engelhardsgasse Altstadt
Daniel Engelhard (gestorben 1560) war berühmter Wappen- und Steinschneider.

Engelsgasse Altstadt
Nach dem früheren Gasthaus „Weißer Engel“, schon 1634 eine Garküche.

Engelthaler Straße Laufamholz
Engelthal, Ort bei Hersbruck.

Engelweiherstraße Zerzabelshof
Nach dem alten Flurnamen „Engelweiher“.

Ennsstraße Moorenbrunn
Enns, Nebenfluß der Donau.

Entengasse Altstadt
Wurde schon in der RSZ so genannt.

Entengraben. Am Reichelsdorf
Nach einem Wassergraben.

Erasmusstraße Großreuth bei Schweinau
Erasmus von Rotterdam (1467-1536), Humanist, trat für innerkirchliche Reformen ein und lehnte die Spaltung ab.

Erdastraße Gleißhammer
Erda, germanische Göttin.

Erdwinkel, Im Rangierbahnhof
Am Planetenring, bei den Straßen, die nach den Planeten benannt sind.

Erfurter Straße Buch
Erfurt, Stadt in Thüringen.

Ergersheimer Straße Kleinreuth bei Schweinau
Ergersheim, Ort im Landkreis Neustadt an der Aisch-Bad Windsheim.

Erhardstraße Mögeldorf
Johann Benjamin Erhard (1766-1827), Arzt, Dichter und Philosoph, ein Freund Schillers. Johann Christoph Erhard (1795-1822), Maler, Zeichner und Radierer.

Erich-Kästner-Weg Langwasser
Nach Erich Kästner (1899-1974), Gesellschaftskritiker, Satiriker und Kinderbuchautor (Fabian, Emil und die Detektive, Das doppelte Lottchen).

Erich-Ollenhauer-Straße Boxdorf
Erich Ollenhauer (1901-1963), sozialdemokratischer Politiker.

Erichstraße Höfen
Nach dem männlichen Vornamen.

Erlachweiherstraße Herpersdorf
Nach den ehemaligen Erlachweihern in Herpersdorf.

Erlanger Straße Buch, Boxdorf und Neunhof
Erlangen, Kreisstadt in Mittelfranken. Universität, Industriestadt. 1791 preußisch, 1810 bayrisch.

Erlbachstraße Katzwang
Nach dem Erlbach, Nebenfluß der Fränkischen Rezat.

Erlenhainstraße Großgründlach
Nach dem ehemaligen Erlenhain am Ende dieser Straße.

Erlenstegenstraße Erlenstegen
Das Dorf, das seinen Namen von den Erlen hat, die in dem wasserreichen Gebiet heute noch gedeihen, wurde 1901 eingemeindet.

Erlenstraße Gibitzenhof
Nach dem Laubbaum.

Ermreuther Straße Loher Moos
Ermreuth, Dorf im Landkreis Forchheim.

Ernst-Heinkel-Weg Ziegelstein
Ernst Heinkel (1888-1958), Flugzeugfabrikant. Verkehrs-, Jagd- und Kampfflugzeuge.

Ernststraße (früher Brunnengasse)
Nach dem männlichen Vornamen.

Ernst-Toller-Straße Kornburg
Ernst Toller (1893-1939), Politiker und Schriftsteller, Verfasser expressionistischer Dramen.

Eschenauer Straße Ziegelstein
Eschenau, Markt im Landkreis Erlangen-Höchstadt.

Eschenbacher Weg Laufamholz
Eschenbach, Pfarrdorf bei Hersbruck, Stammsitz der Nürnberger Familie Ebner von Eschenbach.

Eschenstraße Gibitzenhof
Nach dem Laubbaum.

Eslarner Straße Laufamholz
Markt Eslarn, im Landkreis Neustadt (Oberpfalz).

Espanstraße Steinbühl
Nach dem Steinbühler Gemeindeespan (Espan = gemeindeeigener Weideplatz).

Esperantostraße Erlenstegen
Nach der Welthilfssprache (Erfinder war der Augenarzt Zamenhof in Warschau, 1858-1917).

Essenweinstraße Tafelhof
August von Essenwein (1831-1892), Direktor des Germanischen National Museums und Ehrenbürger von Nürnberg.

Eßlinger Straße Schweinau
Eßlingen, alte Reichsstadt in Württemberg.

Etzelwanger Straße Laufamholz
Etzelwang, Pfarrdorf im Landkreis Amberg-Sulzbach.

Etzlaubweg Langwasser
Erhard Etzlaub (gestorben 1532), einer der ältesten Nürnberger Kartographen. Er schuf einen Sonnenkompaß und die erste Karte von Nürnberg und Umgebung (1492).

Euckenweg Langwasser
Rudolf Eucken (1846-1926), Universitätsprofessor, Kultur- und Religionsphilosoph (Begründer des Neuidealismus). 1908 Nobelpreis für Literatur.

Eutiner Straße Schniegling
Stadt in Schleswig-Holstein.

Ewaldstraße Erlenstegen
Heinrich Ewald (1803-1875), Göttinger Universitätsprofessor.

Eysöldener Straße Reichelsdorf
Dorf bei Hilpoltstein, Landkreis Roth.

Eythstraße Schweinau

Max Eyth (1836 - 1906), Ingenieur und Schriftsteller. Gründete die deutsche Landwirtschaftsgesellschaft.

Faberstraße Großreuth bei Schweinau

Lothar von Faber (1817 - 1896), Gründer der großen Bleistiftfabrik und Reichsrat. Er hatte 1866 etwa 600 Beschäftigte und errichtete 1868 bereits einen Zweigbetrieb in New York.

Färberplatz Altstadt

Hieß vor 1910 „Frauentormauer". Benannt nach den früher dort ansässigen Färbern, die sich in Schwarz-, Seiden- und Schönfärber unterschieden. Die Schwarzfärber färbten mit Galläpfeln und Kupfervitriol, blau wurde aus dem Waid gewonnen, braun Walnußschale, gelb aus dem Bockshorn, rot aus den Wurzeln der Krappflanze. Das Färberbrücklein wurde 1540 erbaut, um den Färbern einen besseren Zugang zu ihren Farbrahmen zu ermöglichen.

Färberstraße Altstadt

Früher „Auf der Walch" (Walkplatz der Färber), 1811 zur Erinnerung an dieses bedeutende Nürnberger Gewerbe so benannt.

Färbertor Altstadt

1848 wurde das „Walchtor" angelegt und später in „Färbertor" umbenannt.

Fahrradstraße Muggenhof

Hier wurde 1866 die erste Nürnberger Fahrradfabrik Karl Marschütz in Betrieb genommen (Herculeswerke).

Falkenhorst Gartenstadt

Nach dem Horst (Nest) des Falken.

Falkenstraße Gibitzenhof
Nach dem Raubvogel.

Falknerweg Großreuth hinter der Veste
Georg Falkner (1858-1944), Drechslermeister und Nürnberger Mundartdichter.

Fallrohrstraße Zerzabelshof
Nach den zwei Fallrohrleitungen der Wasserleitung vom Schmausenbuck.

Falterstraße Mögeldorf
Nach dem Schmetterling.

Farnstraße Mögeldorf
Nach dem Waldfarn.

Farrnbachweg Gebersdorf
Nach dem Farrnbach, einem Nebenfluß der Regnitz.

Fasanenweg Mögeldorf
Nach dem Vogelnamen.

Fechnerstraße Schoppershof
Gustav Theodor Fechner (1801-1887), deutscher Naturforscher, Psychologe.

Feiningerstraße Worzeldorf
Lionel Feininger (1871-1932), amerikanischer Maler und Graphiker deutscher Abkunft.

Feldgasse Gärten bei Wöhrd
Eine Ortsbezeichnung aus der RSZ.

Felicitasweg Großgründlach
Nach der im Ortsteil Reutles stehenden St. Felicitas-Kapelle,

erbaut 1379. Der Felicitas-Altar (1450/1460) ist einer der ältesten in der Umgebung Nürnbergs.

Felix-Dahn-Straße Fischbach
Felix Dahn (1834 - 1912), Historiker, Jurist und Erzähler. Professor in Würzburg, Königsberg und Breslau.

Felixstraße Leonhard
Nach dem männlichen Vornamen.

Felseckerstraße Gärten bei Wöhrd
Die Felsecker waren eine berühmte Nürnberger Buchdruckerfamilie (1658 - 1854). Johann Jonathan Felsecker gab die erste Zeitung in Nürnberg heraus. Magistrat und königliche Behörden publizierten ihre Anordnungen und Polizeivorschriften seit 1810 im „Allgemeinen Intelligenzblatt der Stadt Nürnberg", welches aus den 1748 gegründeten „Nürnbergischen Frag- und Anzeigenachrichten" hervorgegangen, und von der Familie Felsecker fortgeführt worden war.

Felsenkeller, Zum Buchenbühl
Der alte Ziegelsteiner Felsenkeller war ein gern besuchter früherer Ausflugsort.

Felsenstraße Großreuth bei Schweinau
Sicherlich nach den Sandsteinfelsen am Rednitzufer.

Fenitzerplatz Rennweg
Hans Fenitzer (1565 - 1629), Nürnberger Messerschmied und Stifter der Fenitzer-Bibliothek.

Fenitzerstraße Rennweg
Vgl. Fenitzerplatz.

Ferdinand-Braun-Straße Großreuth bei Schweinau
Karl Ferdinand Braun (1850 - 1918), Physiker, erfand die

„Braunsche Röhre“ und erhielt 1909 mit Marconi den Nobelpreis (Drahtlose Telegraphie).

Ferdinandstraße Muggenhof
Nach dem Kaiser Ferdinand.

Fernabrünster Weg Höfen
Fernabrünst, Dorf im Landkreis Fürth.

Feuchter Brücklein, Am Fischbach
Nach einem Flurnamen.

Feuchter Straße Fischbach
Feucht, Markt im Landkreis Nürnberger Land.

Feuchtwanger Straße Röthenbach bei Schweinau
Feuchtwangen, Stadt in Mittelfranken (alter Klostergang mit Festspielen).

Feuerleinstraße Gostenhof
Konrad Feuerlein (1629 - 1704), Prediger bei St. Sebald und Stadtbibliothekar. Er gründete mit Hilfe einer Lotterie eine Armenschule. Ließ, zum Willkommen Pachelbels eine, über den 150. Psalm gehaltene Orgelpredigt neu drucken. Dem Traktat verdanken wir wichtige Angaben zu Disposition und Wirkung der damaligen Sebaldusorgel.

Feuerweg Gostenhof
Eine alte Gostenhofer Ortsbezeichnung.

Feulnerstraße Langwasser
Andreas Feulner (1853 - 1889), Schöpfer des ersten Kolping-Gesellen-Hospizes in Nürnberg.

Fichtelbergweg Boxdorf
Nach dem Ort Fichtelberg, Landkreis Bayreuth.

Fichtestraße Schoppershof
Johann Gottlieb Fichte (1762 - 1814), Philosoph (Urtathandlung - Reden an die deutsche Nation). Er lehrte in Jena, Erlangen und Berlin.

Findelgasse Altstadt
Straße am reichsstädtischen Findelhaus, einem Asyl für ausgesetzte und elternlose Kinder.

Findelwiesenstraße St. Peter
Die Wiesen dort gehörten dem Findelhaus.

Finkenbrunn Gartenstadt
Alter Flurname aus dem Reichswaldgebiet.

Finkenschlag Worzeldorf
Nach einer angrenzenden Waldabteilung des Eibacher Forstes.

Finkenstraße St. Leonhard
Nach dem Singvogel.

Finstermail, In der Laufamholz
Ein alter Flurname.

Fischbacher Hauptstraße
Nach dem Ortsteil Fischbach, 1973 eingemeindet.

Fischergasse, Hintere und Vordere Altstadt
Hier wohnten und arbeiteten in der RSZ die Fischer.

Flachslander Straße Kleinreuth bei Schweinau
Flachslanden, Marktgemeinde im Landkreis Ansbach.

Flachsröststraße Fischbach
Nach einem Flurnamen.

Peter Flötner
Medaille auf die Erbauung der Burgbasteien (1538)

Flaschenhofstraße Marienvorstadt
Der Flaschenhof, nach einer im 15. Jahrhundert ausgestorbenen Familie benannt.

Flataustraße Großreuth hinter der Veste
Dr. W. S. Flatau (1865 - 1926), ein verdienter Nürnberger Arzt.

Fleischbänken, Zwischen den Altstadt
Dort hielten schon in der RSZ die Metzger ihr Fleisch auf Bänken feil.

Fleischbrücke, An der Altstadt
Die Brücke bei den Fleischbänken, im Stil der Rialtobrücke Venedigs gebaut.

Fleischmannplatz St. Johannis
Fleischmann (1701 - 1768), ein Nürnberger Schriftgießer und Stempelschneider.

Fleischmannstraße St. Johannis
Nach der Nürnberger Maler- und Kupferstecherfamilie.

Flensburger Straße Schniegling
Hafenstadt in Schleswig-Holstein. Seit 1284 Stadt, 1866 preußisch.

Flexdorfer Weg Gebersdorf
Flexdorf, Ort im Landkreis Fürth. Darüber hinaus begegnet uns der Name „Flexdorfer" schon in der Nürnberger RSZ. - Die Flexdorfer gehörten zu jenen Geschlechtern, die namentlich nach dem Nürnberger Bürgeraufstand gegen Karl IV. (1348) durch das Wohlwollen Kaiser Karls IV. Aufnahme in den Kreis der ratsfähigen Geschlechter in Nürnberg fanden.

Fliederweg Mögeldorf
Nach dem Fliederstrauch.

Fliegerstraße Gleißhammer
Hier stand früher das Fliegerdenkmal, das 1933 an den früheren Flughafen bei Großreuth versetzt wurde.

Flockenstraße Kornburg
Nach dem bedeutenden Kornburger Ratsherrn Flock.

Flötnerstraße Gärten bei Wöhrd
Peter Flötner (1493 - 1546), Nürnberger Zeichner, Formenschneider und Bildhauer, führend in der deutschen Renaissancekunst (Ausstattung des Hirsvogelhauses).

Florentinerstraße Kornburg
Nach der ehemals von Nürnberg über Kornburg nach Italien (und Florenz) führenden Handelsstraße.

Floridanstraße Buch
Nach Sigmund von Birken, genannt Floridan, der 1626 - 1681 lebte und dichtete. Der in Wildenstein bei Eger geborene Dichter war Mitglied des Pegnesischen Blumenordens und schrieb gekünstelte prunkvolle Schauspiele.

Flotowstraße Muggenhof
Friedrich Freiherr von Flotow (1811 - 1883), Opernkomponist aus Mecklenburg (Martha, Stradella).

Flughafenstraße Lohe
Führt nach dem 1955 errichteten neuen Flughafen.

Flurstraße St. Johannis
Nach der Lage in der alten Gemeindeflur.

Flußstraße St. Jobst und Mögeldorf
Nach der Lage an der Pegnitz benannt.

Föhrenstraße Mögeldorf
Nach dem Nadelbaum.

Förrenbacher Straße Laufamholz
Ausflugsort im Förrenbachtal bei Hersbruck.

Förstergäßchen Fischbach
Nach der Försterwiese, einem Flurnamen.

Fontanestraße Fischbach
Theodor Fontane (1819 - 1898), zuerst Apotheker, dann Schriftsteller und Journalist.

Forchheimer Straße Thon

Forchheim, Kreisstadt in Oberfranken. Königshof der Merowinger und Karolinger; 805 erstmals als Pfalz erwähnt. Bis ins 12. Jahrhundert zahlreiche Hof-, Fürsten- und Reichstage. 1803 zu Bayern.

Formäckerstraße Brunn

Nach einem Flurnamen.

Forsterstraße Werderau

Georg Christian von Forster (1765 - 1856), Nürnberger Kaufmann und Botaniker (Volckamersche Gärten).

Forsthofstraße Lichtenhof

Nach dem ehemaligen Forstanwesen, heute ist dort das Südbad.

Forstmeisterstraße Zerzabelshof

Das Forstmeisteramt, ein Reichslehen der Familie Coler im 14. Jahrhundert, gab der Straße den Namen.

Forstweg Worzeldorf

Nach dem angrenzenden Forst Kleinschwarzenlohe.

Forstweiherstraße Eibach

Nach den Weihern im Lorenzer Forst.

Fraasstraße Röthenbach bei Schweinau

Carl Nikolaus Fraas (1810 - 1875), Landwirt, erster Professor der Botanik an der Universität Athen, seit 1847 Professor der Landwirtschaft an der Universität München.

Frankenburgerstraße Herrnhütte

Dr. Alexander Frankenburger (1868 - 1938), Arzt und Geheimrat, Gründer des Vereins gegen Tbc in Nürnberg.

Frankenschnellweg Doos/Gostenhof/Gibitzenhof/Eibach
Der Frankenschnellweg, eine schnelle Verbindungsstraße zwischen Nürnberg, Fürth, Erlangen, Forchheim, Bamberg. Soll bis Coburg geführt werden.

Frankenstraße Gibitzenhof und Lichtenhof
Nach dem germanischen Stamm der Franken.

Frankfurter Straße Eibach (Hafengebiet)
Frankfurt am Main, Stadt in Hessen.

Franklinstraße Lichtenhof
Benjamin Franklin (1706 - 1790), amerikanischer Staatsmann und Erfinder (Blitzableiter).

Frank-Wedekind-Straße Langwasser
Frank Wedekind (1864 - 1918) veröffentlichte zu Beginn seiner schriftstellerischen Laufbahn satirische Texte im „Simplicissimus". Wedekind, der zwischendurch auch als Schauspieler wirkte, erregte mit vielen seiner Theaterstücke Skandale, weil er recht vehement die bürgerliche Doppelmoral ins Rampenlicht zerrte. Seine „Lulu"-Tragödien wurden kurz nach der Jahrhundertwende von dem Komponisten Alban Berg zur Oper „Lulu" vertont. Wedekinds Theaterkunst hatte später auf den jungen Brecht großen Einfluß.

Franz-Liszt-Straße Reichelsdorfer Keller
Franz Liszt, Komponist und Klaviervirtuose (1811 - 1886).

Franz-Marc-Straße Worzeldorf
Nach Franz Marc (1880 - 1916), deutscher Maler und Zeichner. Mitbegründer der Künstlergruppe „Blaue Reiter".

Franz-Reichel-Ring Langwasser
Franz Reichel (1901 - 1965), Architekt und Nürnberger Kulturpreisträger.

Franzstraße St. Johannis
Nach dem männlichen Vornamen.

Frauenholzstraße St. Johannis
Johann Friedrich Frauenholz (1758-1822), Nürnberger Kunsthändler und Sammler. Frauenholz galt auch als Mäzen des bekanntesten Nürnberger Malers im 19. Jahrhundert, Johann Adam Klein (siehe Adam-Klein-Straße).

Frauenlobstraße Gibitzenhof
Nach dem Minnesänger Heinrich von Meißen, genannt Frauenlob, gestorben 1318 (Dichter und Lobredner der Frauen).

Frauentaler Weg Wetzendorf
Nach dem fränkischen Kloster Frauenthal bei Creglingen, Zisterzienserinnenkloster.

Frauentor Altstadt
Bereits 1240 befand sich vor dem „Inneren Frauentor", welches 1498 abgerissen wurde, das Kloster des Maria-Magdalena-Ordens, eine Kongregation von Frauen, die auch Reuerinnen genannt wurden. Da Papst Gregor den Magdalenenorden nicht anerkannte, übernahmen die Frauen die Ordensregeln des Klaraordens. Dieses Klarakloster war ein besonders bevorzugter Ort für Patriziertöchter, die nicht an den Mann kamen. 1902 wurden die letzten Reste des Klosters vor dem Frauentor abgetragen.

Frauentorgraben Tafelhof und Gostenhof
Straße außerhalb der zum Frauentor hinziehenden Stadtbefestigung.

Frauentormauer Altstadt
Zum Frauentor führende Mauergasse.

Frauentorzwinger Altstadt

Am Frauentor gelegener Zwinger.

Fraunhoferstraße Schoppershof

Josef von Fraunhofer (1787 - 1826), Physiker und Optiker. Er fand die Fraunhoferschen Linien im Sonnenspektrum, verbesserte die Fernrohrlinsen und erfand das Heliometer.

Freiburger Straße Gibitzenhof

Freiburg im Breisgau, Stadt in Südbaden.

Freilandstraße Laufamholz/Freiland

Nach dem Ortsteil Freiland, vor der Gebietsreform zu Schwaig gehörend.

Freiligrathstraße (früher Bahnhofstraße) Mögeldorf

Ferdinand Freiligrath (1810 - 1876), Schriftsteller politischer und sozialer und später exotischer Gedichte.

Freyjastraße Lichtenhof
Nach der germanischen Göttin der Schönheit und der Liebe.

Freystädter Straße Langwasser
Freystadt, Stadt in Niederschlesien.

Freytagstraße Schoppershof
Gustav Freytag (1816 - 1895), Schriftsteller und Kulturhistoriker.

Friedberger Straße Gaulnhofen
Friedberg im Landkreis Aichach-Friedberg. Seit 1264 Stadt.

Friedenstraße Gärten hinter der Veste
Zur Erinnerung an den Friedensschluß von 1871.

Friedrich-Ebert-Platz Gärten hinter der Veste
Die frühere Platnersanlage wurde 1954 nach Friedrich Ebert (1871 - 1925), dem ersten Präsidenten der deutschen Republik nach dem 1. Weltkrieg umbenannt.

Friedrich-List-Weg Eisenbahnersiedlung
Nach Friedrich List, Nationalökonom und eifriger Verfechter des Eisenbahnbaus Mitte des 19. Jahrhunderts. List meinte u. a.: „Durch die neuen Transportmittel (d. h. durch die Eisenbahn) wird der Mensch ein unendlich glücklicheres, vermögenderes, vollkommeneres Wesen." List war auch der Initiator des einheitlichen Zollsystems innerhalb Deutschlands.

Friedrich-Löffler-Straße St. Johannis
Friedrich Löffler (1825 - 1915), Militärarzt, später Mitarbeiter Robert Kochs in Berlin. Entdeckte den Diphtherie-Erreger.

Friedrich-Overbeck-Straße Worzeldorf
Nach dem Maler Friedrich Overbeck (1789 - 1869).

Friedrich-Stettner-Straße St. Johannis
Friedrich Stettner (1775 - 1829), Nürnberger Volksdichter.

Friedrichsthaler Straße Gartenstadt
Friedrichsthal, Ort im Saargebiet.

Friedrichstraße Gärten hinter der Veste
Nach dem Maler Caspar David Friedrich (1774 - 1840).

Friesenstraße Schweinau
Karl Friedrich Friesen (1782 - 1814), Architekt und Mathematiker. Mitbegründer des deutschen Turnwesens unter Jahn.

Friggastraße Forsthof
Nach der Gemahlin Odins, der germanischen Göttin der Fruchtbarkeit.

Fritz-Erler-Straße Boxdorf
Fritz Erler (1913 - 1967), sozialdemokratischer Politiker.

Fritz-Haber-Straße Großreuth bei Schweinau
Fritz Haber (1868 - 1934), Chemiker. 1918 Nobelpreis.

Fritz-von-Röth-Straße Schoppershof
Fritz von Röth (1893 - 1919), Nürnberger Kampfflieger im 1. Weltkrieg, schoß 13 Fesselballone ab.

Fritz-Weidner-Straße Eibach
Fritz Weidner (1864 - 1916) war ein Besitzer der Gerasmühle, der sich besonders um Eibach verdient gemacht hat. Er fiel als Major im 1. Weltkrieg.

Fröbelstraße Schoppershof
Friedrich Fröbel (1782 - 1852), Pädagoge, gründete die ersten Kindergärten.

Froescheisweg Großreuth bei Schweinau
Die Froescheis waren eine Altnürnberger Bleistiftmacherfamilie.

Frommannstraße St. Johannis
Dr. C. Frommann (1814 - 1887), Germanist, zweiter Direktor des Germanischen Museums.

Froschbrücklein, Zum Buchenbühl
Nach der Waldabteilung im Sebalder Reichswald.

Froschgasse Boxdorf
Nach einer historischen Lagebezeichnung.

Frühlingstraße Gostenhof und Sündersbühl
Nach der Jahreszeit.

Fuchsberg, Am Reichelsdorfer Keller
Nach einem Flurnamen.

Fuchsstraße Muggenhof
Nach einer alten Flurbezeichnung „Fuchsloch".

Fuchsweg Buchenbühl
Im Sebalder Forst bei Buchenbühl ist ein Waldstück, das Fuchsloch heißt.

Füchtbauerstraße Großreuth hinter der Veste
Georg Füchtbauer (1829 - 1906), ein verdienstvoller Rektor der Nürnberger Industrieschule (heute Ohm-Polytechnikum).

Füll Altstadt
Die Ortsbezeichnung stammt aus der RSZ und deutet auf die Auffüllung dieses Geländes hin. Dort war der „alte" Stadtgraben.

Die erste deutsche Eisenbahn „Der Adler" zwischen Nürnberg und Fürth.

Fünferplatz Altstadt

Hier stand das „Fünferhaus". In ihm tagte für kleine Vergehen das Fünfergericht (fünf Ratsherren).

Fürreuthweg Röthenbach bei Schweinau

Nach einem alten Flurnamen „die Fürreuth" = vordere Rodung.

Fürther Kreuzung Muggenhof

Dort, in der Nähe der Stadtgrenze, kreuzte früher die Ludwigsbahn mit der später errichteten Staatsbahn.

Fürther Straße Plärrer - Fürth

Sie wurde von der preußischen Regierung 1797-1802 von Fürth nach Gostenhof erbaut und war ehemals nur ein Feldweg. Die alte Straße nach Fürth in der RSZ (Geleitstraße nach

Frankfurt) ging vom Neutor über Johannis nach Schniegling. Hier fuhr 1835 der Adler, die erste deutsche Eisenbahn.

Fürther Straße, Südliche Gostenhof
Eine südliche Abzweigung zur Rothenburger Straße.

Fürther Tor Altstadt
1894 wurde als Entlastung des Spittlertores ein Durchbruch mit Brücke über den Graben erbaut.

Füssener Straße Gaulnhofen
Füssen, Stadt im Landkreis Ostallgäu. Die ehemalige Residenz der Augsburger Bischöfe, ehem. Benediktinerabtei mit barocker Stiftskirche.

Fuggerstraße Gostenhof
Benannt nach dem weltberühmten Handelsgeschlecht in Augsburg. Fürsten- und Grafengeschlecht. Errichteten in Augsburg die Fuggerei, eine Siedlung für mittellose Bürger.

Fuldaer Straße Boxdorf
Fulda, Kreisstadt in Hessen.

Furtenbachstraße Reichelsdorf
Die Furtenbach waren ein ratsfähiges Nürnberger Geschlecht in der RSZ. Sie besaßen das Schloß in Reichelsdorf.

Fußgängertunnel Tafelhof
Als im Jahre 1909 die Bahnanlagen neu gestaltet wurden, wurde der kleine Tunnel für Fußgänger zur Südstadt geschaffen.

Gabelsbergerstraße Steinbühl

Franz Xaver Gabelsberger (1789-1849) erfand ein Stenographiesystem. Er war Leiter des 1831 gebildeten Stenobureaux der bayerischen Kammer in München.

Gabrielistraße Mögeldorf

Gabriel de Gabrieli (1671-1747), Baumeister der Ansbacher Markgrafen.

Gabriel-von-Seidl-Platz Gleißhammer

Gabriel von Seidl (1847-1921), bedeutender bayerischer Architekt in München (Bayerisches Nationalmuseum, Deutsches Museum).

Gänserledstraße Brunn

Nach einem Flurnamen.

Gärtnerstraße Thon

Jörg Gärtner (gestorben um 1624), Nürnberger Maler und Georg Gärtner (1864-1939), Nürnberger Schriftsteller und Historiker. Verfasser der beiden oft zitierten Bände „Streifzug durch Alt-Nürnberg".

Gaishof Altstadt

Nach einem Besitzernamen in der RSZ entstandene Ortsbezeichnung.

Gaismannshofstraße Gaismannshof

Alter kleiner Vorort, der 1899 eingemeindet wurde.

Galgenhofstraße Galgenhof

Der Galgenhof, in dessen Nähe bis 1809 der Galgen stand, wurde 1825 eingemeindet.

Galgensee, Beim Großgründlach

Nach einem alten Flurnamen.

Galileistraße Neukatzwang
Galileo Galilei (1564-1642), bedeutender italienischer Mathematiker und Philosoph. Er begründete die moderne, auf Erfahrung und Experiment beruhende Physik.

Gallasstraße Mühlhof
Matthias Graf von Gallas (1584-1647), kaiserlicher General im Dreißigjährigen Krieg.

Gallostraße Kleinreuth hinter der Veste
Gallo soll ein Gefährte der Frankenapostel Kilian und Kolonat gewesen sein.

Galvanistraße Lichtenhof
Luigi Galvani (1737-1798), italienischer Naturforscher und Anatom; er entdeckte die galvanische Elektrizität.

Ganghoferstraße Erlenstegen
Ludwig Ganghofer (1855-1920), bayerischer Schriftsteller (historische Romane aus der Alpen- und Jägerwelt).

Gartensteig St. Jobst
Er führte zu den Gärten im Stadtteil Jobst.

Gartenstraße Gostenhof
Hinweis auf alte Patriziergärten.

Gaulnhofer Straße Katzwang
Nach dem Ortsteil Gaulnhofen, 1974 eingemeindet.

Gaußstraße Steinbühl
Karl Friedrich Gauß (1777-1855), Mathematiker und Astronom. Er erfand die Integralrechnung, berechnete die Planetenbahnen und schuf den ersten elektrischen Telegraph.

Gebersdorfer Straße Großreuth bei Schweinau
Das an der Rednitz gelegene Dorf wurde 1899 nach Nürnberg eingemeindet.

Gebertstraße Schafhof
Nach Karl-Friedrich Gebert, Nürnberger Buchdruckereibesitzer und Numismatiker.

Gebhard-Ott-Straße Steinbühl
Gebhard Ott (1828 - 1902) besaß eine Bruyere-Pfeifenfabrik in Steinbühl. Er stiftete den Kunstbrunnen am Melanchthonplatz.

Gebsattler Straße Großreuth bei Schweinau
Nach der Gemeinde Gebsattel im Landkreis Ansbach.

Geibelstraße Steinbühl
Emanuel Geibel (1815 - 1884), Dichter, formschöne Verse und politische Gedichte.

Geiersberg Altstadt
1632 wird dort eine Wirtschaft „Zum Geier“ erwähnt, Hausnummer 271 = Geiersberg 11.

Geigerstraße Reichelsdorf
Nach Physikprofessor Hans Geiger (1882 - 1945) und dessen Vater, Professor Dr. Wilhelm Geiger (1856 - 1946), Iranist und Indologe.

Geisberg Wöhrd
Alte Wöhrder Ortsbezeichnung.

Geissestraße Schweinau
Nach einem alten Flurnamen.

Geißlerstraße Steinbühl
Die Geißler waren eine berühmte Nürnberger Kupferstecher- und Künstlerfamilie im 17. bis 19. Jahrhundert.

Geiststraße Eibach
Lorenz Geist (1807-1867), Dr. med., verdienter Arzt in Nürnberg.

Gellertstraße Gärten hinter der Veste
Christian Fürchtegott Gellert (1715-1769), Schriftsteller, dichtete Fabeln, geistliche Lieder und schrieb Erzählungen.

Gemündener Weg Großgründlach
Nach der Stadt Gemünden am Main.

Gensfelderweg Langwasser
Leonhard Gensfelder, Nürnberger Kartograph, versuchte schon 1435 eine Karte vom südlichen Deutschland zu schaffen und Ortsverzeichnisse anzulegen.

Georg-Buchner-Straße Großreuth hinter der Veste
Georg Buchner (1836-1890), Nürnberger Theatermusiker, Notenschreiber, Klavierstimmer und Kunstmaler.

Georg-Eberlein-Straße Großreuth hinter der Veste
Nürnberger Maler (1819-1884).

Georg-Hager-Straße Gostenhof
Georg Hager (1552-1634), Nürnberger Meistersinger.

Georg-Hennch-Straße Seeleinsbühl
Georg Hennch, Direktor der Eisenbahnen in Nürnberg (1839-1919). Er machte sich verdient um die Gestaltung der Nürnberger Bahnanlagen und die Errichtung von Siedlungen für die Eisenbahner.

Georg-Höfler-Weg Schnepfenreuth
Georg Höfler, der letzte Bürgermeister des 1924 eingemeindeten Dorfes Schnepfenreuth.

Georg-Horner-Straße Großgründlach
Georg Horner, der letzte Rittergutsbesitzer von Großgründlach.

Georgienstraße Eibach
Nach einem Blumennamen.

Georg-Ledebour-Straße Langwasser
Georg Ledebour (1850 - 1947), Mitbegründer der Internationalen Arbeitsgemeinschaft sozialistischer Parteien.

Georg-Sippel-Weg Buch
Georg Sippel (1868 - 1931), verdienter Bürgermeister, Ökonomie- und Kreisrat im 1924 eingemeindeten Buch.

Georg-Stefan-Straße Reichelsdorfer Keller
Nach dem Vornamen von zwei ehemaligen Gastwirten im Ortsteil Reichelsdorfer Keller, Abkömmlinge der Reichelsdorfer Familie Schalkhaußer.

Georg-Wieszner-Platz Steinbühl
Nach Georg Wieszner (1894 - 1969), ehemaliger Leiter der Volkshochschule Nürnberg.

Georgstraße St. Leonhard
Nach dem männlichen Vornamen.

Georg-Strobel-Straße (vor 1952 Fabrikstr.) Gärten bei Wöhrd
Georg Strobel (1736 - 1794), geb. in Hersbruck, Pfarrer in Wöhrd und verdienter Historiker für den Vorort.

Georg-Ziegler-Weg Buch
Nach dem letzten Bürgermeister von Buch (1889 - 1952).

Geranienweg Eibach
Nach der Blume.

Gerasmühle, Bei der Eibach
Die Gerasmühle hieß früher Gerhardsmühle.

Gerasmühler Straße Eibach
Nach der alten Gerasmühle an der Rednitz.

Gerberstraße Lichtenhof
Dr. Heinrich Gerber (1832 - 1911), Ingenieur und Leiter der Brückenbauabteilung der M.A.N.

Gerhart-Hauptmann-Straße Großreuth bei Schweinau
Gerhart Hauptmann (1862 - 1946), der bedeutendste deutsche Dramatiker der Jahrhundertwende, Romanschriftsteller. (Die Weber, Hanneles Himmelfahrt, Rose Bernd).

Gerichtsweg Kornburg
Nach dem früheren Amtsgericht Kornburg.

Gerlestraße Galgenhof
Konrad Gerle, 1521 verstorbener Nürnberger Lautenmacher.

Germersheimer Straße Gartenstadt
Germersheim, Stadt in der Rheinpfalz seit 1090. Seit 1276 Reichsstadt.

Gerngrosstraße Großreuth hinter der Veste
Geheimer Kommerzienrat Ludwig von Gerngros (1839 - 1916), Ehrenbürger der Stadt Nürnberg. Er stiftete die Kopie des Neptunbrunnens, dessen Original im Schloßpark Peterhof bei Leningrad steht.

Gernotstraße St. Leonhard
Nach dem männlichen Vornamen.

Gerolzhofener Straße Großgründlach
Gerolzhofen, Stadt im Landkreis Schweinfurt.

Gersweiler Straße Gartenstadt
Gersweiler, Ort im Saargebiet.

Gertrudstraße Sündersbühl
Nach dem weiblichen Vornamen.

Gervinusstraße Erlenstegen
Georg Gottfried Gervinus (1805 - 1871), Geschichtsschreiber und Literaturhistoriker.

Geschwister-Scholl-Straße Schweinau
Die Geschwister Sophie und Hans Scholl gehörten zur Widerstandsgruppe „Weiße Rose“ und wurden 1943 hingerichtet.

Geuderstraße Rennweg
von Geuder, Nürnberger Patrizierfamilie. Aus der Familie sind hervorragende Mitglieder des Nürnberger Rates hervorgegangen.

Geuschmidstraße Zerzabelshof
Die Geuschmid, eine heute ausgestorbene Patrizierfamilie.

Gewerbemuseumsplatz Altstadt
Nach der Bayerischen Landesgewerbeanstalt und dem Gewerbemuseum.

Gibitzenhofstraße Steinbühl
Der alte Ort Gibitzenhof (von Gigitzen = Kuckuck) wurde 1899 eingemeindet.

Das Schlößchen Gibitzenhof 1701

Giesbertsstraße Langwasser
Johann Giesberts (1865-1938), Mitbegründer der christlichen Gewerkschaften.

Gießener Straße Großgründlach/Boxdorf
Nach der Stadt Gießen/Hessen. Heute zusammen mit Wetzlar die Stadt Lahn.

Gießereistraße Gärten bei Wöhrd
Früher stand dort die Klettsche Gießerei.

Ginsterweg Mögeldorf
Nach der Heide- und Waldpflanze.

Giselastraße Schweinau
Nach dem weiblichen Vornamen. Vielleicht nach der Gemahlin des bayerischen Prinzen Leopold.

Glafeystraße Gebersdorf
Gottlob Glafey (1845-1899), Gründer und Inhaber einer bekannten Lichterfabrik.

Glanstraße Gartenstadt
Die Glan ist ein Nebenfluß der Nahe.

Glaserstraße Kraftshof
Martin Glaser, erster evangelischer Pfarrer von Kraftshof (1524 - 1526), war Augustinermönch in Nürnberg.

Glatzer Straße Langwasser
Glatz, Stadt an der Neiße in Niederschlesien. Ehemalige Festung. 1275 gegründet, 1534 österreichisch, 1742 preußisch.

Gleimstraße Gleißhammer
Johann Wilhelm Ludwig Gleim (1719 - 1803), deutscher Dichter (Anakreontiker).

Gleißbühlstraße Marienvorstadt
Nach einer früheren Ortsbezeichnung „Glaißbühl".

Gleißhammerstraße Mögeldorf
Führte zum Hammerwerk für gleißendes Blech, das dem um 1899 eingemeindeten Ort Gleißhammer früher seinen Namen gab.

Gleißnerplatz Rangierbahnhof
Ludwig Gleißner (1864 - 1932), Reichsbahndirektor in Nürnberg und Begründer der Rangierbahnhofsiedlung.

Gleiwitzer Straße Langwasser/Moorenbrunn
Gleiwitz, Stadt in Oberschlesien.

Glinkastraße Katzwang
Michael Glinka, russischer Komponist (1804 - 1857).

Glockendonstraße Gostenhof

Die Glockendon waren eine Nürnberger Illuministen- und Briefmalerfamilie im 16. Jahrhundert (Hans und Nikolaus).

Glockenhofstraße St. Peter

Der frühere Vorort Glockenhof hieß ursprünglich Galgenhof nach der nahen Richtstätte.

Glöckleinsgasse Altstadt

Nach dem Bratwurstglöcklein, einer alten Nürnberger Gaststätte. Das Bratwurstglöcklein wurde 1945 zerstört; es war ursprünglich an die Moritzkapelle, gegenüber der Sebalduskirche, angebaut.

Glogauer Straße Langwasser

Glogau, Stadt an der Oder in Niederschlesien. 1010 gegründet, 1235 Stadt, 1630 - 1919 Festung.

Gloxinienstraße Eibach

Nach der Blume.

Gluckstraße Erlenstegen

Christoph Willibald Ritter von Gluck (1714 - 1787), Komponist. Der in Erasbach, Oberpfalz, geborene schuf 46 Opern, viele Lieder und Musikstücke. Er förderte das Singspiel und die französische Oper.

Glückstädter Straße Thon

Glückstadt, Stadt in Schleswig-Holstein.

Gneiseaustraße St. Jobst

Graf Neidhardt von Gneisenau (1760 - 1831), preußischer Generalfeldmarschall. Der aus österreichischem Adel stammende war erst in ansbachischem, dann in preußischem Dienst, wo er mit Stein und Scharnhorst reformierte.

Godehardstraße Fischbach
Nach dem heiligen Godehard (960 - 1038).

Göbenstraße Sündersbühl
August von Göben (1816 - 1880), preußischer General.

Goerdelerstraße Schweinau
Karl Friedrich Goerdeler (1884 - 1945), Oberbürgermeister der Stadt Leipzig bis 1937, Opfer des Widerstandes gegen den Nationalsozialismus.

Görlitzer Straße Langwasser
Görlitz, Stadt an der Neiße in der Oberlausitz, 1071 schon als Dorf genannt, 1220 Stadt.

Görzer Straße Moorenbrunn
Görz, Hauptstadt der italienischen Provinz Goricia.

Gößweinsteiner Straße Ziegelstein
Gößweinstein, Wallfahrtsort in der Fränkischen Schweiz mit schöner Kirche und Schloß der Herren von Solern.

Goethestraße Gärten hinter der Veste
Johann Wolfgang von Goethe (1747 - 1832), bekanntester Dichter deutscher Zunge, war dreimal in Nürnberg und brachte Hans Sachs wieder zu Ehren.

Götzenweg Almoshof
Bauernfamilie in Almoshof.

Gogolstraße Fischbach
Nikolaj Gogol, russischer Schriftsteller (1809 - 1852).

Goldbachstraße Gleißhammer
Der Goldbach kommt von Gleißhammer und fließt in die Pegnitz.

Goldberger Straße Langwasser

Goldberg, Stadt a. d. Katzbach in Niederschlesien, 1211 schon Stadtrechte, um 1400 blühender Goldbergbau. 1675 an Habsburg, 1742 an Preußen.

Goldmarkstraße Katzwang

Nach dem Komponisten Karl Goldmark (1830 - 1915), Österreicher, schrieb Opern, sinfonische Werke und Ouvertüren.

Goldschlag, Am Hammer

Nach einer angrenzenden Waldabteilung des Lorenzer Forstes.

Goldweiherstraße Zerzabelshof

Nach einem alten Flurnamen.

Gorkistraße Fischbach

Maxim Gorki, russischer Schriftsteller (1868 - 1936).

Gosberger Straße Ziegelstein

Gosberg, Dorf in der Fränkischen Schweiz, Landkreis Forchheim.

Gostenhofer Hauptstraße Gostenhof

Nach dem früheren Dorf Gostenhof.

Gostenhofer Schulgasse Gostenhof

Führte zur Schule, hieß früher Stadtknechtsgäßchen, weil dort der Stadtknecht wohnte.

Gotenstraße Lichtenhof

Nach dem germanischen Volksstamm.

Gothaer Straße Schoppershof

Gotha, Stadt in Thüringen, ehemalige Residenz des Herzogtums Sachsen-Gotha.

Das Pelzlaufen in Gostenhof — Aus J. Chr. Volckamers „Hesperiden“

Gottfriedstraße Gleißhammer
Nach dem männlichen Vornamen.

Gotthelfstraße Fischbach
Jeremias Gotthelf, schweizer Schriftsteller (1797-1854).

Gottliebstraße St. Johannis
Johann Gottlieb, Nürnberger Mundartdichter (1796-1856).

Gottlieb-Geiß-Weg Kornburg
Nach Gottlieb Geiß, Heimatforscher und Gründer des Kornburger Heimatmuseums.

Gottlieb-von-Merkel-Weg Eibach
Gottlieb von Merkel (1835-1921), Direktor des städtischen Krankenhauses. Verdienstvoller Förderer des gesamten Gesundheitswesens.

Grabbestraße Boxdorf
Christian Grabbe (1801—1836), Dichter, historische Dramen.

Graben, Am Altenfurt
Nach dem ehemals neben der Straße verlaufenden Graben.

Gräfenberger Straße Loher Moos
Gräfenberg, Städtchen im Vorland der Fränkischen Schweiz, gehörte früher zum Gebiet der Freien Reichsstadt Nürnberg.

Gräslein, Am Altstadt
Eine alte Ortsbezeichnung aus der RSZ.

Grafenauer Straße Mögeldorf
Grafenau, Stadt in Niederbayern im Bayerischen Wald. Um 900 schon als Grenzplatz im Ilzgau angelegt. 1376 Stadt.

Grasersgasse Altstadt
Hans Graser baute dort, 1411, sein Stammhaus. Die Familie besaß Teile von Gostenhof. Das Geschlecht starb 1470 mit Sebaldus Graser aus.

Graudenzer Straße Schoppershof
Nach der alten Festung Graudenz in Westpreußen an der Unteren Weichsel.

Grazer Straße Moorenbrunn
Graz, Hauptstadt der Steiermark in Österreich.

Gredinger Straße Reichelsdorf
Greding, alte befestigte Stadt in Mittelfranken.

Greifensteinweg Buchenbühl
Greifenstein, Burg in der Fränkischen Schweiz. Stammsitz der Grafen von Stauffenberg (erbaut im 12. Jahrhundert).

Greifswalder Straße Thon
Greifswald, mecklenburgische Hafen- und Universitätsstadt

(älteste Universität Preußens, 1456). 1250 Stadt, 1278 Hansestadt, 1648 schwedisch, 1815 preußisch.

Grenzstraße Lichtenhof
Nach einer alten Flurgrenze.

Greuleinweg Großreuth hinter der Veste
Johann Greulein (1868 - 1945), Drechslermeister und Nürnberger Mundartdichter.

Greuth Greuth
Nach dem Ortsteil Greuth, 1974 eingemeindet.

Greuther Straße Katzwang
Nach dem Ortsteil Greuth.

Grillparzerstraße Reichelsdorfer Keller
Franz Grillparzer (1791 - 1872), der größte Dramatiker Österreichs im 19. Jahrhundert. („Weh dem, der lügt", „Der Traum, ein Leben", „Medea").

Grimmstraße St. Jobst
Jakob Grimm (1785 - 1863), Begründer der germanischen Sprach- und Altertumswissenschaften. Sein Bruder Wilhelm (1786 - 1856) half beim Sammeln der Märchen.

Grobestraße Muggenhof
Julius Grobe (1807 - 1877), ein verdienstvoller Musikdirektor in Nürnberg.

Grönacker, Beim Zerzabelshof
Nach einem alten Flurnamen.

Grolandstraße Kleinreuth hinter der Veste
Nach dem ausgestorbenen Nürnberger Patriziergeschlecht Groland (1720).

Groland

Große Straße Dutzendteich

Breite Aufmarschstraße, von den Nationalsozialisten in Deutschland angelegt als Verbindung zwischen dem sogenannten „Märzfeld", einem militärischen Paradiergelände der Nazis (etwa auf der Höhe des heutigen Stadtteils Altenfurt), und der großen „Kongreßhalle" am Dutzendteich. Die „Große Straße" hätte, wenn es nach den Plänen ihrer Erbauer gegangen wäre, im letzten Teilstück zur Kongreßhalle hin, von überlebensgroßen Marmorstatuen gesäumt werden sollen. Die „Große Straße" ist überdies so ausgerichtet, daß die vom Märzfeld stadteinwärts marschierenden Truppen immer wieder die Nürnberger Kaiserburg vor Augen gehabt hätten. Die Länge der einzelnen Steinplatten auf der „Großen Straße" entsprechen der durchschnittlichen Länge des sogenannten Stechschrittes beim Parademarsch.

Großgründlacher Hauptstraße Großgründlach

Nach dem Pfarrdorf Großgründlach, Ortsteil von Nürnberg, Schloß im Besitz der Familie von Haller. 1973 eingemeindet.

Großhabersdorfer Weg Röthenbach bei Schweinau

Großhabersdorf, ein Dorf im Rangau (Landkreis Fürth).

Großreuther Straße Großreuth hinter der Veste

Großreuth, eine alte Siedlung im Knoblauchsland, 1899 eingemeindet (Großreuth = große Rodung).

Kopf des Konrad Groß
Hochgrab in der Spitalkirche zum Hl. Geist

Großstraße Zerzabelshof
Konrad Groß (gestorben 1356), Reichsschultheiß und Stifter des Heilig-Geist-Spitals in Nürnberg.

Groß-Strehlitzer Straße Langwasser
Groß-Strehlitz, Kreisstadt in Oberschlesien.

Großweidenmühlsteg St. Johannis
Hieß schon in der RSZ so, nach der Mühle.

Großweidenmühlweg St. Johannis
Hieß schon in der RSZ so, nach der Mühle.

Großweidenmühlstraße St. Johannis
Benannt nach dem Ort Großweidenmühl, der schon lange zur Reichsstadt gehörte.

Großweidenmühlstraße, Äußere St. Johannis
Vgl. Großweidenmühlstraße.

Großweismannsdorfer Straße Mühlhof
Großweismannsdorf liegt im Landkreis Fürth.

Grubenweg Kornburg
In Anlehnung an den Flurnamen Kalkgrube.

Grübelstraße Altstadt
Konrad Grübel (1736 - 1809), einer der bedeutendsten Nürnberger Mundartdichter.

Grünberger Straße Langwasser
Grünberg, Stadt im nördlichen Niederschlesien.

Grünewaldstraße Gärten hinter der Veste
Mathias Grünewald (1470 - 1530), berühmter Maler der Spätgotik (Isenheimer Altar).

Grünreuther Straße Laufamholz
Grünreuth, Ort im Landkreis Nürnberger Land.

Grünstraße (früher Wiesenstraße) St. Leonhard
Nikolaus Grün, Horndrechsler in Nürnberg, erfand um 1615 den Wildruf.

Grüntenweg Langwasser
Nach dem Berg Grünten im Allgäu.

Grund, Im Oberen Reichelsdorf
Benannt nach der Lage im Rednitzgrund.

Grund, Im Unteren Reichelsdorf
Nach der Lage im Rednitzgrund.

Grundfelderstraße Kraftshof
Nach einer alten Flurbezeichnung.

Grundherr

Grundherrngäßchen Altstadt
Benannt nach dem Ratsgeschlecht der Grundherr.

Gubener Straße Neukatzwang
Guben, Stadt an der Görlitzer Neiße. 1235 Stadt.

Gudrunstraße Lichtenhof
Gudrun, oberdeutsche Form: Kudrun, Heldin des gleichnamigen nordischen Epos.

Günthersbühler Straße Erlenstegen
Günthersbühl, Dorf im Landkreis Nürnberger Land.

Günzburger Straße Eibach
Günzburg, Städtchen im bayerischen Schwaben an der Donau (römische Gründung).

Gugelstraße Steinbühl
Das ausgestorbene Nürnberger Geschlecht Gugel besaß eine Zeitlang das Schlößchen Steinbühl.

Guggenlohe, An der Buch
Nach einem Flurnamen.

Gumbinner Straße Loher Moos
Gumbinnen, ostpreußische Stadt an der Pissa. 1732 wurden dort evangelische vertriebene Salzburger angesiedelt.

Gundekarstraße Eibach
Gundekar (1019 - 1075), Bischof in Eichstätt.

Gundelfinger Straße Eibach
Gundelfingen, Stadt an der Donau, Landkreis Dillingen.

Gundelsheimer Straße Röthenbach bei Schweinau
Gundelsheim, Pfarrdorf im Landkreis Weißenburg-Gunzenhausen.

Guntherstraße Lichtenhof
Nach dem Burgunderkönig Gundahar (Nibelungenlied).

Gunzenhausener Straße Eibach
Gunzenhausen, mittelfränkische Stadt im Altmühltal. 1368 - 1806 im Besitz der Hohenzollern.

Gustav-Adolf-Brücke Schweinau
Vgl. Gustav-Adolf-Straße.

Gustav-Adolf-Straße Schweinau
Gustav Adolf, Schwedenkönig (1594 - 1632), der im Dreißigjährigen Krieg in Nürnberg weilte. (Kampf um die Alte Veste bei Zirndorf gegen Wallenstein).

Gustav-Jung-Straße Herpersdorf
Carl Gustav Jung (1875 - 1961), Schweizer Psychologe und Psychiater.

Gustav-Mahler-Straße Katzwang
Gustav Mahler (1860 - 1911), österreichischer Komponist und Dirigent, Schüler Bruckners.

Gustav-Weißkopf-Weg Ziegelstein
Gustav Weißkopf (1874 - 1927), erster Motorflieger der Welt.

Gutenstetter Straße Großreuth bei Schweinau
Gutenstetten, Gemeinde im Landkreis Neustadt an der Aisch-Bad Windsheim.

Gutshofstraße Moorenbrunn
Nach dem ehemaligen städtischen Landwirtschaftsbetrieb.

Guttenbergplatz Glockenhof
Heinrich (1749 - 1817) und Karl Gottlieb (1743 - 1792) Guttenberg, Kupferstecher in Nürnberg.

Gutzberger Weg Gebersdorf
Gutzberg, Ortschaft im Landkreis Fürth.

Gutzkowstraße Boxdorf
Karl Gutzkow (1811 - 1878), kritischer Schriftsteller.

Gwänderweg Neunhof
Mundartliche Bezeichnung für Gewannenweg.

Gymnasialhof Altstadt
1426 wird vom Neubau einer Schule im Egidienkloster berichtet. 1526 wird auf ein Rundschreiben von Martin Luther hin eine Schule für „reifere Jünglinge“ gegründet. Trotz Lehrern wie Hesse, Camerarius und Schoner hatte die Schule nicht den nötigen Zulauf. 1575 Verlegung nach Altdorf, damit die Schüler weniger abgelenkt seien. Die „Aegidienschule“ wurde wieder Trivialschule; sie hielt sich bis 1808.

Gyulaer Straße Lichtenhof
Nach der Heimat der Vorfahren Albrecht Dürers. Der Vater Dürers, ein Goldschmied, kam 1427 aus dem ungarischen Städtchen Gyula.

Die Hadermühle

Habermannstraße Worzeldorf
Nach dem Maler Hugo von Habermann (1849 - 1929).

Habichtstraße Gibitzenhof
Raubvogel. Früher war dort ein Vogelherd.

Habsburger Straße Altenfurt
Die Habsburger, österreichisches Kaiserhaus. Das Attentat auf den Thronfolger Franz Ferdinand (28. 6. 1914) in Sarajevo löste den 1. Weltkrieg aus. 1919 wurden die Habsburger aus Österreich ausgewiesen.

Hackentränkweg Knoblauchsland
Nach einem alten Flurnamen.

Hadergäßchen Wöhrd
Nach der Hadermühle.

Hadermühle Marienvorstadt
Nach der alten Gleißmühle, die 1390 durch den alten Rats-

herrn Ulman Stromer zur ersten Papiermühle Deutschlands umgebaut wurde. („Aus Lumpen macht man Schreibpapier und legt's den großen Herrn für"). Die Stromer forsteten den Reichswald auf und nutzten ihn systematisch für ihre Papierfabriken. Stromer schrieb das „Püchel von meim geslecht und von abenteur". (sic).

Haeberleinstraße Schafhof
Hans Haeberlein (1871 - 1928), Kaufmann und Kommerzienrat, Stadtratsmitglied.

Häherweg Mögeldorf
Nach dem Vogelnamen.

Händelstraße Erlenstegen
Georg Friedrich Händel (1685 - 1759), neben Bach der größte Barockmusiker, wirkte in Hannover und London. Er schrieb Opern, Konzerte, Oratorien und Orgelmusik.

Härleinstraße Mühlhof
Johann Härlein (1849 - 1908), verdienter Bürgermeister in Mühlhof.

Haeselerstraße Sündersbühl
Gottlieb Graf von Haeseler (1836 - 1919), preußischer Generalfeldmarschall.

Hafenstraße Eibach
Nach dem Hafen der Großschiffahrtsstraße Rhein-Main-Donau.

Hagedornstraße Gleißhammer
Friedrich von Hagedorn (1708 - 1754), Dichter anakreontischer Lyrik.

Hagelsheimer Straße Reichelsdorf

Die Familie Hagelsheimer (Held) hat im 16. Jahrhundert die erste große Drahtziehfabrik betrieben.

Hagenstraße Lichtenhof

Hagen, Lehensmann der Nibelungen.

Hahnenbalz Buchenbühl

Nach einer Waldgemarkung.

Haimendorfer Straße Gleißhammer

Haimendorf, Dorf am Moritzberg, Landkreis Nürnberger Land.

Hainbergstraße Großreuth bei Schweinau

Hainberg, Exerzierplatz der Nürnberg-Fürther Garnison.

Hainbuchenweg Werderau

Nach dem Waldbaum Hainbuche.

Hainstraße Forsthof und Gleißhammer

Sie führte vermutlich zu einem kleinen Hain, der in der Nähe stand.

Halbwachsengäßchen Altstadt

Die Halbwachs, ausgestorbenes Nürnberger Bürgergeschlecht.

Hallerhüttenstraße Forsthof

Nach den früheren Besitzungen der Familie Haller (Alter Weiler Hallerhütten).

Hallerstraße St. Johannis

Karl Haller von Hallerstein (1771 - 1829), Nürnberger Bürgermeister, Konservator der Staatlichen Gemäldesammlungen in Nürnberg.

Die „Maut“ oder die „Neue Waag“. (Nach Boener.)

Hallertor, Am Altstadt
Nach dem Geschlecht der Haller benanntes Tor im Westen der alten Mauer. Die Haller besaßen vor dem „Hallerthürlein“ große Wiesen. 1434 wurden die Wiesen von der Stadt erworben und als Parkanlage ausgebaut.

Hallertorbrücke Kleinweidenmühle
Vgl. Am Hallertor.

Hallerweiherstraße Fischbach
Nach einem alten Flurnamen.

Hallerwiese St. Johannis
Sie war schon 1379 im Besitz der Haller.

Hallplatz Altstadt
Wurde 1811 schon so benannt. (Vermutlich nach der Mauthalle).

Hallstädter Weg Thon
Nach dem oberfränkischen Hallstadt.

Halskestraße Gibitzenhof
Johann Georg Halske (1814 - 1890). Der Hamburger Mechaniker gründete mit Siemens 1847 die Siemens-Halske-Werke.

Hamburger Straße Eibach (Hafengebiet)
Hamburg, Stadt an der Elbe, größter deutscher Seehafen.

Hammelburger Weg Großgründlach
Hammelburg, Stadt an der Fränkischen Saale.

Hammer, Am Katzwang
Nach einem früheren Hammerwerk.

Hammerstraße Mögeldorf
Nach dem früheren Vorort Hammer.

Hammerwerk, Beim Laufamholz
Benannt nach der Lage am ehemaligen Hammerwerk.

Hanauer Straße Großgründlach
Hanau, Stadt am Main.

Hang, Am Schoppershof
Nach der Lage am Hang.

Hansastraße Schweinau
Nach dem Städtebund der Hansa.

Hans-Bunte-Straße Sündersbühl

Professor Dr. Hans Bunte (geboren 1848), berühmter Gastechniker, zuletzt in Karlsruhe am Polytechnikum.

Hansengarten Großgründlach

Nach einem alten Flurnamen.

Hans-Fallada-Straße Langwasser

Hans Fallada, eigentlich Rudolf Ditzen, wurde 1893 in Greifswald geboren und starb 1947 in Berlin. Fallada, ursprünglich Landwirt aus Neigung, nahm als Schriftsteller das Leben der sogenannten „Armen, einfachen Leute“ unter die Lupe. In seinen bekanntesten, sehr realistischen Romanen, „Bauern,

Mathias Prechtl
Hans Sachs paßt seiner Muse Stiefelchen an.

Bonzen, Bomben" (1931) und „Kleiner Mann, was nun?" (1932), schilderte er fast reportagehaft die wirtschaftlichen und sozialen Konflikte, bzw. Nöte, der Zeit zwischen den beiden Weltkriegen.

Hans-Fellner-Straße Großgründlach
Hans Fellner, von 1945 - 1968 Bürgermeister von Großgründlach.

Hans-Grade-Weg Ziegelstein
Hans Grade (1879 - 1946), Flugpionier.

Hans-Heß-Weg Großreuth hinter der Veste
Dr. Hans Heß (1864 - 1940), Naturforscher, Oberstudienrat und Stadtrat.

Hans-Kalb-Straße Dutzendteich
Dr. Hans Kalb (1899 - 1945), legendärer Mittelläufer des 1. FCN. Errang einen gewissen Bekanntheitsgrad auch dadurch, daß er während eines Heimspiels des FCN seinen Hintern entblößte.

Hans-Kohlmann-Straße Thon
Nach Hans Kohlmann (1894 - 1971), einem ehemaligen Vorstandsmitglied der Baugenossenschaft Buch.

Hans-Pfitzner-Straße Katzwang
Hans Pfitzner (1869 - 1949). Komponierte Opern, Chor- und Orchesterwerke, Lieder und Kammermusik.

Hans-Sachs-Gasse Altstadt
Hans Sachs (1494 - 1576), Meistersinger, Dichter und Schuhmacher. Sein Wohn- und Sterbehaus lag in dieser Gasse.

Hans-Sachs-Platz Altstadt
Auf diesem Platz: Denkmal des Hans Sachs, sitzende Bronze-

figur auf Marmorsockel. Entwurf und Modell von K. Kraußer, 1873; von Christoph Lenz gegossen, 1874 enthüllt.

Hans-Schmidt-Straße Schweinau
Hans Schmidt war Sprecher des Nürnberger Bundes für Geistesfreiheit.

Hans-Thoma-Straße Höfen
Hans Thoma (1839-1924), süddeutscher Maler (Bauernbilder und Porträts).

Hans-Traut-Straße Katzwang
Hans Traut (etwa 1460-1516), der Schöpfer des Marienaltars in der evangelisch-lutherischen Pfarrkirche in Katzwang.

Happurger Straße (früher Bahnhofstraße) Laufamholz
Happurg, Dorf bei Hersbruck, liegt am Fuße der Houbirg, eines alten Siedlungsberges. (Stausee und Kraftwerk).

Harsdörffers Frauenzimmergespräche, 2. Druck 1657, Titelbild

Hardenbergplatz Schoppershof
Karl August von Hardenberg (1750-1822), preußischer Staatskanzler; Friedrich von Hardenberg (Novalis), 1772-1801), Dichter. Ersterer führte Steins Reformen weiter durch, Novalis war eine der tiefsten Persönlichkeiten der Romantik.

Hardenbergstraße Schoppershof
Vgl. Hardenbergplatz

Hardenstraße Boxdorf
Maximilian Harden (1861-1917), politischer Publizist.

Harmoniestraße Gärten bei Wöhrd
Nach der Gesellschaft „Harmonie", die dort 1830 ihr Haus baute.

Harnackstraße Langwasser
Ernst von Harnack (1888-1945) war Regierungspräsident und Widerstandskämpfer.

Harnischschlag, Am Rangierbahnhof
Nach einem Flurnamen.

Harrichstraße Gärten hinter der Veste
Jobst Harrich, um 1617, Nürnberger Maler.

Harrlacher Straße Reichelsdorf
Harrlach, Ort im Landkreis Roth.

Harsdörffer Platz St. Peter
G. Ph. Harsdörffer (1607-1658), Nürnberger Gelehrter und Dichter, Ratsmitglied, stiftete mit Joh. Klaj 1644 den Pegnesischen Blumenorden. Er schrieb den „Nürnberger Trichter". Bekannt auch durch seine „Frauenzimmer-Gesprächsspiele".

Harsdörfferstraße St. Peter
Vgl. Harsdörffer Platz.

Hartensteiner Straße Laufamholz
Hartenstein, Pfarrdorf und Schloß im Landkreis Nürnberger Land.

Hartgraben, Am Fischbach
Nach einem Flurnamen.

Hartmannshofer Weg Laufamholz
Hartmannshof, Dorf im Landkreis Nürnberger Land.

Hartmannstraße St. Peter
Georg Hartmann (1489-1564), Nürnberger Gelehrter, Physiker und, gegen Ende seines Lebens, Vikar an St. Sebald, entdeckte die Abweichung der Magnetnadel von der Horizontalebene.

Hartmutstraße Lichtenhof
Nach Hartmut, dem abgewiesenen Freier der Gudrun.

Hartstraße Fischbach
Nach einem Flurnamen.

Hartungstraße Großreuth bei Schweinau
Nach der alten Monatsbezeichnung für Januar.

Harzstraße Schoppershof
Nach dem deutschen Mittelgebirge, dem Harz.

Haselnußweg Schmausenbuck
Nach dem Haselstrauch.

Hasenäckerweg Schnepfenreuth
Nach einem Flurnamen.

Hasengasse Boxdorf

Benannt nach einer historischen Lagebezeichnung, möglicherweise Bezug nehmend auf die alte Familie der Has von Hasenburg. Diese Familie hatte im Mittelalter einen Turm der Nürnberger Burg (der „Hasenburg" genannt wurde) von Kaiser Karl IV. zum Lehen erhalten.

Hasenhof Ziegelstein

Alt-Ziegelsteiner Flurbezeichnung.

Hasensprung Loher Moos

Alt-Ziegelsteiner Flurbezeichnung.

Haslerstraße Steinbühl

Hans Leo Hasler (1564-1612), Komponist in Nürnberg, Schüler Gabrielis in Venedig. Augsburger Domorganist und Kammerorganist der Fugger. 1595 vom Kaiser in Prag geadelt. 1602 städtischer Oberkapellmeister in Nürnberg. Das Schwergewicht liegt – aus heutiger Sicht – bei den Liedformen. Eine seiner Melodien ist durch J. S. Bachs Bearbeitung unsterblich geworden: „O Haupt voll Blut und Wunden", dessen Strophen von Paul Gerhard geschrieben waren, verquickte Bach in seiner Matthäus-Passion mit Haslers Melodie. Hasler selbst hatte sich dazu ein Liebeslied vorgestellt, welches beginnen sollte: „Mein G'müt ist mir verwirret, das macht eine Jungfrau zart . . .".

Haßfurter Straße Großgründlach

Nach der Stadt Haßfurt.

Haspingerstraße Lichtenhof

Joachim Johann Simon Haspinger (1776-1858), Tiroler Freiheitskämpfer.

Hasstraße Seeleinsbühl

Kunz Has (1450-1526), Nürnberger Volksdichter (Lobgedicht auf Nürnberg, Ereignisberichte über eine Judenvertreibung zu Rothenburg, über einen Kriminalfall in Wien, sowie Sprüche über den ehelichen Stand und die Verderbnis des Handels).

Hastverstraße Gärten hinter der Veste
Claus Hastver, schwedischer Oberst. Er fiel 1634 im Dreißigjährigen Krieg beim Sturm auf Reichenschwand, das er zurückeroberte.

Hauchstraße Röthenbach bei Schweinau
Nach einem Flurnamen.

Hauffstraße Erlenstegen
Wilhelm Hauff (1802-1827), schwäbischer Dichter und Schriftsteller (Märchen, Novellen).

Haunritzer Weg Laufamholz
Haunritz, Ort und Flüßchen im Landkreis Amberg-Sulzbach.

Hauptmarkt Altstadt
Auf dem späteren Marktplatz waren früher Juden angesiedelt. Anstelle der Frauenkirche stand eine Synagoge etwas weiter zum Obstmarkt hin. 1349, als der Patrizier Ulman Stromer die kaiserliche Genehmigung zur Vertreibung der Juden erwirkt hatte (sich dabei noch schnell 3 der dann leerstehenden Häuser per Schenkungsurkunde sicherte), kam es zu Plünderungen und Mord durch den Pöbel. Innerhalb dreier Tage fielen 562 Personen dem aufgehetzten Mob zum Opfer. So verdankt der Hauptmarkt seine Entstehung der Zerstörung des Judenviertels. In der Zeit des Dritten Reichs hieß der Hauptmarkt „Adolf-Hitler-Platz“.

Hausecker Straße Laufamholz
Hauseck, Ort und Schloß im Landkreis Amberg-Sulzbach.

Nürnberger Judentypen. Nach Würfels historischen Nachrichten von der Judengemeinde in Nürnberg (1755).

Hautschstraße Sündersbühl
Hans Hautsch (1595-1670), Nürnberger Erfinder und Mechaniker.

Haydnstraße Erlenstegen
Josef Haydn (1732-1809), ein Klassiker der Musik; er schuf Sinfonien, Oratorien, Sonaten, Lieder.

Hebelstraße Erlenstegen
Johann Peter Hebel (1760-1826), Volksschriftsteller. Der badische Kirchenrat schuf den „Rheinischen Hausfreund" und Alemannische Gedichte".

Hecken, Hinter den Eibach
Nach einem Flurnamen.

Heckenhof Gartenstadt
Benannt nach der von Hecken umgebenen Anlage.

Heckenrosenweg Worzeldorf
Benannt nach der Heckenrose.

Heckenweg Gartenstadt
Benannt nach seiner Anlage an Hecken.

Heerwagenstraße Rennweg
Dr. Heinrich Heerwagen (1811 - 1888), Gymnasialrektor und Ehrenbürger der Stadt.

Hefnersplatz Altstadt
Der alte Platz wurde schon in der RSZ nach den „Hefnern“, den Essigmachern, benannt.

Hegelstraße Großreuth hinter der Veste
Johann Wilhelm Hegel (1770 - 1831), Philosoph von idealistischer Prägung. Der geborene Schwabe wurde 1808 Rektor des Gymnasiums in Nürnberg, 1816 Professor in Heidelberg und 1818 in Berlin.

Hegendorfer Weg Laufamholz
Hegendorf, Ort im Landkreis Nürnberger Land.

Heidecker Straße Eibach
Heideck, Stadt im Landkreis Roth. Von 1542 - 1584 nürnbergisch.

Heidelberger Straße Gibitzenhof
Heidelberg, Universitätsstadt am Neckar.

Heideloffplatz St. Peter
Karl Alexander Heideloff (1789 - 1865), Nürnberger Architekt und Kunsthistoriker. Professor an der polytechnischen Schule in Nürnberg, schuf den Altaraufsatz in St. Sebald, den Dürerbrunnen, das Platnerhaus u. a. m.

Heideloffstraße St. Peter
Vgl. Heideloffplatz.

Heidenheimer Straße Schweinau
Heidenheim, Ort am Hahnenkamm bei Gunzenhausen. In

der Pfarrkirche Grabmäler der heiligen Walburga und des heiligen Wunibald.

Heidestraße Eibach
Nach der Lage an der Waldheide.

Heilbronner Platz Reichelsdorf
Heilbronn am Neckar, alte Reichsstadt.

Heiligenmühlstraße Brunn
Nach der in der Gemeinde Leinburg gelegenen Heiligenmühle benannt.

Heilsbronner Straße Röthenbach bei Schweinau
Heilsbronn, Ort im Landkreis Ansbach, mit Münster (Hohenzollerngräber), darinnen eine Quelle (früher Heilquelle).

Heimburgstraße Mögeldorf
Dr. Gregor Heimburg (geboren um 1400 in Würzburg, gestorben 1472), Nürnberger Rechtskonsulent, hervorragender Gelehrter und Diplomat. Er war ein Wegbereiter der Reformation und Vorläufer des Humanismus.

Heimerichstraße St. Johannis
Prof. Dr. hc. Hermann Heimerich (1885 - 1963), Kommunalpolitiker, von 1919 - 1925 Stadtrat für das Wohlfahrts- und Jugendfürsorgewesen.

Heimgartenweg Gleißhammer
Nach einer Wohn- und Gartensiedlung nördlich der Waldluststraße.

Heimstättenstraße Loher Moos
Hier wurden 1922 die ersten Reichsheimstätten, im Gegensatz zu den üblichen Siedlungshäusern gebaut.

Heinickestraße Gostenhof

Samuel Heinicke (1727-1790), Begründer des deutschen Taubstummenunterrichts. Gründete 1778 in Leipzig die erste Taubstummenanstalt.

Heiner-Stuhlfauth-Straße Zerzabelshof

Heinrich Stuhlfauth (1896-1966), legendärer Torhüter des 1. FCN. Bekannt und bewundert wegen seiner reaktionsschnellen Fußabwehren.

Heinleinstraße Großreuth bei Schweinau

Dr. Heinrich Heinlein (1835-1941), Arzt und Mitbegründer der Nürnberger Poliklinik.

Heinrich-Böll-Platz Langwasser

Nach dem 1917 in Köln geborenen deutschen Schriftsteller Heinrich Böll. – Böll gilt als einer der größten deutschen Nachkriegsschriftsteller. 1972 erhielt er den Nobelpreis für Literatur. Böll behandelte in seinen ersten Romanen – „Das Brot der frühen Jahre" (1955) und „Haus ohne Hüter" (1954) das Leben im 2. Weltkrieg und die Zeit unmittelbar danach. Als überzeugter Katholik kritisierte Böll später in seinem wohl bekanntesten Roman „Ansichten eines Clowns" (1963) die Scheinheiligkeit im allgemeinen und im Katholizismus im besonderen. Stets politisch engagiert machte Böll später mit seiner Erzählung „Die verlorene Ehre der Katharina Blum" (1974) Furore. Zum Thema wählte der Schriftsteller hier die verzweifelte Machtlosigkeit des Individuums gegen das Räderwerk des Staates und der Medien. Böll engagierte sich in seinen letzten Lebensjahren zunehmend auch für Belange des Umweltschutzes bzw. der Kernkraftgegner in Deutschland.

Heinrich-Hertz-Straße Großreuth bei Schweinau

Heinrich Hertz (1857-1894), deutscher Physiker, entdeckte die „Hertz'schen Wellen" (Physikalische Maßeinheit Hertz).

Heinrich-Lersch-Straße Boxdorf

Heinrich Lersch (1889 - 1936), Arbeiterdichter, wurde 1914 besonders bekannt durch sein Gedicht „Soldatenabschied".

Heinrichstraße Sündersbühl

Nach dem männlichen Vornamen.

Heinrich-von-Brentano-Straße Boxdorf

Heinrich von Brentano (1904 - 1964), CDU-Politiker, von 1955 - 1961 Bundes-Außenminister.

Heinrich-Wich-Gasse Kornburg

Heinrich Wich, von 1905 - 1925 Pfarrer in Kornburg, bekannter Heimatforscher.

Heisterstraße Gibitzenhof

Lorenz Heister (1683 - 1758), Universitätsprofessor in Altdorf und größter Chirurg seiner Zeit (1718 sein Buch über Chirurgie); ließ im Theatrum Anatomicum an Leichen Operationen ausführen.

Heldengäßchen Altstadt

Der Name stammt aus RSZ; vermutlich von einer Familie Held. Mit Susanne Löffelholz, geborene Held, starb 1752 das Geschlecht aus.

Helenenhof St. Johannis

Vermutlich nach einem Besitzernamen.

Helenenstraße St. Johannis

Vgl. Helenenhof

Helgoländer Straße Thon

Nach dem Ort und der gleichnamigen Insel Helgoland.

Helingstraße Steinbühl

Moritz Heling (1522-1595), Theologe.

Hellebardenweg Herpersdorf

Nach der Hieb- und Stoßwaffe des Fußvolkes im späteren Mittelalter.

Hellmuth-Hirth-Weg Ziegelstein

Hellmuth Hirth (1886-1938), Flugpionier und Motorenbauer.

Helmholtzstraße Steinbühl

Hermann Ludwig Ferdinand von Helmholtz (1821-1894), Physiologe und Physiker, erfand den Augenspiegel, gründete die Phys.-Techn. Reichsanstalt.

Helmstraße St. Johannis

Nach der Eingemeindung von Neuwetzendorf aus Wilhelmstraße umbenannt, da im Nürnberger Stadtgebiet bereits eine Wilhelmstraße vorhanden war.

Hembachweg Großreuth bei Schweinau

Nach dem Hembach, der in die Rednitz fließt, im Landkreis Roth (Rednitzhembach).

Henfenfelder Straße Laufamholz

Henfenfeld bei Hersbruck, Dorf und Schloß mit romantischer Pfarrkirche, malerischer Burganlage, 12. Jahrhundert.

Henftlingstraße Großreuth bei Schweinau

Theobald Henftling (1880-1941), Generaldirektor des Großkraftwerkes Franken.

Henkersteg Altstadt

Beim Henkerturm, einem alten Wasserturm, wo der Scharfrichter in der RSZ wohnte.

Hennebergerstraße Altenfurt
Nach dem aus dem Grabfeld stammenden Geschlecht der Henneberger.

Herbartstraße Forsthof
Johann Friedrich Herbart (1776 - 1841), Philosoph und Pädagoge, begründete eine auf Kant fußende Philosophie und schrieb eine „Allgemeine Pädagogik".

Herboldshofer Straße Boxdorf
Nach dem ehemals zu Boxdorf gehörenden Ortsteil Herboldshof, jetzt Ortsteil von Fürth.

Herbststraße Großreuth bei Schweinau
Nach der Jahreszeit.

Herdegenweg Großgründlach
Nach den Herdegen, einem Herrengeschlecht von Gründlach.

Herderstraße Schniegling
Johann Gottfried von Herder (1744 - 1803), Philosoph und Dichter, ein Freund Goethes.

Hermann-Böhm-Straße Dutzendteich
Dort, wo heutzutage beim berühmten Noris-Motorrennen die Boxen der einzelnen Teams aufgereiht sind, gedenkt man Hermann Böhms (1917 - 1983), einem mehrfachen Deutschen Meister im Motorsport.

Hermann-Köhl-Weg Ziegelstein
Hermann Köhl (1888 - 1938), Ozeanflieger.

Hermann-Kolb-Straße Altenfurt
Hermann Kolb (1906 - 1956), ab 1. 5. 1952 erster Bürgermeister der Gemeinde Fischbach.

Hermann-Löns-Straße Buchenbühl
Hermann Löns (1866-1914), Dichter der Heide.

Hermannstädter Straße Zerzabelshof
Hermannstadt, Hauptstadt Siebenbürgens, Mittelpunkt des dortigen Deutschtums. Alte Befestigungsanlagen, gotische und barocke Bauten.

Hermannstraße St. Leonhard
Nach dem männlichen Vornamen.

Hermann-Strebel-Straße Großreuth hinter der Veste
Hermann Strebel (1877-1949), Nürnberger Kabarettist und Mundartdichter.

Hermundurenstraße Gibitzenhof
Germanischer Volksstamm der Völkerwanderungszeit.

Heroldsberger Platz Loher Moos
Heroldsberg, Markt im Landkreis Erlangen-Höchstadt.

Heroldsberger Weg Loher Moos
Vgl. Heroldsberger Platz.

Heroldstraße Gärten hinter der Veste
Hieronymus Herold (um 1690), Nürnberger Kunst- und Glockengießer. Der größte Teil des von Georg Schweigger modellierten Originals des Neptun-Brunnens wurde von ihm gegossen.

Herpersdorfer Straße Rangierbahnhof
Nach dem Ortsteil Herpersdorf, bekannt durch seine Radsportler. 1974 eingemeindet.

Herrenwäldchen, Am Laufamholz
Nach einem Waldstück zwischen Mögeldorf und Laufamholz.

Herriedener Straße Röthenbach bei Schweinau
Herrieden, Städtchen im Landkreis Ansbach, seit dem 14. Jahrhundert Stadt. Ehemaliges Benediktinerkloster, dann Chorherrenstift. Bis zum 19. Jahrhundert eichstättischer Besitz.

Herrnackerstraße Thon
Nach einem Flurnamen (hier waren Äcker Nürnberger Herren).

Herrnhüttestraße Herrnhütte
Nach einer alten Ortsbezeichnung aus der RSZ. Hier lag die Ziegelhütte der Herren vom Rat.

Herrnschachtstraße Reichelsdorf
Nach einem alten Flurnamen.

Herrnscheidstraße Zerzabelshof
Nach einer alten Waldbezeichnung.

Herrnstraße Wöhrd
Ortsname aus dem alten Wöhrd.

Hersbrucker Straße Mögeldorf
Hersbruck, Stadt im Pegnitztal, von 1504-1806 nürnbergisch. 1060 schon Markt, 1235 Stadt.

Herschelplatz Gibitzenhof
Friedrich Wilhelm Herschel (1738-1822), berühmter Astronom deutscher Herkunft (Eigenbewegung des Sonnensystems).

Herschelstraße Gibitzenhof
Vgl. Herschelplatz.

Hertastraße Forsthof

Herta = Nerthus, die germanische Göttin der Fruchtbarkeit.

Herwigstraße Lichtenhof

Nach dem männlichen Vornamen. Herwig, der Gemahl Gudruns in der Nibelungensage.

Herzog-Bernhard-Straße Großreuth bei Schweinau

Herzog Bernhard (1604-1639) von Sachsen-Weimar, Heerführer der Protestanten im Dreißigjährigen Krieg.

Herzogenauracher Straße Sündersbühl

Herzogenaurach im Aurachgrund, Landkreis Erlangen-Höchstadt. Um 1350 Stadt, 1802 preußisch, 1810 bayerisch.

Herzogstandstraße Langwasser

Nach dem Berg Herzogstand am Walchensee.

Herzogstraße Dutzendteich

Zur Erinnerung an das frühere Herzogtum Bayern.

Hesselbergring Großreuth bei Schweinau

Nach dem Hesselberg, dem höchsten Berg Mittelfrankens, 690 m über NN.

Hessestraße Gostenhof

Helius Eobanus Hesse (1488-1540), Humanist und Verfasser des Lobgedichtes „Norimberga illustrata". Hesse hatte mit einem Ratskonsulenten und einem Ratschreiber in Nürnberg eine Art literarischen Zirkel gebildet. Er kehrte der Stadt aber bald den Rücken, weil ihm die hiesige Krämerseelenmentalität „Sie träumen nur von Safran und Pfeffer!" nicht mehr behagte. Hesse hatte allerdings so viele Schulden, daß ihn seine Gläubiger in Nürnberg erst noch ein paar Jahre festhielten, ehe er 1533 nach Erfurt umsiedeln konnte.

Hetzleser Straße Ziegelstein

Dorf und Höhenzug in der Fränkischen Schweiz, Landkreis Forchheim.

Heubrücke Altstadt

Die Brücke wurde 1448 erbaut. Früher stand dort die Heuwaage.

Heuchlinger Straße Laufamholz

Heuchling, Dorf bei Lauf.

Heugäßchen Altstadt

In der Nähe war der Heumarkt, jetzt Theresienplatz. Die Bauern fuhren Heu über die Heubrücke (jetzt Agnesbrücke) in die Stadt. Auf der Insel Schütt befand sich die 1488 installierte Heuwaage, wo das Heu samt Wagen gewogen wurde; dann wurde abgeladen und der Wagen leer noch einmal gewogen. Man brauchte das Heu in der Stadt für die fast in jedem Haushalt gehaltenen Tiere.

Heynestraße Steinbühl

Friedrich Wilhelm Heyne (1810-1885), Gründer der Nürnberger Ultramarinfabrik und Förderer Steinbühls (Christuskirche). Heyne war liiert mit der Schwester des Nürnberger Fabrikanten Johannes Zeltner (siehe Zeltnerstraße) und wurde von jenem in seiner Forschungsarbeit an der Ultramarinherstellung finanziell stark unterstützt. 1851 exportierte die Nürnberger Ultramarinfabrik ihre qualitativ hervorragenden Farben schon in praktisch alle Länder Europas, sowie auch nach Nord- und Südamerika, in Teile Asiens und nach Afrika. Die weltweit mit an der Spitze stehende Firma richtete bereits 1839 eine Kranken- und Beerdigungskasse sowie eine Pensionskasse ein.

Hilbringer Straße Gartenstadt

Hilbringen, Ort im Saarland.

Hildebrandstraße Gleißhammer
Hildebrand, der Waffenmeister Dietrichs von Bern, eine Gestalt der Nibelungen.

Hillerstraße Gostenhof
Johann Adam Hiller (1728 - 1804), Tondichter, erster Dirigent der Gewandhauskonzerte.

Hiltpoltsteiner Straße Loher Moos
Nach dem Markt und der Burg Hiltpoltstein in der Fränkischen Schweiz (Landkreis Forchheim). Die Burg war von 1504 - 1806 Sitz des Nürnberger Pflegers.

Himmelreich, Zum Boxdorf
Nach einem Flurnamen.

Himpfelshofstraße Kleinweidenmühle
Nach einem schon in der RSZ dort gelegenen Hof benannt.

Hinter den Hecken Eibach
Nach einem Flurnamen.

Hinterhofstraße Eibach
Führt nach der Einöde Hinterhof.

Hintermayrstraße Schoppershof
Fritz Hintermayr (1896 - 1964), Fabrikbesitzer, Spender für wohltätige Zwecke in Nürnberg (Altenheim Platnersberg, Altenkrankenhaus im Sebastiansspital).

Hirschbacher Straße Laufamholz
Flüßchen und Kirchdorf über Hersbruck.

Hirschberger Straße Langwasser
Hirschberg, Stadt im Riesengebirge.

Hirsvogel

Hirschenholzstraße Katzwang
Nach einem Flurnamen.

Hirschelgasse Altstadt
Vermutungen gehen dahin, daß die Hirschelgasse ihren Namen von dem in der RSZ an der Gassennordseite befindlichen Hirschenbrunnen bezogen hat. Etwas weniger wahrscheinlich ist die Benennung nach der Patrizierfamilie Hirschvogel, die später in der Gasse ihren Wohnsitz hatte.

Hirschensuhl Gibitzenhof
Die Waldabteilung Hirschensuhl im Lorenzer Forst wurde 1910 der Bauplatz für die Gartenstadt.

Hirsvogelstraße Gärten bei Wöhrd
Veit Hirsvogel (1461 - 1525), Nürnberger Kunsttöpfer und Glasmaler. (Die vier Fenster der Sebalduskirche, Hirsvogelkrüge, Hirsvogelsaal.)

Hirtengasse Gostenhof
Dort stand das Hirtenhaus des Dorfes Gostenhof.

Hirtenwiesenstraße Fischbach
Nach einem Flurnamen.

Hochgernstraße Langwasser
Nach dem Berg Hochgern in den Chiemgauer Alpen.

Hochkalterstraße Langwasser
Nach dem Bergmassiv Hochkalter im Berchtesgadener Land.

Hochstraße Kleinweidenmühle
Nach der hohen Lage über dem Pegnitzgrund.

Hochvogelring Langwasser
Nach dem Berg Hochvogel im Allgäu.

Hochwald, Am Worzeldorf
Nach dem angrenzenden Wald.

Hochwaldstraße Gartenstadt
Nach dem „Hochwald“, dem Gebirgszug zum Nordrand des Saargebietes.

Hochwurzel Fischbach
Nach einem Flurnamen.

Höchstädter Straße Eibach
Höchstadt a. d. Aisch, Stadt in Mittelfranken. 905 schon genannt, 1156 bambergisch, 1802 bayerisch.

Höfatsweg Langwasser
Nach dem Berg Höfats im Allgäu.

Höfener Straße Höfen
Das Dorf Höfen, 1899 eingemeindet.

Höfleser Hauptstraße Höfles
Höfles im Knoblauchsland, 1899 eingemeindet.

Höhenstraße Brunn
Benannt nach der Höhenlage der Straße.

Hölderlinstraße Erlenstegen
Friedrich Hölderlin (1770-1843). Deutscher Dichter von großer Sprachreinheit und Innerlichkeit (Hyperion).

Höllwiesenstraße Reichelsdorf
Nach einer alten Flurbezeichnung.

Hörberweg Großreuth hinter der Veste
Carl Hörber (1854-1928), techn. Revisor und Nürnberger Mundartdichter.

Hörmannsgäßchen Altstadt
Nach der früher dort ansässigen Familie Hörmann von Guttenberg.

Hofer Straße Loher Moos
Hof, oberfränkische Grenz- und Industriestadt an der Saale.

Hoffmannstraße Werderau
Moritz Hoffmann (1621-1698), Botaniker und Mediziner an der Universität Altdorf.

Hofwiese, An der Boxdorf
Nach einem Flurnamen.

Hofwiesenweg Buch
Flurname. Die Hofwiesen waren nahe am Hof gelegen.

Hohe Marter Schweinau
Die Hohe Marter, ein altes Geleits- und Grenzzeichen an der Fernstraße nach der Donau und ins Schwäbische.

Hohenbuckstraße Dutzendteich
Nach einem Flurnamen.

Hohenecker Weg Gibitzenhof
Nach der Burg Hoheneck, über dem Aischtal bei Bad Windsheim.

Hohen Eiche, Zur Schniegling
Nach einem alten Flurnamen.

Hohenfelsstraße Kornburg
Nach dem Adelsgeschlecht der Hohenfels, Kornburger Schloßbesitzer im 15. Jahrhundert.

Hohenlohestraße St. Jobst
Chlodwig Carl Viktor Fürst zu Hohenlohe-Schillingsfürst (1819-1901). Reichskanzler und Statthalter in Elsaß-Lothringen. Die Hohenlohe waren ein reichsunmittelbares Geschlecht im fränkisch-schwäbischen Raum.

Hohenstädter Weg Laufamholz
Hohenstadt, Dorf an der Pegnitz bei Hersbruck.

Hohenstaufenweg Altenfurt
Die Hohenstaufen, ein schwäbisches Fürstengeschlecht. Von 1138-1254 deutsche Kaiser und Könige.

Hohensteiner Straße Laufamholz
Nach dem Dorf Hohenstein, Burgruine, Gemeinde Algersdorf, Landkreis Nürnberger Land.

Hohenzollernstraße Altenfurt
Die Hohenzollern, die preußische Königs- und letzte Kaiserdynastie.

Hoher Steg Altstadt
Nach der Bauart genannt.

Hohfederstraße Gärten bei Wöhrd
Kaspar Hohfeder (um 1490), in Nürnberg tätiger Buchdrucker.

Holbeinstraße Schweinau
Nach Hans Holbein d. J. (1497-1543), berühmter Maler der Renaissance (Totentanzbilder).

Holsteiner Straße Schniegling
Holstein früher ein Herzogtum, jetzt zusammen mit Schleswig ein Bundesland.

Holunderweg Mögeldorf
Nach dem Holunderstrauch.

Holzgartenstraße Lichtenhof
Nach den großen Holzlagerplätzen in früher Zeit.

Holzheimer Straße Mühlhof
Nach dem Dorf Holzheim, jetzt Ortsteil von Schwabach, durch die Gebietsreform kam auch ein Teil zu Nürnberg.

Holzschuherstraße Gostenhof
Nach den Freiherrn Holzschuher von Aspach, einem alten Nürnberger Patriziergeschlecht, Tuchgroßhändler und Gewandschnittfirma.

Holzstatt Fischbach
Nach einer historischen Lagebezeichnung.

Holzstraße Lichtenhof
In der Nähe war früher ein Waldstück.

Holzschuher

Holzwiesenstraße Schweinau
Nach einer alten Flurbezeichnung.

Homannweg Langwasser
Johann Baptist Homann (1664 - 1724), Nürnberger Kartenzeichner und Verleger, gründete 1702 in Nürnberg einen Landkartenverlag, der die bis dahin den Markt beherrschenden holländischen und französischen Karten verdrängte.

Honigstraße Eibach
Nach dem Bienenhonig.

Hopfengartenweg (früher Badstraße) Eibach
Nach den dort früher stehenden Hopfenanlagen.

Hopfenstraße Marienvorstadt
Hopfen, schon immer ein wichtiges Nürnberger Handelsobjekt.

Hoppertstraße Maxfeld
Bartholomäus Hoppert (1648 - 1715), Nürnberger Kunstschlosser.

Hordlerstraße Worzeldorf
Hordler, Nachfolger von Konrad Stör. Er verkaufte das Zeidelgut Pillenreuth in der ersten Hälfte des 14. Jahrhunderts an Konrad Groß, den Stifter des Heilig-Geist-Spitals.

Horlacher Weg Laufamholz
Dorf bei Pegnitz, Landkreis Bayreuth.

Horneckerweg Großreuth hinter der Veste
Alter Flurname.

Hornfischerstraße Reichesldorf
Kurt Hornfischer (1910 - 1958), techn. Obersekretär bei der Bauordnungsbehörde. Vielmaliger Deutscher Meister und Europameister im Freistilringen sowie im griechisch-römischen Stil in der Schwergewichtsklasse; Bronzemedaillengewinner der Olympischen Spiele.

Hornstraße Großreuth bei Schweinau
Gustav Horn (1592 - 1657), schwedischer General.

Hornwaldstraße Neunhof
Nach dem Hornwäldle, einem Flurnamen.

Hortensienstraße Eibach
Nach einer Pflanze.

Houbirggasse Laufamholz
Die Houbirg, ein Berg bei Happurg in der Hersbrucker Schweiz, prähistorische Funde, alte Keltenburg.

Hovenstraße Mögeldorf
Dr. Friedrich Wilhelm von Hoven (1759 - 1838), Obermedizinalrat und Ehrenbürger der Stadt.

Hubertusstraße Erlenstegen
Nach dem Schutzpatron der Jäger.

Hübnersplatz Altstadt
Die angesehene Familie Hübner, schon im 15. Jahrhundert genannt, wohnte an diesem Platz.

Hügelstraße Gebersdorf
Führt über den Hügel bei Gebersdorf.

Hüller Weg Laufamholz
Nach dem Dorf Hüll bei Pegnitz.

Hüttenbacher Straße Laufamholz
Hüttenbach, Dorf in der Hersbrucker Schweiz.

Hufelandstraße St. Johannis
Christian Wilhelm Hufeland (1762 - 1836), bedeutender Arzt und Verfasser der „Makrobiotik".

Hugo-Distler-Straße Herrnhütte
Hugo Distler (1908 - 1942), ein aus Nürnberg stammender Komponist.

Hugo-Haase-Straße Boxdorf
Hugo Haase (1863 - 1919), sozialistischer Politiker.

Hugo-Junkers-Straße Marienberg
Nach Hugo Junkers, Erfinder und Gründer der Flugzeugwerke Junkers.

Hugo-Wolf-Straße Katzwang
Hugo Wolf (1860 - 1903), österreichischer Komponist, einer der genialsten Liedschöpfer der Spätromantik.

Huldstraße Lichtenhof
Nach einem alten Ortsnamen.

Humboldtplatz Lichtenhof
Alexander Freiherr von Humboldt (1769 - 1859), Naturforscher. Wilhelm Freiherr von Humboldt (1767 - 1835), Gelehrter und Staatsmann.

Humboldtstraße Lichtenhof
Vgl. Humboldtplatz.

Hummelstein Lichtenhof
Nach dem Schlößchen Hummelstein, das der Nürnberger Bürger und Jurist Hummel Niklas 1487 in dem Dorf anlegte.

Hundingstraße Leyh
Gestalt aus der Nibelungensage.

Hunsrückweg Gartenstadt
Der Hunsrück, ein Teil des Rheinischen Berglandes.

Husumer Straße Thon
Husum, Kreisstadt in Schleswig.

Hutbergstraße Fischbach
Nach einem Flurnamen.

Hummelsteiner Weg Lichtenhof
Benannt nach dem Ortsteil Hummelstein.

Hutergasse Altstadt
Nach dem Wirtshaus „Bärleinhuter" benannt, anknüpfend an die Gasse „Unter den Hutern", jetzt Kaiserstraße. Die Hutergasse soll das Reich der Nürnberger Hutmacher gewesen sein.

Huth, Auf der Kornburg
Nach einem alten Flurnamen.

Hutweg Kornburg
Nach einem Flurnamen.

Ibsenstraße Laufamholz/Freiland
Henrik Ibsen (1828-1906), norwegischer Dichter.

Idastraße Schweinau
Nach dem weiblichen Vornamen.

Igensdorfer Straße Buchenbühl
Dorf bei Gräfenberg im Vorland der Fränkischen Schweiz.

Ihlestraße Kraftshof
Johann Eberhard Ihle (1727-1814), Nürnberger Maler und Radierer sowie Direktor der Nürnberger Malerakademie. - 40 Dienstjahre in Nürnberg. In Ihles Amtszeit fällt die Überführung der Akademie in den Besitz des Königreiches Bayern. Die Stadt Nürnberg war damals auf Grund ihrer tiefgehenden finanziellen Misere nicht mehr in der Lage, die Akademie zu erhalten.

Illerstraße Eibach (Hafengebiet)
Iller, rechter Nebenfluß der Donau.

Illesheimer Straße Kleinreuth bei Schweinau
Pfarrdorf Illesheim im Landkreis Neustadt an der Aisch-Bad Windsheim.

Illostraße Mühlhof/Holzheim
Christian Freiherr von Illo (1585-1634) gehörte zum Verschwörerkreis um Wallenstein.

Ilzstraße Eibach (Hafengebiet)
Ilz, linker Nebenfluß der Donau.

Imbuschstraße Langwasser
Heinrich Imbusch (1878-1945), Vorsitzender des Gewerkvereins christlicher Bergarbeiter.

Imhoffstraße Gostenhof

Nach der noch heute in Nürnberg lebenden Nürnberger Patrizierfamilie von Imhoff.

Imkerstraße Fischbach

Imker = Bienenzüchter.

Immelmannstraße Gleißhammer

Max Immelmann (1890 - 1916), erfolgreicher Kampfflieger im 1. Weltkrieg.

Immenweg Herpersdorf

Imme, altes Worte für Biene.

Industriestraße Gibitzenhof

Nach ihrer Lage an den großen Industriebetrieben.

Ingolstädter Straße Lichtenhof

Ingolstadt, Stadt in Bayern.

Ingostraße Lichtenhof

Nach dem männlichen Vornamen.

Innsbrucker Straße Lichtenhof

Innsbruck, Hauptstadt Tirols, Österreich.

Innstraße Eibach (Hafengebiet)

Inn, rechter Nebenfluß der Donau.

Insel Schütt, Hintere und Vordere Altstadt

Die Bezeichnung stammt aus der RSZ und weist auf Aufschüttungen in der Pegnitz hin.

Insel Schütt, Kleine Altstadt

Vgl. Insel Schütt.

Willibald Imhoff

Insinger Straße Röthenbach bei Schweinau
Insingen, Dorf im Landkreis Ansbach.

Iphofener Straße Großgründlach
Stadt Iphofen, Landkreis Kitzingen.

Ipsheimer Straße Höfen
Markt Ipsheim im Landkreis Neustadt an der Aisch-Bad Windsheim.

Irenenstraße Galgenhof
Nach dem weiblichen Vornamen Irene.

Irisweg Neunhof
Nach der Blume.

Irrerstraße Altstadt
Nach den Weißgerbern der RSZ benannt, die früher „Irer" hießen.

Irrhainstraße Almoshof/Kraftshof
Sie führt zum Irrhain, der von dem Pegnesischen Blumenorden 1676/1681 angelegt wurde.

Irrliacker, Zum Gaismannshof
Nach einem alten Flurnamen.

Isarstraße Maiach
Isar, Nebenfluß der Donau.

Isolanistraße Mühlhof/Holzheim
Johann Ludwig Graf von Isolani (1586-1640), kaiserlicher General.

Isoldenstraße Lichtenhof
Isolde, Sagenheldin des Mittelalters und Titelperson in Wagners „Tristan und Isolde".

Ittlinger Straße Laufamholz
Ittling, Dorf im Landkreis Forchheim.

Itzehoer Straße Thon
Nach der Stadt Itzehoe.

Jaeckelstraße Schweinau
Andreas Johann Jaeckel (1822-1885), Pfarrer und Zoologe in Nürnberg.

Jägerstraße Röthenbach bei Schweinau
Nach dem Waidmann.

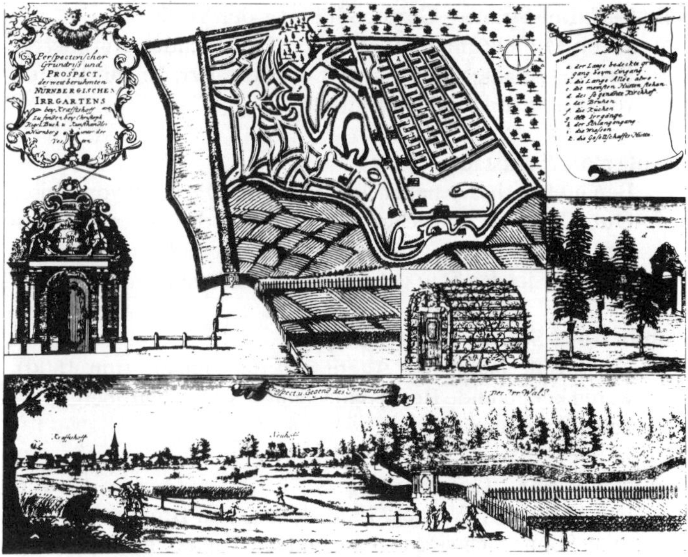

Irrgarten von Kraftshof, angelegt 1676 von Martin Limburger.
Stich von Joh. O. Berndt (1736-1787)

Jagdstraße St. Johannis
Dort stand ein altes Jagdschlößchen.

Jahnstraße Steinbühl
Friedrich Ludwig Jahn (1778-1852), der Turnvater, Schöpfer des deutschen Turnwesens.

Jakobstor Altstadt
Nach der nahen Jakobskirche benannt.

Jakobstraße Altstadt
Vgl. Jakobsplatz.

Jakob-Muffel-Straße Großreuth hinter der Veste

Jakob Muffel (um 1500), aus dem bedeutenden Nürnberger Patriziergeschlecht stammend, war Ratsherr. Er wurde 1506 von Albrecht Dürer porträtiert.

Jakobsplatz Altstadt

Benannt nach der nahen Jakobskirche. Die 1209 von Kaiser Otto IV., dem deutschen Ritterorden - der gegenüber sein Ordenshaus hatte - geschenkte Kirche ist nicht mehr vorhanden. Der jetzige Bau gehört dem 14. Jahrhundert an.

Jakob-Wolff-Straße Gleißhammer

Die Wolff, Jakob der Ältere und der Jüngere (um 1600), waren bedeutende Renaissancebaumeister in Nürnberg (Rathaus, Pellerhaus).

Jamnitzerstraße Gostenhof

Die Jamnitzer, Wenzel (1508 - 1585), sein Bruder Albrecht, seine Söhne, Schwiegersöhne und sein Enkel Christoph schufen Meisterwerke der Goldschmiedekunst.

Jansenbrücke Seeleinsbühl/Leyh

Dr.-Ing. h. c. Hermann Jansen (1869-1945) bearbeitete den Generalbebauungsplan der Stadt und machte schon 1924 den Vorschlag, den alten Kanal zur Schnellstraße auszubauen.

Jasminweg Mögeldorf

Nach dem Heckenstrauch.

Jauerstraße Langwasser

Jauer, Stadt in Niederschlesien, schon 1242 erwähnt.

Jean-Inselsberger-Straße Langwasser

Jean Inselsberger (1882-1957), Vorsitzender des Kreisausschusses Nürnberg des DGB.

Jean-Paul-Platz Lichtenhof

Jean Paul (Friedrich Richter), 1763-1825, Schriftsteller, wirkte in Bayreuth und darf als Vorreiter der modernen Romanform gelten.

Jenaer Straße Schoppershof

Jena, Universitätsstadt an der Saale/Thüringen.

Jenigweg Großreuth bei Schweinau

Jenig, ein Nürnberger Bleistiftmacher.

Jennerstraße Gibitzenhof

Edward Jenner (1749-1828), englischer Arzt, führte die Pockenschutzimpfung ein.

Jobster Straße Jobst

Der Ort St. Jobst wurde 1899 eingemeindet. Dort war das dem hl. Jobst geweihte Aussätzigen-Spital.

Jochensteinstraße Zerzabelshof

Jochenstein, Kraftwerk im Landkreis Passau (Donau).

St. Johannis v. Peter Isselburg, um 1620

Jochsberger Straße Röthenbach bei Schweinau
Jochsberg, Ort im Landkreis Ansbach.

Johannes-Brahms-Straße Katzwang
Johannes Brahms (1833-1897), Komponist der Spätromantik und Neuklassik.

Johannes-Even-Straße Langwasser
Johannes Even (1903-1964), CDU-Politiker und Gewerkschaftler.

Johannesgasse Altstadt
Die Gasse hieß früher „In der Brüch", wurde 1579 nach dem hl. Johannes umbenannt. (Haus Nr. 20 ist das Geburtshaus Sigmund Schuckerts.) Zum Zeichen der Umbenennung wurde an allen vier Gassenecken das Bildnis des heiligen Johannes angemalt.

Johannisfriedhof, Am St. Johannis
Nach dem schönen alten Friedhof (siehe Johannisstraße).

St.-Johannis-Mühlgasse St. Johannis
Der Name bezieht sich auf die nahegelegene Groß- und Kleinweidenmühle.

Johannisstraße St. Johannis
Nach dem Schutzheiligen des Stadtteils und der alten Johanniskirche mit dem Friedhof.

Johann-Krieger-Straße Gartenstadt
Johann Krieger (1651 - 1735), bedeutender, in Nürnberg geborener Komponist, ebenso wie sein Bruder Johann Philipp (Klavier- und Orgelmusik). Die Gebrüder Krieger gelten als Förderer des jungen Händel.

Johann-Priem-Straße Großreuth hinter der Veste
Nach dem 1815 geborenen Theatersekretär und Kustos der Stadtbibliothek Johann Priem. Gestorben 1890.

Johann-Sebastian-Bach-Straße Muggenhof
Johann Sebastian Bach (1685 - 1750). Berühmter deutscher Komponist und Thomaskantor.

Johann-Soergel-Weg Wöhrd
Johann Jakob Christ. Soergel (1830 - 1881), reicher Privatier, ließ die Wöhrder Wiese zur Anlage ausbauen.

Johann-Sperl-Straße Buch
Johann Sperl (1840 - 1914), in Buch geborener Maler, aus dem Leibl-Kreis in München, malte Landschaften.

Josef-Simon-Straße Langwasser
Josef Simon (1865 - 1949), Vorsitzender des Zentralverban-

des der Schuhmacher Deutschlands. Wiederbegründer der Konsumgenossenschaft Nürnberg-Fürth.

Josephsplatz Altstadt
Der Platz hieß bis 1810 „Kornmarkt“ und wurde zu Ehren des Königs Max Joseph von Bayern umbenannt.

Jülicher Straße Thon
Nach der Stadt Jülich.

Judengasse Altstadt
Dort wurden 1349 die Juden angesiedelt, nachdem das frühere Judenviertel zum Hauptmarkt umgebaut worden war. 1499 wurde sie wieder aufgelöst. Der Rat, u. a. auch Holzschuher, Geuder und Behaim, setzten sich in den Besitz jener Häuser, aus denen die Juden vertrieben wurden.

Julienstraße St. Johannis
Nach dem weiblichen Vornamen.

Julius-Kelber-Weg Großreuth hinter der Veste
Julius Kelber (1870 - 1944), Heimatforscher.

Julius-Leber-Straße Langwasser
Julius Leber (1891 - 1945), von 1924 - 1933 Reichstagsabgeordneter, Widerstandskämpfer.

Julius-Loßmann-Straße Gibitzenhof
Julius Loßmann (gest. 1957), verdienter SPD-Politiker in Nürnberg und Bürgermeister.

Julius-Schieder-Platz Zerzabelshof
Julius Schieder (1888 - 1964), Oberkirchenrat und Kreisdekan.

Julius-Tafel-Straße Schoppershof

Julius Tafel (1827-1893) war Gründer der Eisenwerke in Nürnberg. Tafel wurde in seinem Unternehmergeist von Freiherr von Cramer-Klett gefördert. Der Freiherr trat 1875 als stiller Teilhaber in das Eisenwerk „Julius Tafel & Co." ein. - Das Walzwerk erlebte seine Blüte in der Zeit bis zum 1. Weltkrieg. Im Jahr 1900 wurde das Tafelwerk in eine AG umgewandelt. 1920 wurde diese AG zu einer Tochtergesellschaft der Gute-Hoffnungs-Hütte. Stillegung 1975.

Jungermannstraße Loher Moos

Dr. Ludwig Jungermann (1572-1643), Botanik-Professor an der Universität Altdorf.

Jupiterwinkel Rangierbahnhof

Nach dem Planeten Jupiter.

Juttastraße Gleißhammer

Nach dem weiblichen Vornamen.

Juvenellstraße St. Johannis

Paul Juvenell (1579-1643), Nürnberger Maler, Illuminist, Schöpfer des Deckengemäldes in dem während der Renaissance entstandenen Teil des Alten Rathauses.

Kachletstraße Zerzabelshof

Nach dem Kraftwerk Kachlet, Landkreis Passau, Niederbayern.

Käppelstraße Schoppershof

Carl Käppel (1822-1883), Landschaftsmaler und Kupferstecher.

Kärntner Straße Moorenbrunn

Kärnten, österreichisches Bundesland.

Kafkastraße Langwasser
Franz Kafka (1883-1924), Schriftsteller (Das Schloß, Der Prozess, Amerika).

Kahläckerstraße Brunn
Nach einem Flurnamen.

Kahlbergweg Buchenbühl
Der Kahlberg, ein 312 m hoher Hügel.

Kainsbacher Straße Laufamholz
Kainsbach, Dorf bei Hersbruck.

Kaiserslauterer Straße Schweinau
Kaiserslautern, Stadt in der Rheinpfalz.

Kaiserstraße Altstadt
Hieß früher „Unter den Hutern", weil die Hutmacher dort arbeiteten, und wurden 1810 zu Ehren der deutschen Kaiser umbenannt.

Kaisheimer Straße Eibach
Kaisheim, Ort im bayer. Schwaben, Landkreis Donau-Ries.

Die Kaiserstraße im 19. Jahrhundert

Kalchreuther Straße Buchenbühl
Kalchreuth, Dorf im Landkreis Erlangen-Höchstadt. 1298 burggräflich, 1342 erwarben einen großen Teil des Ortes die Haller aus Nürnberg.

Kalkgrubenweg Kornburg
Nach einem Flurnamen.

Kálmánstraße Katzwang
Emmerich Kálmán (1882-1953), ungarischer Operettenkomponist.

Kamenzer Straße Neukatzwang
Kamenz, Kreisstadt, Bezirk Dresden.

Kammersteiner Straße Röthenbach bei Schweinau
Kammerstein, Dorf bei Schwabach.

Kamminer Straße Röthenbach bei Schweinau
Kammin, Stadt in Ostpommern.

Kanalstraße, Mittlere, Obere, Untere Gostenhof
Nach der Lage in der Nähe des ehemaligen Ludwigskanals.

Kannengäßchen Altstadt (früher Apothekergäßchen)
Der Name stammt aus der RSZ und rührt von der Kannenapotheke her, die hier stand.

Kantstraße Gärten hinter der Veste
Immanuel Kant (1724-1804), der berühmte Königsberger Philosoph.

Kanzlerstraße Steinbühl
Nach dem höchsten Beamten des Staates.

Karl Bröger

Kapellenstraße St. Peter

Sie hat ihren Namen von dem alten Peterskirchlein, das aus der RSZ stammt.

Kapferstraße Mögeldorf

Dr. Michael Johann Kapfer (1774 - 1847), Augenarzt und Gründer der Maximilian-Augenklinik.

Kappelberg, Am Katzwang
Nach einem Flurnamen.

Kappengasse Altstadt
Hieß bis 1811 „Kappenzipfel“ (durch die Gestalt der Gasse). Kappenzipfel war eine beliebte Bezeichnung für Gassen. Gemeint waren hier die Kappen, welche, am Mantel befestigt, im 14. und 15. Jahrhundert groß in Mode waren.

Kapruner Straße Moorenbrunn
Kaprun, Gemeinde im Pinzgau (Österreich).

Karl-Bröger-Straße Steinbühl
Karl Bröger (1886 - 1944), Nürnberger Arbeiterdichter und Redakteur.

Karl-Giermann-Straße Langwasser
Karl Giermann (1872 - 1946), Gründungsmitglied der Gartenstadt e. G.

Karl-Grillenberger-Straße Altstadt
Karl Grillenberger (1848 - 1897), bekannter SPD-Politiker aus Nürnberg. Grillenberger wurde in Zirndorf geboren und 1881 als engagierter Kopf der Nürnberger Arbeiterbewegung in den Reichstag gewählt. Er gründete u. a. die „Fränkische Tagespost“, ein Presseorgan, das als Sprachrohr der Arbeiterbewegung über etliche Jahrzehnte hinweg ein Gegengewicht zur bürgerlichen Presse bildete.

Karl-Hertel-Straße Altenfurt
Karl Hertel (1883 - 1958), langjähriger zweiter Bürgermeister und Ehrenbürger der Gemeinde Fischbach.

Karl-Jatho-Weg Ziegelstein
Karl Jatho (1873 - 1933), erster Motorflieger in Deutschland.

Karl-Kaspar-Straße Neukatzwang

Dr. med. Karl Kaspar (1881-1970), Chefarzt der Cnopf'schen Kinderklinik, Inhaber der Bürgermedaille der Stadt Nürnberg.

Karl-Martell-Straße Leyh

Nach dem fränkischen Hausmeister (676-741). (Hausmeister = im Frankenreich unter den Merowingern Vorstand der königlichen Hofhaltung und Führer des kriegerischen Gefolges.)

Karl-Liebknecht-Straße Katzwang
Karl Liebknecht (1871 - 1919), Politiker, Gründer und Führer des kommunistischen Spartakusbundes.

Karl-Marx-Straße Katzwang
Karl Marx (1818 - 1883), sozialistischer Theoretiker, Begründer des Marxismus (Das Kapital).

Karl-Pschigode-Platz Hinter dem Opernhaus
Karl Pschigode, ehemaliger Generalintendant der Städtischen Bühnen Nürnberg.

Karl-Rorich-Straße Gartenstadt
Karl Rorich (1869 - 1941), Direktor des Nürnberger Konservatoriums und Komponist.

Karlsbader Straße Zerzabelshof
Karlsbad, Stadt und Weltbad in Böhmen (16 Mineralquellen, darunter der Sprudel - 73 Grad warm).

Karlsbrücke, An der Altstadt
1722 erbaut und nach Kaiser Karl VI. benannt. Früher trug sie den Namen ABC-Brücke, was daher kam, daß nach dem Umbau der Brücke um 1603 an jeder Brückenseite aus der Brüstung 20 Kräme (Krämerläden) eingerichtet wurden, welche mit den Buchstaben des ABC's bezeichnet waren.

Karl-Schönleben-Straße Langwasser
Karl Schönleben (1890 - 1959), Stadtrat und Wiederaufbaureferent.

Karl-Steigelmann-Straße Am Stadion
Karl Steigelmann (1917 - 1942), zweifacher Weltmeister im Kleinkaliberschießen.

Karlsruher Straße Gibitzenhof
Karlsruhe, Stadt in Baden, 1715 in Fächerform gebaut.

Karlstädter Straße Großgründlach
Karlstadt, Stadt am Main. Der Reformator Andreas Bodenstein (1477-1541), genannt Dr. Karlstadt, wurde hier geboren.

Karlstraße (früher „Bei den Riesen") Altstadt
1810/1811 wurden eine Reihe kleinerer Straßenzüge zusammengefaßt und erhielten den Namen nach der Karlsbrücke.

Karolinenstraße Altstadt
Karoline, Gemahlin König Max Joseph I. von Bayern (1756-1825). Früher hieß die Straße „Am Fischbach". Dieser floß bis etwa 1810 offen durch die Straße und mündete am Unschlittplatz in die Pegnitz.

Kartäusertor Altstadt
1894 wurde der Mauerdurchbruch geschaffen; er wurde nach dem ehemaligen Kartäuserkloster benannt.

Karwendelstraße Langwasser
Karwendel, Bergmassiv in Nordtirol.

Kartäusergasse Altstadt
Aus der RSZ stammende Bezeichnung nach dem 1380 gestifteten Kartäuserkloster.

Kasackstraße Boxdorf
Hermann Kasack (1896-1966), Schriftsteller, seit 1953 Präsident der „Deutschen Akademie für Sprache und Dichtung" in Darmstadt.

Kasemattentor Altstadt
Nach dem kasemattenartigen Fußgängerdurchlaß.

Kasseler Straße Schoppershof
Kassel, Hauptstadt des hessischen Regierungsbezirkes Kassel.

Kastanienweg Gebersdorf
Kastanie, Baumfrucht.

Katharinengasse Altstadt
Vgl. Katharinenkloster.

Katharinenkloster, Am Altstadt
Das Kloster wurde 1291 zu Ehren der hl. Katharina gestiftet. Es war ein Dominikanerinnenkloster. Früher Meistersingerkirche. 1945 zerstört.

Kattowitzer Straße Sündersbühl
Kattowitz, Stadt in Oberschlesien.

Katzenäckerweg Neunhof
Nach den Katzenäckern, einem Flurnamen.

Katzwanger Hauptstraße Katzwang, Neukatzwang, Reichelsdorfer Keller
Benannt nach dem Ortsteil Katzwang.

Katzwanger Straße Gibitzenhof
Vgl. Katzwanger Hauptstraße.

Kaufbeurer Straße Gaulnhofen
Kaufbeuren, Stadt im Regierungsbezirk Schwaben.

Kaulbachplatz Gärten hinter der Veste
Wilhelm von Kaulbach (1805-1874), Münchner Historienmaler und Akademiedirektor.

Kaulbachstraße Gärten hinter der Veste
Vgl. Kaulbachplatz.

Keidenzeller Weg Gebersdorf
Keidenzell, Gemeinde im Landkreis Fürth/Bayern.

Keilbrunnenweg Brunn
Nach einem Flurnamen.

Keilstraße Kornburg
Keil, ein Kornburger Fuhrunternehmer.

Kelheimer Straße Reichelsdorf
Kelheim, Stadt in der Oberpfalz.

Kellermannstraße Kornburg
Bernhard Kellermann (1879-1945), Roman- und Reiseschriftsteller.

Kellerstraße Reichelsdorfer Keller
Benannt nach den Felsenkellern im Ortsteil Reichelsdorfer Keller.

Kemptener Straße Herpersdorf/Gaulnhofen
Kempten, Kreisstadt in Schwaben, Hauptstadt des bayerischen Allgäu. Ehemalige Freie Reichsstadt.

Keplerstraße Glockenhof
Johann Kepler (1571-1630), berühmter Astronom am Kaiserhof in Prag (Keplersche Gesetze über Planetenbewegung).

Kernstraße Gostenhof
Leonhard Kern (17. Jahrhundert), bedeutender Nürnberger Bildhauer. 1620 Stuckarbeiten im Rathaus (Gesellenstechen).

Kersbacher Weg Laufamholz
Kersbach, Dorf im Landkreis Nürnberg Land.

Kesselgraben Großgründlach
Nach einem Flurnamen.

Keßlerplatz Gärten bei Wöhrd
Vgl. Keßlerstraße.

Keßlerstraße Gärten bei Wöhrd
Dort stand die Kesselschmiede der Klettschen Werke.

Kettelerstraße Langwasser
Wilhelm Emanuel Freiherr von Ketteler (1811-1877), Bischof von Mainz, Sozialpolitiker der katholischen Kirche.

Kettensteg Altstadt
Am Durchfluß der Pegnitz, Hallertor/Kreuzgasse; die erste freischwebende deutsche Brücke, montiert von K. G. Kuppler, 1825, anstelle eines hölzernen Trocken- oder Trudensteges. Die jetzigen massiven Stützen stammen aus dem Jahre 1930.

Ketzelstraße St. Johannis
Es heißt, der Nürnberger Martin Ketzel wallfahrte um 1500 nach dem Heiligen Land und brachte von dort die genauen Maße der Leidensstationen Christi mit. Zurück in Nürnberg soll Ketzel genau nach diesen Maßen vom Bildhauer Adam Kraft (siehe „Adam-Kraft-Straße") die heute so berühmten Leidensstationen in Stein gehauen lassen haben. Sie ziehen sich vom Tiergärtnertor über die Burgschmietstraße hin bis zum Johannisfriedhof.

Keyperstraße Zerzabelshof
Georg Keyper, Nürnberger Bürger, stiftete 1484 ein „Großes Almosen der abkommen Bürger".

Kiebitzweg Mögeldorf
Nach dem Vogelnamen.

Kiefernschlag Werderau
Nach einem alten Flurnamen.

Kiefhaberstraße Mögeldorf
Johann Karl Sigmund Kiefhaber (1762-1837), Nürnberger Historiker und Universitätsprofessor in München.

Kieler Straße Wetzendorf
Kiel, Hauptstadt Schleswig-Holsteins.

Kieselbergstraße, Obere und Untere Kleinweidenmühle
Früher war dort der Kieselberg, der abgebaut wurde. Die Kieselsteine, die in der angeschwemmten Masse gefunden wurden, gaben den Namen.

Kieslingstraße Schoppershof
Dort war einst der Kieslinghof (Besitzer), der später Spitalhof hieß.

Kilianstraße Gärten hinter der Veste
Nach dem männlichen Vornamen.

Kindermannstraße Gartenstadt
Erasmus Kindermann (1616-1655), Komponist und Musiklehrer, Organist an der Egidienkirche.

Kinderschulgasse Fischbach
Nach dem evangelischen Kindergarten im Ortsteil Fischbach.

Kindinger Straße Reichelsdorf
Kinding, Markt im Altmühltal, Landkreis Eichstätt.

Kinkelstraße Mögeldorf
Gottfried Kinkel (1815-1882), Dichter und Kunsthistoriker. Am badischen Aufstand 1848 beteiligt. Schurz befreite ihn aus dem Spandauer Gefängnis.

Kipfenberger Straße Reichelsdorf
Kipfenberg, Markt im Altmühltal, Landkreis Eichstätt.

Kirchenberg Mögeldorf
Die Mögeldorfer Kirche liegt auf einem kleinen Berg, malerischer Blick vom Talgrund aus, von Albrecht Dürer gemalt.

Kirchensteig, Oberer und Unterer Kornburg
Nach dem ehemals von Worzeldorf nach Kornburg führenden Kirchenweg.

Kirchenstraße St. Peter
Sie führt in Richtung Peterskirche.

Kirchenweg St. Johannis
Eine alte Ortsbezeichnung des Weges, der zur alten Johanniskirche führt.

Kirchfarrnbacher Straße Gebersdorf
Kirchfarrnbach, Gemeinde im Landkreis Fürth.

Kirchhoffstraße Großreuth bei Schweinau
Gustav Robert Kirchhoff (1824 - 1887), Physiker, Professor in Breslau, Heidelberg, Berlin, entdeckte mit Bunsen die Spektralanalyse, arbeitet das Ohmsche Gesetz aus und schrieb über mathematische Physik.

Kirschgartenstraße St. Johannis
Dort waren früher Kirschgärten.

Kitzinger Straße Großgründlach
Kitzingen, Stadt am Main.

Klagenfurter Straße Moorenbrunn
Klagenfurt an der Glan, Hauptstadt des österreichischen Bundeslandes Kärnten. 1279 Stadt, seit 1518 Hauptstadt.

Klaragasse Altstadt
Im 13. Jahrhundert wurde das Klarakloster gegründet, dorthin führte der schon alte Weg.

Klausenburger Straße Zerzabelshof
Klausenburg, einst Hauptstadt in Siebenbürgen. 1405 ungarisch, 1918 rumänisch, 1940 - 46 ungarisch, nun rumänisch.

Klausener Winkel Laufamholz
Klausen, Dorf in der Oberpfalz, Landkreis Neumarkt/Opf.

Klaus-Groth-Straße Boxdorf
Klaus Groth (1819 - 1899), plattdeutscher Dichter, Professor in Kiel.

Kleemannstraße Werderau
Chr. Friedrich Karl Kleemann (1735 - 1789), Kunst- und Miniaturmaler. Bekannt durch seine Beiträge zur Natur- und Insektengeschichte und als Fortsetzer Rösels von Rosenhof.

Kleestraße Lichtenhof
Nach dem Futtergewächs.

Kleiberweg Mögeldorf
Nach dem Vogelnamen.

Kleingründlacher Straße Großgründlach
Kleingründlach, Ortsteil (Gründlach, Bach im Norden Nürnbergs).

Kleinreuther Weg Gärten hinter der Veste
Er führt nach Kleinreuth hinter der Veste; das Dorf, eine kleine „Rodung“, um 1050 entstanden, gehört zum Knoblauchsland.

Kleinweidenmühle Kleinweidenmühle

Die alte Ortsbezeichnung kommt sicherlich von den am Pegnitzufer früher stehenden und gezüchteten Weiden.

Kleiststraße Erlenstegen

Heinrich von Kleist (1777-1811), Dramatiker und Erzähler.

Klenzestraße Rangierbahnhof

Leo von Klenze (1784-1864), bedeutender Münchener Architekt (Propyläen, Glyptothek, Walhalla). Berater für den Eisenbahnbau.

Klimtstraße Herpersdorf

Gustav Klimt (1862-1918), österreichischer Maler, führender Vertreter des Wiener Jugendstils.

Klingenfeldstraße Eibach

Nach einem Flurnamen.

Klingenhofstraße Herrnhütte

Klingenhof, früher Ortsteil von Herrnhütte (fr. Bauernhof).

Klingerstraße Worzeldorf

Max Klinger (1857-1920), Maler, Graphiker und Bildhauer.

Klösterle, Zum Pillenreuth

Nach dem Kloster Pillenreuth.

Klopstockstraße Erlenstegen

Friedrich Gottlieb Klopstock (1724-1803), bedeutender deutscher Dichter, Wegbereiter der deutschen Klassik.

Klosterbach, Am Worzeldorf

An dem Bachlauf wurde zunächst Pillenreuth und später Königshof errichtet.

Kloster-Ebrach-Straße Neukatzwang
Nach dem Kloster Ebrach, dem Gründer des Ortes Katzwang.

Klosterfeld, Am Großgründlach
Nach einem Flurnamen.

Klosterweg Herpersdorf und Weiherhaus
Nach dem ehemaligen Kloster Pillenreuth.

Knappsteig, Am Kraftshof/Boxdorf
Nach einem Flurnamen.

Knauersbach, Am Herpersdorf
Nach dem angrenzenden Bach.

Knauerstraße Gostenhof
Johann Jakob Knauer (1775 - 1843), machte mehrere Stiftungen an die Stadt Nürnberg.

Knebelstraße Schniegling
K. L. von Knebel (1744 - 1834), fränkischer Dichter und Freund Goethes. Auf Schloß Wallerstein bei Nördlingen geboren, Prinzenerzieher in Weimar.

Kneippstraße Erlenstegen
Pfarrer Sebastian Kneipp (1821 - 1897), Schöpfer des nach ihm benannten Naturheilverfahrens.

Knoblauchsland, Im Almoshof
Nach dem Gemüseanbaugebiet im Norden der Stadt. Altes Rodungsgebiet fränkischer Einwanderer. Anbau von Knoblauch und Zwiebeln.

Knogäckerweg Brunn
Nach einem Flurnamen.

Knogstraße Brunn

Nach einem Flurnamen.

Knorrstraße Altstadt

Dr. Peter Knorr (gestorben 1479), Pfarrer bei St. Sebald und bedeutender Nürnberger Diplomat. Ihm gehörte der Doktorshof in dieser Straße.

Kobergerplatz Gärten hinter der Veste

Anton Koberger (1440 - 1513), einer der bedeutendsten Buchdrucker und Verleger seiner Zeit. In Johann Neudörfers „Nachrichten von Künstlern und Werkleuten" (1547) steht zu lesen, daß Koberger täglich mit 24 Pressen arbeitete. „Dazu hielt er Hundert und etliche Gesellen, die waren eines Teils Setzer, Correctoren, Drucker, Possilierer, Illuministen, Componisten, Buchbinder." Koberger hat in vielen Ländern „Faktoren" gehabt und „16 offne Kräm in den namhaftesten Städten der Christenheit". Niederlassungen waren u. a. in Wien, Ofen, Breslau und Krakau, in Venedig, Mailand, Lyon und Paris. Mit Koberger begründete sich der auf Jahrhunderte anhaltende Ruf Nürnbergs als „Stadt des Buches".

Kobergerstraße Gärten hinter der Veste

Vgl. Kobergerplatz.

Kochstraße Werderau

Professor Dr. Robert Koch (1843 - 1910), Arzt und Bakteriologe, entdeckte den Erreger der Tbc, bekämpfte erfolgreich Malaria, Schlafkrankheit, Typhus.

Köhnstraße St. Peter

Köhn (Kuhn), Kunstschlosser, fertigte 1587 das Gitter am Schönen Brunnen.

Kölner Straße Wetzendorf

Köln am Rhein, Stadt in Nordrhein-Westfalen.

Königsberger Straße Ziegelstein
Nach der alten ostpreußischen Stadt am Pregel (1255 als Deutschordensburg gegründet, 1843 Festung).

Königshammer Straße Rangierbahnhof
Nach dem Ort Königshammer.

Königshofer Weg Eibach
Nach dem Nürnberger Ortsteil Königshofen.

Königsmühlstraße Großgründlach
Benannt nach der an der Gründlach gelegenen Königsmühle.

Königsteiner Straße Laufamholz
Königstein, Markt im Landkreis Amberg-Sulzbach.

Königstor Altstadt
Erst 1850 durch die Mauer gebrochen und nach der Königstraße benannt.

Königstorgraben Marienvorstadt
Nach dem Königstor benannt.

Königstormauer Altstadt
Nach dem Königstor benannt.

Königs- und Frauentorzwinger Altstadt
Benannt nach dem Königstor.

Königstraße Altstadt
Die vom Hauptmarkt zum Frauentor führende Straße hieß früher Hauptstraße. 1810 nach dem bayerischen König umbenannt (Maximilian I. Josef - 1806/24).

Königsweiherstraße Worzeldorf
Benannt nach dem 108 Morgen großen Königsweiher, dessen

Bau 1336 als Teil einer ausgedehnten Weiheranlage begonnen wurde.

Köpfleinsberg Altstadt
Schon in der RSZ so benannt. Vermutlich nach einer dort wohnenden Familie Kopf.

Körnerstraße Lichtenhof
Theodor Körner (1791 - 1813), Dichter und Freiheitskämpfer.

Kösliner Straße Röthenbach bei Schweinau
Köslin, mit Fabriken und Fischräuchereien, in Pommern schon 1266 Stadt, 1648 zu Brandenburg.

Kötzlerstraße Reichesldorf
Kötzler, Nürnberger Patrizierfamilie im 17. und 18. Jahrhundert. Besitzer des Reichelsdorfer Schlosses.

Kötztinger Straße Mögeldorf
Kötzting, Städtchen im Bayerischen Wald.

Kohlbuckweg Erlenstegen
In der Nähe liegt der „Kohlbuck“ - kahler Hügel.

Kohlenhofstraße Gostenhof
Am Kanalhafen war früher ein großer Lagerplatz für Kohlen, Kohlenhof genannt.

Kohlfurter Straße Langwasser
Kohlfurt, Ort im niederschlesischen Kreis Görlitz.

Kohlmeisenweg Worzeldorf
Nach dem Vogelnamen.

Kohlrangen, Am Eibach
Nach einem alten Flurnamen, vom Kraut (Kohl) abgeleitet.

Kolberger Straße Röthenbach bei Schweinau
Kolberg, See-, Sol- und Moorbad in Ostpommern.

Kolbestraße Kleinreuth hinter der Veste
Maximilian Kolbe (1894-1941), Franziskanerpater, gestorben im KZ Auschwitz.

Kolerstraße Zerzabelshof
Nach dem ausgestorbenen Nürnberger Patriziergeschlecht der Koler (oberste Forstmeister des Lorenzer Waldes).

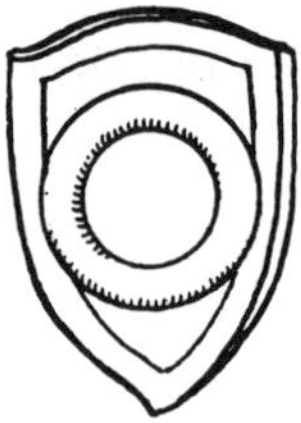

Koler

Kollostraße Reichelsdorfer Keller
Nach dem Komponisten Walter Kollo (1878-1940).

Kollwitzstraße Sündersbühl
Käthe Kollwitz (1867-1945) war Malerin und Graphikerin.

Koloniestraße Röthenbach bei Schweinau
Nach der dort angelegten Wohnkolonie.

Kolpinggasse Altstadt
Adolf Kolping (1813-1865), Gründer der katholischen Gesellenvereine.

Komotauer Straße Zerzabelshof
Komotau, Stadt in Westböhmen.

Konrad-Stör-Straße Pillenreuth
Konrad Stör, der erste nachweisbare Besitzer des Zeidelgutes Pillenreuth 1302.

Konradstraße Muggenhof
Nach dem männlichen Vornamen.

Konstanzenstraße Schweinau
Konstanze, Gemahlin des Hohenstaufen Heinrich VI. (1154-1198).

Kontumazgarten Kleinweidenmühle
Ein alter Nürnberger Bürgergarten, ab 1665 Quarantänestation für seuchenverdächtige Menschen und Handelsgüter. Die Quarantänestationen hießen damals „Kontumazanstalten". Reisende und Handelsleute wurden in Zeiten von Pestepidemien vor ihrer Einreise nach Nürnberg zunächst in jene Kontumazanstalten gesteckt. Die Waren, die sie mit sich geführt hatten, wurden in einem an der Pegnitz gelegenen Garten gegenüber der Hallerwiese gelagert. Daher der Name „Kontumazgarten". Die letzte Pest in Nürnberg war die von 1713.

Kopernikusplatz Lichtenhof
Nikolaus Kopernikus (1473-1543), Astronom. Domherr von Frauenberg/Ostpreußen. Entdecker des neuen Sonnensystems (Planetenbewegung).

Kopernikusstraße Lichtenhof
Vgl. Kopernikusplatz.

Koppenhofer Straße Eibach
Koppenhof, Weiler in der Gemeinde Reichelsdorf (1922 eingemeindet).

Kornburger Hauptstraße Kornburg
Kornburg, Ortsteil. 1974 eingemeindet.

Kornburger Straße Rangierbahnhof
Nach dem Ortsteil Kornburg.

Kornmarkt Altstadt
Der große Platz hatte früher keinen einheitlichen Namen. Als 1810 der Getreidemarkt vom Josephsplatz hierher verlegt wurde, bekam er den Namen Kornmarkt.

Krämersgasse, Obere und Untere Altstadt
Ortsbezeichnung, die vielleicht von den Krämern (Kleinhändlern) herrührt, aus RSZ.

Kraftshofer Hauptstraße Kraftshof
Kraftshof, Pfarrdorf, das aus einer alten Rodungssiedlung um 1000 entstand (Hof des „krafto"), war Kressenscher Besitz. Seit 1930 zu Nürnberg.

Krainer Straße Moorenbrunn
Die Krain, historische Landschaft Sloweniens.

Kranichstraße Schniegling
Nach dem Storchvogel.

Kranzbergstraße Katzwang
Nach einem Flurnamen.

Kraußstraße Gostenhof
Elisabeth Krauß (1569 - 1639), große Wohltäterin Nürnbergs. Sie sorgte vor allen Dingen für das Findel- und Waisenhaus.

Krebsgasse Altstadt
Dort stand in der RSZ das Gasthaus „Zum roten Krebs".

Krefelder Straße Wetzendorf
Krefeld, Stadt in Nordrhein-Westfalen. 1373 Stadt, 1702 mit Moers zu Preußen.

Kreittmayrweg Erlenstegen
Xaver Alois von Kreittmayr (1706 - 1790), bayerischer Staatsmann und Rechtsgelehrter (Bayerischer Rechtskodex).

Krelingstraße Gärten hinter der Veste
August Friedrich von Kreling (1819 - 1876), Direktor der hiesigen Kunstschule und Ehrenbürger der Stadt.

Krellerstraße Gärten bei Wöhrd
Karl Bernhard Kreller (1804 - 1893) machte der Stadt reiche Stiftungen.

Kremser Straße Moorenbrunn
Krems, Stadt an der Donau in Österreich.

Kressengartenstraße St. Peter
Dort hatte die Nürnberger Patrizierfamilie Kreß von Kressenstein einen schönen Garten.

Kressenstein, Am Kraftshof
In der Nähe ist der Stammsitz der Freiherrn Kreß von Kressenstein.

Kressenstraße Gärten hinter der Veste
Nach dem Geschlecht der Kreß von Kressenstein, das Staatsmänner, hohe Militärs und Kaufleute stellte.

Kreulstraße Großreuth hinter der Veste
Johann Lorenz Kreul (1803 - 1867), bedeutender Nürnberger Maler. Bekannt für seine Pastellbildnisse.

Kreutzerstraße St. Leonhard
Konradin Kreutzer (1780 - 1849), Komponist.

Kreuzäckerstraße Neunhof
Nach einem Flurnamen.

Kreuzbachweg Röthenbach bei Schweinau
Der Kreuzbach, ein Zufluß der Rednitz.

Kreuzberg, Am Katzwang
Nach einem Flurnamen.

Kreuzburger Straße Langwasser
Kreuzburg, Stadt in Schlesien, 1253 als Stadt von den böhmischen Kreuzherren angelegt.

Kreuzgasse, Mittlere, Obere und Untere Altstadt
Sie bezog ihren Namen aus der Seltenheit, mit welcher in Nürnberg zwei Gassen im rechten Winkel aufeinanderstoßen und dadurch ein Kreuz bilden. 1933 sollte die Kreuzgasse in „Hakenkreuzgasse“ umgetauft werden, was aus historischen Gründen jedoch abgelehnt wurde.

Kreuzsteinstraße Schweinau
Nach einem Flurnamen.

Kreuzweg Weiherhaus
Nach der Lage des Weges.

Kreuzwiesenweg Fischbach
Nach einem Flurnamen.

Kriegerdenkmal, Am Neunhof
Nach dem dort stehenden Kriegerdenkmal.

Kriegerlindenstraße Lohe
Dort steht die Kriegergedächtnislinde.

Kriemhildstraße Lichtenhof
Kriemhild, Heldin der Nibelungensage, Gemahlin Siegfrieds.

Kritzstraße Zerzabelshof
Die obere Spitze des Schmausenbucks heißt „In der Kritz“ (Aussichtsturm auf der Kritz).

Krokusweg Eibach
Nach der Blume.

Kronacher Straße Boxdorf

Kronach, oberfränkische Kreisstadt. Festung Rosenberg, eine der größten deutschen Festungen des Mittelalters. Geburtsort des Malers Lukas Cranach d. Ä.

Kronstädter Straße Zerzabelshof

Kronstadt, Stadt im Siedlungs- und Sprachgebiet Siebenbürgens.

Krottenbacher Straße Reichelsdorf/Mühlhof

Krottenbach, Vorort, wurde 1922 eingemeindet.

Krugstraße St. Johannis

Ludwig Krug (1490-1532), Nürnberger Goldschmied und Kupferstecher (biblische und allegorische Bilder, Tafelaufsatz für die Welser, Merkur mit dem Schiff).

Krumbacher Straße Gaulnhofen

Krumbach, Stadt im Landkreis Günzkreis, 1805 bayerisch.

Kubinstraße Herpersdorf

Alfred Kubin (1877-1959), österreichischer Graphiker und Schriftsteller.

Küblerzwinger Altstadt

Stammt noch aus der RSZ (vielleicht von den Kübeln = Kübelmacher).

Kühnertsgasse Altstadt

Dort wohnte in der RSZ die Familie Kiener.

Kühtriebweg Knoblauchsland

Alter Flurname.

Kühnhoferstraße Gärten bei Wöhrd

Dr. Konrad Kühnhofer (Konhofer), Pfarrer bei St. Lorenz

(gestorben 1452). Gründer einer öffentlichen Bücherei, der heutigen Stadtbibliothek (1445).

Kürschnershof Altstadt
Hier wohnten und werkten die Kürschner in der RSZ.

Kufsteiner Straße Moorenbrunn
Kufstein, österreichische Bezirksstadt in Tirol.

Kuglerstraße Großreuth bei Schweinau
Georg Kugler (1816 - 1894), Mitbegründer des Bayerischen Gewerbemuseums in Nürnberg.

Kuhweiherweg Röthenbach bei Schweinau
Benannt nach dem ehemals an der Bahnlinie Nürnberg-München gelegenen Kuhweiher.

Kulmbacher Straße Ziegelstein
Kulmbach, Stadt in Oberfranken am Weißen Main.

Kunigundenstraße St. Leonhard
Kunigunde, Gemahlin Kaiser Heinrichs II.

Kunostraße Lichtenhof
Nach dem männlichen Vornamen.

Kunreuther Straße Ziegelstein
Kunreuth, Dorf im Landkreis Forchheim.

Kupferschmiedshof Altstadt
Dort waren in der RSZ die Kupferschmiede.

Kupferstraße Gleißhammer
Benannt nach dem Metall.

Kurfürstenstraße Steinbühl
Zum Andenken an die 7 Kurfürsten, die den deutschen König wählten.

Kurgartenbrücke Doos
Führt über die Pegnitz zur Kurgartenstraße in Fürth.

Kurlandstraße Neukatzwang
Kurland, geschichtliche Landschaft in Lettland.

Kurt-Leucht-Weg Am Dutzendteich
Kurt Leucht (1903 - 1974), Olympiasieger in Amsterdam, 1928 im Bantamgewicht der Griechisch-Römisch-Ringer.

Kurtstraße St. Peter
Nach dem männlichen Vornamen.

Kurzer Steig Großreuth hinter der Veste
Im Gegensatz zum „Langen Steig".

Kurzweg Großreuth bei Schweinau
Die Kurz, alte Nürnberger Bleistiftmacher.

Labenwolfstraße Gärten hinter der Veste
Pankraz Labenwolf (1492 - 1563), ein Schüler Peter Vischers. Er und sein Sohn Georg (gestorben 1585) waren beide Kunstgießer (Brunnen im Rathaushof und Gänsemännchenbrunnen).

Lachfelderstraße Kraftshof
Nach einem alten Flurnamen.

Längenstraße Schoppershof
Nach einem alten Flurnamen.

Lagerlöfstraße Laufamholz/Freiland
Selma Lagerlöf (1858-1940), schwedische Erzählerin, 1909 Nobelpreis.

Lahmannstraße St. Johannis
Dr. Heinrich Lahmann (1860-1905) gründete das Sanatorium „Weißer Hirsch“ bei Dresden (physikalisch-diätische Heilmethode).

Lahnsteiner Straße Ziegelstein
Nach dem Ort Lahnstein.

Lammsgasse Altstadt
Hieß früher „Hintere Füll“ und wurde 1811 nach einem Hausbild, das ein weißes Lamm darstellte (Hausnummer 14), umbenannt.

Lamprechtstraße St. Peter
Hans Lamprecht (gestorben 1560), Nürnberger Gewicht- und Waagmacher, Erfinder der Probierwaage.

Landdauergasse Altstadt
Matthäus Landauer, Nürnberger Kaufmann, stiftete 1510/11 das nach ihm benannte Landauer- oder Zwölfbrüderhaus für verarmte Handwerker.

Landgrabenstraße Steinbühl
Im 15. Jahrhundert, z. Zt. des 1. markgräflichen Krieges, baute man im weiteren Umkreis zur ummauerten Nürnberger Altstadt eine Verteidigungslinie, die als Landwehr oder „Landgraben“ bezeichnet wurde. Es handelte sich dabei um einen Graben nebst pallisadenverstärktem Wall.

Landsweiler Straße Gartenstadt
Landsweiler, Ort im Saargebiet (Kohlenbergbau).

Lange Gasse Altstadt
Aus der RSZ, im Gegensatz zur kurzen Gasse.

Langenzenner Straße Höfen
Langenzenn, kleine Stadt im Rangau, Landkreis Fürth; 953 schon genannt, seit 1248 gehörte es den Burggrafen, wurde 1442 Stadt und hatte bis 1470 die burggräfliche Münze.

Langer Steig Großreuth hinter der Veste
Eine alte Ortsbezeichnung.

Lange Zeile St. Johannis
Die gerade lange Straße hatte schon in der RSZ diesen Namen.

Langobardenstraße Lichtenhof
Die Langobarden, eine germanische Völkerschaft (um Christi Geburt an der Unterelbe, später in Mähren, um 560 in Oberitalien).

Langseestraße Mögeldorf
Nach dem nahegelegenen See im Pegnitztal.

Lanzenweg Herpersdorf
Nach der Lanze, einer Wurf- und Stoßwaffe.

Laubaner Straße Langwasser
Lauban, Stadt in Niederschlesien.

Laubestraße Mögeldorf
Heinrich Laube (1806 - 1884), deutscher Dichter und Theaterleiter.

Lauenburgerstraße Altenfurt
Nach dem Adelsgeschlecht der Lauenburger.

Nürnberg: Prospect gegen den inern Lauffer-Thürm.
a. Stifftung-Allerheil. genant.
Vüe de Nuremberg du côté dite inere Lauffenthurn.
a. fondation, appellée de tous Saints.

Laufamholzer Kirchensteig Laufamholz

Nach dem Kirchenweg, der von Laufamholz nach Mögeldorf führt.

Laufamholzstraße Laufamholz

Nach dem alten, 1938 eingemeindeten Dorf.

Laufer Gasse, Äußer und Innere Altstadt

Die alte Straße hat ihren Namen schon in der RSZ erhalten; sie führt nach Lauf.

Laufer Platz, Äußerer und Innerer Altstadt

Im Bereich der Laufer Straße.

Laufer Schlagturm, Am Altstadt

Der Turm stammt aus der vorletzten Stadtbefestigung im 13. Jahrhundert und hatte eine Schlaguhr, die 1478 installiert wurde. Die Stundeneinteilung wurde nach der „großen Nürnberger Uhr" gehandhabt. D. h.: Eine Stunde nach Sonnenuntergang schlug es „1 Or in die Nacht", und eine Stunde nach Sonnenaufgang „1 Or in den Tag", so daß es Tage gab, die 8 Tag- und 16 Nachtstunden hatten. Erst später bürgerte sich unsere jetzige Stundeneinteilung ein.

Laufer Tor Altstadt
Im 14. Jahrhundert erbautes Ausfalltor in Richtung Lauf.

Laufertorgraben Gärten bei Wöhrd
Benannt nach dem Laufer Tor.

Laufertormauer Altstadt
An der Stadtmauer vom Laufer Tor zur Pegnitz.

Laufertorzwinger Altstadt
Benannt nach dem Laufer Tor.

Lauinger Straße Eibach
Lauingen, Stadt im bayerischen Schwaben, an der Donau. 1280 schon Stadt.

Laurentiusstraße Eibach
Michael Laurentius, Pfarrer, wirkte in Eibach (1540-1553) und machte sich verdient um das Dorf.

Lausitzer Straße Neukatzwang
Die Lausitz, ostsächsische Landschaft. Hauptorte: Zittau, Görlitz, Bautzen.

Lautensackstraße Gärten bei Wöhrd
Hans Lautensack (geboren 1524 in Bamberg, gestorben zwischen 1564-1566 in Wien), bedeutendster Nürnberger Kupferstecher und Medailleur.

Lauterbacher Straße Gartenstadt
Lauterbach, Ort im Saargebiet.

Lechnerstraße Mögeldorf
Leonhard Lechner, von 1575-1584 Stadtmusikus in Nürnberg, aus Tirol zugewandert.

Lechstraße Eibach (Hafengebiet)
Lech, rechter Nebenfluß der Donau.

Lederersteg Gostenhof
Benannt nach der nahen Ledererbrauerei.

Ledergasse, Hintere und Vordere Altstadt
Benannt nach den Lederern, allg. als Rot- oder Lohgerber bezeichnet. Sie arbeiteten mit Eichenlohe, um das Leder rot zu färben. Noch im 19. Jahrhundert waren an den Häusern die vorgebauten Galerien zu sehen, auf welchen die Häute getrocknet wurden.

Leerstetter Straße Rangierbahnhof
Leerstetten, Dorf im Landkreis Roth.

Lehárstraße Reichelsdorfer Keller
Franz Lehár (1870-1948), ungarischer Operettenkomponist („Lustige Witwe").

Lehmäckerweg Röthenbach
Alter Flurname.

Lehmbruckstraße Worzeldorf
Wilhelm Lehmbruck (1881-1919), Maler, Graphiker und Bildhauer.

Lehmgrube, An der Boxdorf
Nach der zur ältesten Ziegelei gehörenden Lehmgrube.

Lehrberger Straße Leyh
Lehrberg, Ort im Landkreis Ansbach im Rezattal.

Leiblsteg Höfen
Vgl. Leiblstraße.

Leiblstraße Höfen
Wilhelm Leibl (1844 - 1900), bayerischer Maler.

Leibnizstraße Gibitzenhof
Gottfried Wilhelm Leibniz (1646 - 1716), Philosoph. („Die bestehende Welt ist die beste aller möglichen Welten.“)

Leinbühlstraße Moorenbrunn
Nach einem Flurnamen.

Leinburger Straße Gleißhammer
Leinburg, Pfarrdorf am Moritzberg im Landkreis Nürnberger Land.

Leinburger Weg Gleißhammer
Siehe Leinburger Straße.

Leipziger Platz Schoppershof
Vgl. Leipziger Straße.

Leipziger Straße Schoppershof
Leipzig, Hauptstadt von Sachsen, Messestadt an der Pleiße, war der Hauptsitz des deutschen Buchhandels. (Um 1100 slawische Siedlung, 1156 Stadtrechte, 1519 Leipziger Disputation, 1813 Völkerschlacht - Denkmal - Gewandhauskonzerte).

Leitenfeldstraße Wetzendorf
(Leite = ein leichter Hang.)

Leitenweg Eibach
Nach einem alten Flurnamen.

Leithastraße Moorenbrunn
Die Leitha, Nebenfluß der Donau.

Leitzstraße Wöhrd
Dr. h. c. Ernst Leitz (1843 - 1920), der Seniorchef der Leitzwerke in Wetzlar.

Lenaustraße Seeleinsbühl
Nikolaus Lenau, eigentlich Niembsch Edler von Strehlenau (1802 - 1850), österreichischer Lyriker.

Lenbachstraße Gärten bei Wöhrd
Franz von Lenbach (1836 - 1904), Münchner Porträtmaler.

Lenkersheimer Straße Höfen
Lenkersheim, Markt im Landkreis Neustadt an der Aisch-Bad Windsheim.

Lenzstraße Großreuth hinter der Veste
Professor Christoph Lenz (1829 - 1915), Nürnberger Erzgießer.

Leo-Beyer-Weg Mögeldorf
Nach dem Mögeldorfer Heimatforscher Leo Beyer (1893 - 1973).

Leobschützer Straße Langwasser
Leobschütz, Stadt in Oberschlesien, 1270 Stadt.

Leonerstraße Mühlhof
Nach den Leonischen Werken; Drahtfabrikation in Mühlhof schon seit über 100 Jahren.

Leonhardsgäßchen Altstadt
Wurde 1870 nach einer volkstümlichen Bezeichnung so benannt.

Leonhardstraße Gostenhof
Der hl. Leonhard, Schutzpatron des Ortes und des Siechenspitals Leonhard (Siechenkobel).

Leonroder Straße Kleinreuth bei Schweinau
Leonrod, Dorf im Landkreis Neustadt an der Aisch-Bad Windsheim.

Leopoldstraße St. Leonhard
Nach dem Vornamen bayerischer Prinzen.

Lerchenbühlstraße St. Johannis
Nach dem alten Bauernhof Lerchenbühlhof.

Lerchenfeld, Am Katzwang
Nach einem Flurnamen.

Lerchenstraße Thon
Nach dem Singvogel.

Leskowstraße Fischbach
Nicolai J. Leskow (1831-1895), russischer Erzähler.

Lessingstraße Tafelhof
Gotthold Ephraim Lessing (1729-1781), Schriftsteller, Dichter und Kritiker in Berlin. Dramaturg in Hamburg. Schuf das deutsche Lustspiel, kämpfte für Geistesfreiheit und religiöse Duldsamkeit (Minna von Barnhelm, Nathan der Weise, Hamburger Dramaturgie, Laokoon).

Leubelfingstraße Sündersbühl

Johannes von Leubelfing, Nürnberger Oberst im Dreißigjährigen Krieg und Chronist.

Leuchsstraße St. Johannis

Johann Michael Leuchs (1763 - 1836), Nürnberger Kaufmann und Handelsschuldirektor, Gründer der „Handelsakademie".

Leuschnerstraße Langwasser

Wilhelm Leuschner (1890 - 1944), Gewerkschaftsführer und Widerstandskämpfer.

Leutershauser Straße Reichelsdorf

Leutershausen, Stadt im Landkreis Ansbach, um 1000 Königshof, seit 1318 Stadt.

Leyher Straße Leyh

Leyh, Vorort des alten Nürnberg, 1899 eingemeindet (Lay = Stein).

Leyh. Ansicht von Süden nach einem Kupferstich von Johann Alexander Boener, um 1705.

Lichtenauer Straße Eibach
Lichtenau, Dorf im Landkreis Ansbach. Bis 1806 Nürnberger Festung.

Lichtenfelser Straße Boxdorf
Lichtenfels am Main, oberfränkische Kreisstadt.

Lichtenhofstraße Lichtenhof
Der Einzelhof Lichtenhof wurde 1899 eingemeindet.

Liebauer Straße Langwasser
Liebau, Stadt in Schlesien.

Liebigstraße Wöhrd
Justus von Liebig (1803 - 1873), Begründer der organischen Chemie und des modernen Chemieunterrichts. Professor in Gießen und München (Fleischextrakt).

Liegnitzer Straße Langwasser
Liegnitz, Stadt in Niederschlesien. 1242 als Legnice Stadt, 1742 preußisch.

Ligusterweg Mögeldorf
Nach dem Heckenstrauch.

Liliencronstraße Kornburg
Detlev von Liliencron (1844 - 1909), führender deutscher Lyriker des Impressionismus.

Lilienstraße St. Leonhard
Nach der Blume.

Limbacher Straße Röthenbach bei Schweinau
Limbach, Dorf im Landkreis Schwabach.

Lindauer Straße Gaulnhofen
Lindau, Kreisstadt in Schwaben, Inselstadt im östlichen Bodensee. 1275 - 1803 Reichsstadt, 1805 zu Bayern.

Lindenäckerweg Neukatzwang
Nach einem alten Flurnamen.

Lindenaststraße Gärten hinter der Veste
Sebastian Lindenast (1462 - 1520), Nürnberger Kupferschmied. Miterbauer des Männleinlaufens an der Frauenkirche mit Jörg Heuß.

Lindenberger Straße Gaulnhofen
Lindenberg, Stadt im Allgäu.

Lindengasse St. Johannis
Nach dem Laubbaum.

Lindenhain, Im Röthenbach bei Schweinau
Dort siedelt eine Baugenossenschaft „Lindenhain".

Lindenplatz Katzwang
Nach den im Bereich dieses Platzes stehenden Lindenbäumen.

Lindnerstraße Mögeldorf
Friedrich Lindner, Nürnberger Komponist des 16. Jahrhunderts. Egidienkantor. Herausgeber neuester italienischer Tonwerke. Lindner stammte aus Schlesien und brachte Haßler (siehe Haßlerstraße) mit der italienischen Canzonetten- und Ballettkunst in Berührung.

Linggstraße Gibitzenhof
Hermann Lingg (1820 - 1905), deutscher Dichter in München (Balladen, Byzantinische Novellen).

Linnéstraße Gibitzenhof
Karl von Linné (1707 - 1778), schwedischer Naturforscher (Linnésches Pflanzensystem).

Linzer Straße Eibach (Hafengebiet)
Linz an der Donau, Hauptstadt Oberösterreichs.

Listenhof Altstadt
Der Name stammt aus der RSZ.

Listerstraße Werderau
Sir Joseph Lister (1827 - 1912), berühmter englischer Chirurg, führte die Antisepsis ein.

Lobsingerstraße St. Johannis
Hans Lobsinger (gestorben um 1570), Nürnberger Mechaniker und Erfinder des Metalldruckes.

Lochnerstraße Schweinau
Georg Wolfgang Konrad Lochner (1798 - 1882), Rektor und Stadtarchivar, hervorragender Nürnberger Lokalhistoriker.

Löbleinstraße Gärten hinter der Veste
Um 1800 nach einer Wirtschaft, deren Besitzer Löblein hieß.

Lödelstraße Lichtenhof
Johann Mathias Lödel (1698 - 1732), auf dessen Namen 1776 eine Wohltätigkeitsstiftung gegründet und eine Armenschule errichtet wurde.

Löffelholzstraße Gibitzenhof
Die Freiherrenfamilie derer von Löffelholz war jahrhundertelang Besitzerin des 1944 zerstörten Schlößchens in Gibitzenhof.

Löhnerstraße Schoppershof
Martin Löhner (1636-1707), Nürnberger Brunnen- und Röhrenmeister.

Löwenberger Straße Altenfurt und Langwasser
Löwenberg, Stadt in Niederschlesien. 1223 Stadt, 1742 preußisch.

Lohäckerstraße Lohe
Nach einem alten Flurnamen. Lohäcker = Äcker in der Lohe (Waldrodung).

Lohengrinstraße Forsthof
Lohengrin, Sagenheld und Gralsritter. Titelfigur einer Oper Richard Wagners.

Loher Hauptstraße Lohe
Lohe, Dorf im Knoblauchsland, 1923 eingemeindet.

Loher Moos Lohe
Nach dem mooshaltigen Boden in der Gemeinde Lohe.

Lohestraße Thon
Führt von Kleinreuth hinter der Veste nach Lohe (Verbindungsstraße zum Flughafen).

Lohhofer Straße Eibach
Lohhof gehörte früher zu Reichelsdorf, 1922 eingemeindet.

Lohmeierstraße Pillenreuth
Nach Sebald Lohmeier, gestorben 1525, letzter altkirchlicher Seelsorger im Kloster Pillenreuth.

Lorenzer Platz Altstadt
Aus der RSZ stammende Ortsbezeichnung. St. Lorenz, Schutzpatron der Lorenzer Pfarrkirche.

Lorenzer Straße Altstadt
Die Lorenzer Straße hieß bis 1870 „Hinter St. Lorenzen“.

Lorschstraße Gleißhammer
Chr. G. Lorsch, 1818-1821 erster Bürgermeister von Nürnberg.

Lortzingstraße Muggenhof
Albert Lortzing (1803-1851) war erfolgreicher Opernkomponist in Berlin und Wien (Zar und Zimmermann, Undine, Waffenschmied, Der Wildschütz).

Losheimer Straße Gartenstadt
Losheim, Dorf im Saargebiet.

Lotharstraße Höfen
Nach dem männlichen Vornamen.

Lothringer Straße Lichtenhof
Lothringen, Herzogtum des alten deutschen Reiches, im 17. Jahrhundert französisch, 1871 deutsch, nach dem Versailler Frieden französisch, 1940-45 deutsch, gehört jetzt zu Frankreich.

Lotzestraße Gibitzenhof
Rudolf Hermann Lotze (1817-1881), Philosoph und Physiologe (Mikrokosmos, teleologischer Idealismus).

Ludgerstraße Moorenbrunn
Nach dem hl. Ludger (742-808).

Ludolfingerstraße Altenfurt
Nach dem deutschen Dynastengeschlecht der Ludolfinger.

Ludwig-Erhard-Brücke Erlenstegen/Mögeldorf
Dr. Ludwig Erhard (1897-1977, geboren in Fürth), CDU-

Politiker, 1949 - 1963 Bundeswirtschaftsminister, 1963 - 1966 Bundeskanzler.

Ludwig-Feuerbach-Straße Rennweg
Ludwig Feuerbach (1804 - 1872), freigeistiger Philosoph. Er verlor seine Professur in Erlangen, wohnte in Bruckberg, starb auf dem Rechenberg (Grab auf dem St. Johannis-Friedhof). („Der Mensch ist, was er ißt.")

Ludwig-Frank-Straße Gleißhammer
Ludwig Frank, badischer Sozialistenführer, fiel als Kriegsfreiwilliger 1914 im 1. Weltkrieg.

Mathias Prechtl
Die Dressur des Kaspar Hauser nach Handkes Lehrbuch durch Daumer und Feuerbach.

Ludwigshafener Straße Gibitzenhof
Ludwigshafen, Stadt am Rhein, früher bayerisch.

Ludwigsplatz Altstadt
Ludwig I., König von Bayern, 1825 - 1848.

Ludwigstor Altstadt
1866 als neuer Durchlaß neben dem Spittlertor eröffnet, von der Ludwigstraße aus.

Ludwigstorzwinger Altstadt
Nach dem Ludwigstor.

Ludwigstraße Altstadt
Vgl. Ludwigsplatz.

Lübecker Straße Schniegling
Lübeck, Hansestadt in Schleswig. 1143 als Handelsplatz gegründet, 1158 Stadt, vom 13. bis 15. Jahrhundert Haupt der deutschen Hanse, bis 1937 Freie Reichsstadt, jetzt Schleswig-Holstein.

Lübener Straße Langwasser
Lüben, Kreisstadt in Niederschlesien.

Lützowstraße Schoppershof
Freiherr Ludwig Adolf Wilhelm von Lützow (1782 - 1834), preußischer Major, im Befreiungskrieg Freikorpsführer.

Luisenburgweg Boxdorf
Die Luisenburg, Felsenlabyrinth bei Wunsiedel im Fichtelgebirge, Naturtheater.

Luisenstraße Gleißhammer
Nach dem weiblichen Vornamen.

Luitpoldhain Gleißhammer
Parkanlage, 1901 angelegt, erhielt den Namen des bayerischen Prinzregenten Luitpold (1886 - 1912).

Luitpoldstraße Altstadt
Die Straße wurde 1897 neu eröffnet und nach Prinzregent Luitpold benannt.

Lupinenweg Schmausenbuck
Nach der Pflanze.

Luther-King-Straße Kornburg
Martin Luther King (1929 - 1964), Pfarrer, Vorkämpfer für die Bürgerrechte der Neger in den USA. Fiel einem Attentat zum Opfer.

Lutherplatz Lichtenhof
Nach dem Reformator Dr. Martin Luther (1483 - 1546). Begründer der evangelisch-lutherischen Kirche. War auch in Nürnberg und wohnte in der heutigen Pfannenschmiedsgasse.

Lutzstraße Schoppershof
Freiherr Johann von Lutz (1826 - 1890), bayerischer Staatsminister.

Luzernenweg Eibach
Nach einem Pflanzennamen.

Maderersbrunnen, Am Brunn
Nach einem Flurnamen.

Märzenweg Buchenbühl
Zur Erinnerung an die im März 1919 begonnenen Arbeiten für die Siedlung Buchenbühl.

Maffeiplatz Lichtenhof

Josef Anton von Maffei (1790 - 1870), bayerischer Großindustrieller (Lokomotivenbau in München, Maffeiwerke).

Maiacher Straße Werderau/Maiach

Maiach, idyllischer Waldort, früher ein Zeidelgut (Honig) der Herren von Tucher.

Maiengasse Altstadt

Der Brauch des Maienstechens, d. h., man steckte seiner Angebeteten einen Birkenbuschen vors Schlafzimmerfenster, war in ganz Deutschland verbreitet. An jedem ersten Sonntag im Mai richteten die Burschen einen „Dorfmeien“ auf, meist eine hohe Fichte, an deren Wipfel von jeder Jungfrau ein buntes Bändchen geknotet war. Das Maiengässchen hat seinen Namen von dem - bis 1561 auf dem Platz, wo jetzt ein Brunnen steht - jährlich aufgerichteten Stadtmaien.

Mainstraße Eibach (Hafengebiet)

Der Main, größter rechter Nebenfluß des Rheins.

Malvenstraße Eibach

Nach der Stockrose.

Manggasse Altstadt

In der Manggasse, auf dem ehemaligen „Judenfriedhof“, stand das städtische Manghaus. Der frühere Beiname „In der Hitz“ deutete darauf hin, daß Stoffe unter starker Dampfentwicklung geglättet und „geglänzt“ wurden.

Mannertstraße Gostenhof

Konrad Mannert (1756 - 1834), Professor für Geschichte an der Universität Altdorf, Stadtbibliothekar in Nürnberg.

Mannheimer Straße Gibitzenhof
Mannheim, Stadt und Rheinhafen in Baden-Württemberg. Um 800 schon genannt, 1607 Stadt.

Manteuffelstraße Sündersbühl
Freiherr von Manteuffel (1809 - 1885), preußischer Generalfeldmarschall, Armeeführer 1870/71 und Statthalter in Elsaß-Lothringen.

Manuelastraße Schweinau
Nach dem weiblichen Vornamen.

Marburger Straße Großgründlach
Marburg an der Lahn, hessische Kreisstadt, 1228 Stadt, 1604 zu Hessen-Kassel, 1806 - 13 westfälisch, 1866 preußisch, 1945 zu Hessen.

Marchstraße Moorenbrunn
Nach dem Fluß March, einem Nebenfluß der Donau.

Marconistraße Großreuth bei Schweinau
Guglielmo Marconi (1874 - 1937), italienischer Physiker. Er schuf den ersten Funktelegraphen. Nobelpreis 1909.

Margaretenstraße Kleinreuth hinter der Veste
Nach einer Nürnberger Kirchenpatronin (Margaretenkapelle auf der Burg).

Marienbader Straße Zerzabelshof
Marienbad, Stadt in Westböhmen (CSSR).

Marienbergstraße Ziegelstein
Die Straße hat ihren Namen von der früheren Meierei Marienberg, die einst „Auf dem Moos“ hieß. Hier waren früher die 14 Tucherweiher (Fisch- und Eisweiher).

Marienburger Straße Neukatzwang
Marienburg, ostpreußische Kreisstadt an der Nogat.

Marienplatz Marienvorstadt
Im Jahre 1866 nach der bayerischen Königin Maria, Gemahlin Max II., benannt.

Marienstraße Marienvorstadt
1859 nach Königin Maria von Bayern benannt.

Marientor Altstadt
Wurde 1859 erbaut (1891 abgebrochen) und nach Königin Maria von Bayern benannt.

Marientorgraben Marienvorstadt
1859 nach Königin Maria von Bayern benannt; ehemaliger Wildgraben, wo man Hirsche hielt, um für einen hohen Besuch gleich das nötige Wildbret zur Stelle zu haben.

Marientormauer Altstadt
Hieß früher „Enderleinsgasse“, 1885 nach dem Marientor benannt.

Marientorzwinger Altstadt
Vgl. Marientormauer.

Marientunnel St. Peter
Nach der Marienstraße. Erbaut im Zuge der Bahnhofsregulierung.

Markgrafenstraße Gibitzenhof/Steinbühl
Nach den Markgrafen von Brandenburg, aus dem Hause Hohenzollern (Burggrafen).

Markomannenstraße Gleißhammer
Nach dem germanischen Stamm, der um Christi Geburt in

Böhmen siedelte. Im 6. Jahrhundert Abzug eines Teiles in die Ostalpen und deren Vorland (Nachkommen die Bajuwaren).

Marktäckerstraße Wetzendorf
Nach einem alten Flurnamen (Äcker, auf denen der Markt gebaut wurde, also Gemüse).

Markt Erlbacher Straße Sündersbühl/Gaismannshof
Markt Erlbach, Marktflecken im Landkreis Neustadt an der Aisch-Bad Windsheim.

Marktheidenfelder Straße Großgründlach
Marktheidenfeld am Main, Stadt in Unterfranken.

Marktstraße, Hintere und Vordere Schweinau
Die alte Ortsbezeichnung hängt sicher mit einem Markt (Verkaufsplatz) zusammen.

Marloffsteiner Straße Loher Moos
Marloffstein, Dorf bei Erlangen.

Marsweg Rangierbahnhof
Nach dem Planeten.

Marterlach, An der Werderau
Die Marterlach ist eine alte Bezeichnung für eine Waldabteilung aus früherer Zeit.

Marthastraße Mögeldorf
Nach dem weiblichen Vornamen.

Marthweg Katzwang/Weiherhaus
Nach einem Flurnamen.

Martin-Behaim-Straße Rennweg
Der Nürnberger Patrizier Martin Behaim (1459-1507) war

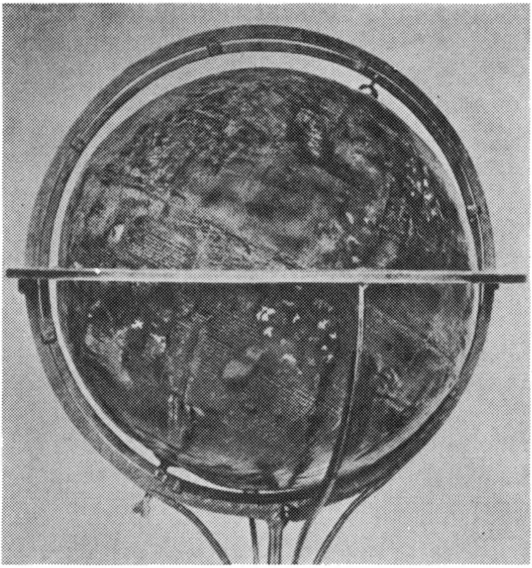

Martin Behaims Erdapfel

Seefahrer und Kosmograph. Ab 1481 war er in Lissabon und begleitete Diego Cao auf seinen Seefahrten nach der Westküste Afrikas. Er schuf um 1491 den ersten Erdglobus. Sein Denkmal steht am Theresienplatz (siehe Theresienplatz). In Erläuterungen zu seinem Globus schreibt Behaim: „Im Königreich Jambri (Java) haben die Leut, Mann und Frauen hinden Schwanz, gleich die Hund."

Martin-Richter-Straße Rennweg
Johann Martin Richter (1815 - 1883), Wohltäter des städtischen Waisenhauses.

Martinstraße Herrnhütte
Nach dem männlichen Vornamen.

Martin-Treu-Straße Altstadt

Martin Treu (1871-1952), SPD-Kommunalpolitiker, Oberbürgermeister von Nürnberg. Infolge Neuziehung der Baulinien aus „Dötschmannsplatz", „Prechtelgasse" sowie „Oberem" und „Unterem Judenhof" gebildet (1953).

Masurenstraße Ziegelstein

Nach der ostpreußischen Landschaft Masuren. Die Masuren waren ein slawischer Volksstamm.

Mathildenstraße Rennweg

Nach dem weiblichen Vornamen.

Matthäus-Herrmann-Platz Rangierbahnhof

Matthäus Herrmann (1879-1959), Gründer und langjähriger Vorstand der Eisenbahnerbaugenossenschaft Nürnberg und Umgebung.

Matthiasstraße Muggenhof

Nach dem Kaiser Matthias, der von 1612-1619 regierte.

Mauserweg Kornburg

Nach einem Flurnamen.

Mauthalle, An der Altstadt

Die Mauthalle wurde 1498-1502 von dem Stadtwerkmeister Hans Behaim d. Ä. als Kornhaus erbaut. 1572 kam das reichsstädtische Zoll-(Maut)amt hinein. 1808 wurde das Gebäude nach dem bayerischen Mautamt als „Mauthalle" bezeichnet.

Max-Brod-Straße Langwasser

Max Brod (1884-1968), Schriftsteller, Nachlaßverwalter und Biograph Franz Kafkas.

Maxbrücke Altstadt

1810 nach König Max I. von Bayern benannt.

Maxfeldstraße Gärten hinter der Veste
Nach dem Maxfeld benannt.

Maximilianstraße Seeleinsbühl
Nach König Max II. von Bayern 1898 benannt, hieß früher „Oberer und Unterer Grenzweg".

Max-Planck-Straße Gibitzenhof
Max Planck (1858-1947), Präsident der Kaiser-Wilhelm-Gesellschaft und bahnbrechender Physiker (Quantentheorie), 1918 Nobelpreis.

Maxplatz Altstadt
Wurde 1810 nach dem bayerischen König Maximilian I. benannt.

Maxtor Altstadt
Am heutigen Maxtor, das 1856 durch die Stadtmauer gebrochen wurde und nach Max II. von Bayern seinen Namen erhielt, stießen früher die vorletzte und letzte Stadtmauer am Frösch(Fraisch)turm zusammen.

Maxtorgraben Gärten hinter der Veste
Wurde nach dem Maxtor benannt.

Maxtormauer Altstadt
Wurde nach dem Maxtor benannt.

Max-von-Müller-Weg Großreuth hinter der Veste
Max von Müller (1887-1916), bayerischer Kampfflieger im 1. Weltkrieg.

Max-Wönner-Straße Langwasser
Max Wönner (1896-1960), Vorsitzender des Landesbezirks Bayern des DGB.

Maybachstraße Gibitzenhof
Wilhelm Maybach (1846 - 1929), Ingenieur und Industrieller in Cannstatt. Konstrukteur und Verbesserer der Kraftfahrzeuge, Luftschiffmotorenfabrik.

Megenbergweg Mögeldorf
Konrad von Megenberg (1309 - 1347), bedeutender Naturforscher des Mittelalters, stammte aus Mäbenberg bei Roth.

Mehringstraße Boxdorf
Franz Mehring (1846 - 1919), Politiker und Schriftsteller.

Meinetsbergerweg Großreuth bei Schweinau
Die Meinetsberger, ein alte Nürnberger Bleistiftmacherfamilie.

Meinradstraße Moorenbrunn
Nach dem hl. Meinrad (ca. 800 - 861), Schweizer Missionar.

Meisenbachstraße Großreuth hinter der Veste
Georg Meisenbach (1841 - 1912), Kupferstecher und Photochemiegraph, erfand das Netzätzverfahren (Autotypie).

Meisenstraße Gibitzenhof
Nach dem Singvogel.

Meißener Straße Schoppershof
Meißen, Stadt an der Elbe in Sachsen. 929 gegründet, 965 Sitz der Markgrafen von Meißen, 1710 Erfindung des Porzellans.

Meisterleinsplatz Wöhrd
Sigmund Meisterlein (Meisterlin), Augsburger und Nürnberger Geschichtsschreiber, lebte um 1475. Schrieb „Chronik der Stadt Nürnberg“, 1488.

Melanchthonplatz Steinbühl

Philipp Melanchthon d. i. Schwarzert (1497 - 1560), hervorragender Humanist, Reformator und Mitarbeiter Luthers, errichtete 1525 das Nürnberger Gymnasium bei St. Egidien. Sein Denkmal steht am Egidienplatz.

Melanchthonplatz Steinbühl

Vgl. Melanchthonplatz.

Meldorfer Weg Kleinreuth hinter der Veste

Nach der Kreisstadt Meldorf in Schleswig-Holstein.

Mellrichstädter Straße Großgründlach

Mellrichstadt, Stadt im Landkreis Bad Neustadt an der Saale, Unterfranken.

Memelstraße Neukatzwang

Memel, Hafenstadt in Litauen, 1252 gegründet, bis 1919 nördlichste deutsche Stadt.

Memminger Straße Gaulnhofen

Memmingen, Kreisstadt in Schwaben.

Mendelstraße Gostenhof

Marquard Mendel (gestorben 1385), bedeutender Nürnberger Handelsherr, stiftete 1380 das Kartäuserkloster und das Mendel'sche Zwölfbrüderhaus.

Mentergasse, Obere und Untere Steinbühl

Dort hatte früher eine Familie Menter Besitz.

Menzelhof Eberhardshof

Karl Adolph von Menzel (1815 - 1905), Berliner Maler und Illustrator.

Meraner Straße Lichtenhof
Meran, Stadt und Bad in Südtirol. Seit 1919 italienisch.

Merianstraße Schoppershof
Matthäus Merian (1593 - 1650), berühmter Kupferstecher.

Merkelsgasse Gärten bei Wöhrd
Die Nürnberger Kaufmannsfamilie Merkel besaß hier früher die Gärten.

Merkendorfer Straße Röthenbach bei Schweinau
Merkendorf, Städtchen im Landkreis Ansbach. Vollständig erhaltene Stadtmauer mit Türmen und Toren, gotische Pfarrkirche. Seit 1398 Stadt.

Merseburger Straße Schoppershof
Merseburg, Stadt in Sachsen-Anhalt an der Saale. Hier fand man die „Merseburger Zaubersprüche“ aus dem 9. Jahrhundert.

Merziger Straße Gartenstadt
Merzig, Stadt an der Saar, seit 1857 Stadt.

Mesmerstraße Wetzendorf
Dr. Franz Anton Mesmer (1734 - 1815), Theologe und Arzt in Meersburg am Bodensee, Begründer der Lehre vom tierischen (Heil)-Magnetismus, Mesmerismus.

Mespelbrunner Straße Großgründlach
Nach dem Ort Mespelbrunn/Spessart.

Messehaus, Am Schoppershof
Nach dem dort gelegenen ehemaligen Messehaus.

Metthingstraße Zerzabelshof
Freiherr von Metthing baute hier 1862 an Stelle einer alten Forstklause ein Schlößchen.

Mettlacher Straße Gartenstadt
Mettlach, Gemeinde im Saarland.

Meuschelstraße Gärten hinter der Veste
Hans Meuschel (eigentlich Neuschel), der 1533 in Nürnberg starb, verbesserte die Posaune, war Trompetenmacher und Stadtpfeifer. Meuschel stand in Verbindung mit Rom. Sein Mitbürger Paul Lautensack (Musiker) unternahm eine Italienreise, um die dortige Musik kennenzulernen. Er kehrte mit vielerlei Anregungen für Neuschel nach Nürnberg zurück.

Meyerbeerstraße Katzwang
Giacoma Meyerbeer, eigentlich Jakob Liebmann Meyer Beer (1791-1864), Opernkomponist („Die Afrikanerin").

Michaelstraße Thon und Kleinreuth hinter der Veste
Nach dem männlichen Vornamen.

Michelfelder Straße Laufamholz
Michelfeld, Gemeinde bei Neuhaus an der Pegnitz. Dort war ein Benediktinerkloster (reiche literarische Schätze).

Militscher Straße Langwasser
Militsch, schlesische Kreisstadt.

Miltenberger Straße Großgründlach
Miltenberg am Main, zwischen Spessart und Odenwald.

Mindelheimer Straße Gaulnhofen
Mindelheim, Stadt in Schwaben.

Minervaplatz Gartenstadt
Minerva, die römische Göttin der Kunst und des Handwerks. Tochter des Jupiter.

Minervastraße Gartenstadt
Vgl. Minervaplatz.

Mittagstraße Eibach
Benannt nach der Tageszeit.

Mittelmühlweg Großgründlach
Nach der Mittelmühle im Ortsteil Kleingründlach.

Mittelstraße Kleinreuth hinter der Veste
Die Straße liegt in der Mitte des 1899 eingemeindeten Dorfes Kleinreuth.

Mögeldorfer Hauptstraße Mögeldorf
Mögeldorf, schon 1025 urkundlich erwähnt. Kaiser Konrad II. übernachtete hier mit Gefolge. Um 800 wahrscheinlich durch Franken besiedelt, königshofartige Anlage in Meglindorf. Alte Nürnberger Herrensitze; heute noch existieren kleine Schlößchen und schöne alte Bauten.

Möhrendorfer Straße Sündersbühl
Der Ort Möhrendorf liegt im Landkreis Erlangen-Höchstadt, im Regnitztal.

Mörikestraße Erlenstegen
Eduard Mörike (1804-1875), Pfarrer und Lehrer, Dichter innerlicher Lyrik, Novellen. Zählt zu dem „Schwäbischen Dichterkreis".

Mörlgasse Gärten hinter der Veste
Nach der im 17. und 18. Jahrhundert lebenden Nürnberger Theologenfamilie Mörl.

Mohnstraße Großreuth hinter der Veste

Nach der Feldblume.

Mohrengasse Altstadt

Benannt nach einer altstädtischen Bezeichnung, abgeleitet vom früheren Wirtshaus „Beim Mohrenkopf". Der Mohrenkopf war früher ein beliebtes Hauszeichen, welches auf die Heiligen Drei Könige zurückgeht.

Moldaustraße Neukatzwang

Die Moldau, ein Nebenfluß der Elbe.

Moltkestraße Kleinweidenmühle

Hellmuth Graf von Moltke (1800-1891), preuß. General, Stratege und Generalstabschef der Armee.

Mommsenstraße Schoppershof

Theodor Mommsen (1817-1903), Historiker und Rechtsgelehrter, Professor in Zürich, Breslau und Berlin, liberaler Abgeordneter (Gegner Bismarcks). 1902 Nobelpreis für Literatur.

Mondscheingasse Gostenhof

Im Jahre 1632 gab es dort schon ein Gasthaus „Zum Mondschein".

Monheimer Straße Eibach

Monheim, Städtchen im bayerischen Schwaben. Um 900 Mauenheim, 1455 bereits Stadt mit Benediktinerkloster. Luther übernachtete hier auf dem Weg zum Reichstag von Augsburg.

Moorenbrunner Straße Moorenbrunn

Moorenbrunn, Ortsteil. 1973 eingemeindet.

Moosäckerstraße Neunhof
Nach einem Flurnamen.

Moosfeldweg Buch
Nach einem Flurnamen.

Mooshof, Am Ziegelstein
Der „Mooshof“, ein ehemaliger Bauernhof im Sebalder Forst.

Moosstraße Loher Moos
Nach dem „Mooshof“ an der Straße nach Marienberg.

Morgensternstraße Eibach
Christian Morgenstern (1871-1914), Schriftsteller.

Moritzbergstraße Laufamholz
Der Moritzberg, der erste größere Berg (599 m) im Pegnitztal.

Morsestraße Lichtenhof
Samuel Morse (1791-1872), amerikanischer Maler, erfand den Fernschreiber und das Morsealphabet.

Mostgasse Altstadt
Stammt aus der RSZ und hängt entweder mit einem Namen oder dem jungen Wein zusammen.

Motterstraße Eibach
Ein früherer Grundherr des Dorfes Eibach hieß „von Motter“.

Mozartstraße Erlenstegen
Wolfgang Amadeus Mozart (1756-1791), Komponist. Von ihm ist überliefert, daß er auf einer seiner Reisen in Nürnberg Station machte und feststellte: „Eine häßliche Stadt!“

Mühlbach, Am Großgründlach
Nach dem gleichnamigen Bach.

Mühlfeldstraße Eibach
Nach einem Flurnamen.

Mühlgasse Altstadt
Dort lieferte früher die Almosenmühle (das Gebäude ist noch erhalten) Mehl für das Almosenamt. Mit Wasser versorgt wurde die Almosenmühle vom künstlich durch die Stadt geleiteten Fischbach (siehe hierzu auch „Breite Gasse").

Mühlhofer Hauptstraße Mühlhof
Mühlhof, 1922 eingemeindet. Es ist bekannt ob seiner „Leonischen Werke", die mit Wasserkraft der Rednitz betrieben werden.

Mühlweg Schniegling
Er führt von den Dörfern des Knoblauchlandes zu den Mühlen an der Pegnitz.

Mülheimer Straße Eibach
Mülheim an der Ruhr, bedeutender Binnenhafen.

Müllnerstraße Gostenhof
Johann Müllner (1565-1634), bedeutender Nürnberger Rats- und Geschichtsschreiber.

Münchauracher Weg Höfen
Nach dem Pfarrdorf Münchaurach, Landkreis Erlangen-Höchstadt.

Münchberger Straße Ziegelstein
Münchberg, Stadt in Oberfranken am Fichtelgebirge, gehörte seit 1361 den Burggrafen.

Münchener Straße Gleißhammer
München, Bayerns Landeshauptstadt, 1158 durch Heinrich

den Löwen als Isarübergang angelegt und 1255 herzogliche Residenz.

Münsterberger Straße Langwasser
Münsterberg in Niederschlesien, Industriestadt aus dem 13. Jahrhundert.

Münzgasse Altstadt
Das Münzmeisteramt kam 1607 erst in die heutige Münzgasse. Das Münzrecht wurde bereits 1219 von Kaiser Friedrich an Nürnberg verliehen. Die Nürnberger Münze wurde häufig als Vergleichsmaß gebraucht. Im 14. Jahrhundert schlug man aus 1 Mark (= 218 g) Feinsilber genau 1088 Nürnberger Pfennige.

Münzplatz Altstadt
Vgl. Münzgasse.

Muggenhofer Straße Gostenhof/Muggenhof
Muggenhof, alte Siedlung an der linken Pegnitzseite, 1899 eingemeindet.

Muldenweg Gartenstadt
Eine alte Bezeichnung aus dem Lorenzer Wald.

Mummenhoffstraße Altstadt
Ernst Mummenhoff (1848 - 1931), Nürnberger Archivdirektor, Historiker und Ehrenbürger der Stadt. Bis 1953 „Wolfsgasse“.

Munkerstraße Steinbühl
Georg Munker (1819 - 1902), Professor der auf dem Gebiet der Elektrizität arbeitete.

Murrstraße Gostenhof

Christoph Gottlieb von Murr (1733-1811), Nürnberger Geschichtsforscher und Polyhistoriker.

Museumsbrücke Altstadt

Seit 1811 nach dem Gesellschaftshaus „Museum“ benannt. Früher Barfüßerbrücke nach dem nahen Franziskanerkloster.

Nabburger Straße Laufamholz

Nabburg, Stadt an der Naab, Oberpfalz.

Nachtigallstraße Weiherhaus

Nach dem Singvogel.

Nägeleinsplatz Altstadt

Benannt nach der Nägeleinsmühle (auch Bayernmühle genannt). „Nägelein“ ist ein regionaler Ausdruck für Nelke. In der Nägeleinsmühle wurden Gewürznelken gemahlen.

Namslauer Straße Langwasser

Namslau, Stadt in Schlesien.

Nansenstraße Sündersbühl

Fritjof Nansen (1861-1930), norwegischer Polarforscher, Zoologe, betreute 1918 die Heimkehr der Kriegsgefangenen aus Rußland, 1921-1923 Hochkommissar des Völkerbundes für Flüchtlingsfragen, 1922 Friedensnobelpreis.

Narzissenweg Eibach

Nach der Frühlingsblume.

Nasbacher Weg Katzwang

Nach dem Schwabacher Ortsteil Nasbach.

Naumburger Straße Schoppershof
Naumburg, Stadt an der Saale in Sachsen. Um 1000 schon Bischofssitz.

Nebelhornring Langwasser
Nach dem Berg Nebelhorn, 2236 Meter über NN.

Neckarstraße Gibitzenhof
Neckar, rechter Nebenfluß des Rheins.

Neidsteiner Straße Laufamholz
Nach der Gemeinde und Schloß Neidstein im Landkreis Amberg-Sulzbach.

Neißer Straße Langwasser
Neiße, Stadt in Schlesien, früher Festung an der Glatzer Neiße.

Nelkenstraße St. Leonhard
Nach der Nelke.

Neptunweg Rangierbahnhof
Nach dem Planeten Neptun.

Nerzstraße Lichtenhof
Fidelis Nerz (1856-1913), Direktor der Siemens-Schuckert-Werke.

Nesselwanger Straße Gaulnhofen
Nesselwang, Markt im Landkreis Ostallgäu.

Nestroystraße Fischbach
Johann Nepomuk Nestroy (1801-1862), österreichischer Komödiendichter und Schauspieler.

Nettelbeckstraße Schoppershof
Joachim Nettelbeck (1738 - 1829), preußischer Patriot. 1807 Bürgeradjutant in Kolber, das er zusammen mit Gneisenau und Schill erfolgreich gegen die Franzosen verteidigte.

Netzstaller Weg Brunn
Nach dem Ortsteil Netzstall, 1973 eingemeindet.

Neubleiche St. Peter
In der Nähe war die alte „Herrenbleiche".

Neuburger Straße Eibach
Neuburg an der Donau, Stadt im bayerischen Schwaben. Bis 800 Bischofssitz, seit 1247 bayerisch.

Neudörfersteg St. Peter
Vgl. Neudörferstraße.

Neudörferstraße St. Peter
Johann Georg Neudörfer (1497 - 1563), berühmter Nürnberger Schreib- und Rechenmeister. Als Schreibmeister (Modist) verfaßte er das erste deutschsprachige Schriftmusterbuch (1519) und legte damit die Basis für die bis ins 19. Jahrhundert in Deutschland vorherrschende Frakturschrift. Neudörfers Schreibkunst gefiel wohl auch Albrecht Dürer. Der Maler bat den Modisten nämlich, die Texte auf den Dürer'schen Apostelbildern zu schreiben.

Neue Gasse Altstadt
Der Name stammt aus der RSZ. Die Gasse wurde angelegt an Stelle der abgebrochenen ersten Mauer des Sebalder Stadtteils.

Neue Hegelstraße Großreuth hinter der Veste
Siehe Hegelstraße.

Neuendettelsauer Straße Röthenbach bei Schweinau
Neuendettelsau, Gemeinde im Landkreis Ansbach. 1846 gründete W. Löhe dort die evangelischen Missionsanstalten.

Neuhauser Straße Laufamholz
Markt Neuhaus an der Pegnitz, Landkreis Nürnberger Land.

Neulandstraße Langwasser
Nach der Siedlervereinigung „Neuland e. V." in Nürnberg, der Erbauerin der dort gelegenen Siedlung.

Neulichtenhof Lichtenhof
Ende des 19. Jahrhunderts wurde der Stadtteil Lichtenhof erweitert durch neue Siedlungen.

Neumarkter Straße Zerzabelshof
Neumarkt, Stadt in der Oberpfalz. Um 1000 gegründet, 1235 Stadt.

Neumeyerstraße Schafhof
Nach dem Geheimrat Dr.-Ing. h. c. Fritz Neumeyer (1875 - 1935).

Neumühle Gebersdorf
Ein alter Ortsteil hieß so.

Neumühlweg Gebersdorf
Benannt nach der Neumühle.

Neumünsterer Straße Schniegling
Neumünster, Stadt in Schleswig-Holstein (1163 Sitz des Holstendings, 1867 preußisch).

Neunhofer Hauptstraße Neunhof
Neunhof, Ortsteil, 1973 eingemeindet.

Neunhofer Schloßplatz Neunhof
Nach dem Neunhofer Schloß.

Neunhofer Schulweg Buch
Benannt nach einer ortsüblichen Bezeichnung.

Neunkirchener Straße Gartenstadt
Neunkirchen, Stadt im Saarland.

Neuroder Straße Langwasser
Neurode im Eulengebirge in Niederschlesien.

Neusalzer Straße Langwasser
Neusalz an der Oder in Niederschlesien.

Neuselsbrunn Langwasser
Nach dem dort fließenden Bächlein.

Neuseser Straße Katzwang
Neuses, bei Kleinschwarzenlohe.

Neusorgstraße Kleinreuth hinter der Veste
Nach dem Ortsteil, dort „Neusorge".

Neustädter Straße Höfen
Neustadt an der Aisch in Mittelfranken, seit 1318 Stadt.

Neutor Altstadt
Das Neue Tor (im Gegensatz zum älteren Tiergärtnertor) schon 1308 so benannt.

Neutorgraben St. Johannis
Das Neutor, bereits 1308 erwähnt, erhielt seinen Namen vom Gegensatz zum älteren Tiergärtnertor.

Neutormauer Altstadt
Nach dem Neutor.

Neutorstraße Altstadt
Hieß vor 1811 „Beim Neuen Tor".

Neutorzwinger Altstadt
Nach dem Neutor.

Neuweiherstraße Zerzabelshof
Eine alte Flurbezeichnung.

Neuwerksteg Eibach
Nach dem Ortsteil Neuwerk.

Nibelungenplatz Forsthof
Die Nibelungen, ein Geschlecht aus dem deutschen Sagengut.

Nibelungenstraße Forsthof
Siehe Nibelungenplatz.

Nicolaistraße Muggenhof
Otto Nicolai (1810-1849), Opernkomponist (Die lustigen Weiber von Windsor).

Niebüller Straße Thon
Niebüll, Stadt in Schleswig-Holstein.

Niederweg Doos
Nach seiner Lage im Tal.

Nietzschestraße Stadtpark
Friedrich Nietzsche (1844-1900), vollbrachte sein denkerisches Werk bis 1888 (Also sprach Zarathustra, Jenseits von Gut und Böse) und fiel dann in geistige Umnachtung.

Nimrodstraße Gibitzenhof
Nimrod, der gewaltige Jäger im Alten Testament.

Nobilestraße Neukatzwang
Umberto Nobile (1885-1926), italienischer Polarforscher.

Nördlinger Straße Eibach
Nördlingen, Stadt im Ries im bayerischen Schwaben. 898 kaiserliches Hofgut, 1215 Freie Reichsstadt, 1803 bayerisch.

Nötteleinweg Langwasser
Jörg Nöttelein (um 1525, gestorben 1567), Nürnberger Kartograph.

Nonnengartenstraße Altstadt
Dort war früher der Garten des Nonnenklosters St. Katharina. Nach der Schließung des Klosters 1525 und dem Tod der letzten Nonne wurde das Kloster weltlich verwaltet.

Nonnengasse Altstadt

Die Gasse erhielt ihren Namen von den „Frauen zu'n Seligenpforten“, die einen Hof dort hatten. „Seligenpforten“ ist heute noch ein Kloster bei Neumarkt/Opf.

Nopitschstraße Schweinau/Gibitzenhof

Christian Konrad Nopitsch (1758-1824), evangelischer Geistlicher und Nürnberger Lokalhistoriker.

Norastraße Schniegling

Nach dem weiblichen Vornamen.

Nordenberger Straße Röthenbach bei Schweinau

Ein Weiler, mit Burgruine, auf der Frankenhöhe (Hohe Leite) bei Rothenburg.

Nordheimer Weg Großgründlach

Nordheim, Weinort am Main.

Nordostbahnhof, Am Schoppershof

An der Bahn nach Eschenau-Gräfenberg im Nordosten der Stadt.

Nordring Thon/Großreuth hinter der Veste

Nach Lage und Verlauf im Norden der Stadt.

Nordwestring St. Johannis

Nach Lage und Verlauf im Nordwesten der Stadt.

Norikerstraße Gleißhammer

Die Noriker, ein germanischer Volksstamm, ursprünglich im heutigen Gebiet der Steiermark beheimatet, besiedelten in den ersten nachchristlichen Jahrhunderten den Raum südlich der Donau und östlich des Inns. Lange Zeit hielt man jene Noriker auch für die Vorfahren des „homo norimbergensis“, also des Nürnbergers schlechthin. Zu dieser Annahme führte allerdings lediglich die enge, klangliche Verwandtschaft der Begriffe „Noris“ (= Nürnberg) und „Noriker“.

Normannenstraße Lichtenhof
Nordgermanischer Stamm, (Nordmannen, Wikinger), Seefahrervolk, das in England und Frankreich einfällt und siedelt, ebenso wie in Rußland. 874 wird Island, 986 Grönland besiedelt, um 1000 Amerika von ihnen zum erstenmal entdeckt.

Nornenstraße Forsthof/Lichtenhof
Die 3 Schicksalsgöttinen der Germanen: Normir, - Urd, Verandi, Skuld.

Novalisstraße Erlenstegen
Friedrich von Hardenberg (1772-1801), genannt Novalis, einer der berühmtesten Dichter der Romantik.

Nürnberger Stadion Dutzendteich
Das ursprüngliche Nürnberger Stadion am Dutzendteich wurde von dem int. gerühmten Architekten und zeitweiligen Nürnberger Stadtbaumeister Otto Ernst Schweitzer als Paradebeispiel der modernen Architektur der 20er Jahre erbaut. Der „moderne Klassiker“ wurde 1988 im Zuge einer beträchtlichen Stadionerweiterung bzw. weitgehenden Überdachung stark verändert. Durch einen großen Architekturwettbewerb wurde 1987 die Stadion-Neubaulösung des Nürnberger Architekten Wörrlein gewählt.

Nützelstraße Gostenhof
Kaspar Nützel (1480-1529), ein um die Einführung der Reformation verdienter Nürnberger Ratsherr.

Nunnenbeckstraße Gärten bei Wöhrd
Leonhard Nunnenbeck (15./16. Jahrhundert), Weber und Nürnberger Meistersinger, Lehrmeister von Hans Sachs.

Caspar Nützel, II. Losunger

Nuschelbergweg Buchenbühl
Nuschelberg, Ort im Landkreis Nürnberger Land, mit dem sogenannten „Hallerschlößchen“.

Oberbürger Straße Laufamholz
Nach dem Schloß Oberbürg bei Laufamholz (Der Besitz der Freiherrn Lenkart von Weißdorf wurde von Bomben vollständig zerstört).

Oberer Weg Buch
Nach einer alten Bezeichnung.

Obermaierstraße Großreuth hinter der Veste
Max Josef Obermaier (1841 - 1894), einer der Begründer der Nürnberger Elektroindustrie.

Obermühlweg Großgründlach
Nach der am Mühlbach gelegenen Obermühle.

Obernzenner Straße Kleinreuth bei Schweinau
Obernzenn, Markt-Gemeinde im Landkreis Neustadt an der Aisch-Bad Windsheim.

Oberstdorfer Straße Gaulnhofen
Oberstdorf, Markt im Landkreis Ostallgäu.

Obstgasse Altstadt
Wurde 1811 nach dem Obstmarkt benannt.

Obstmarkt Altstadt
Der Obstmarkt war von Anfang an für den Obstverkauf gedacht. Auf dem südlichen Obstmarkt war ein Gänsemarkt eingerichtet, auf welchem auch der „Gänsemännleinsbrunnen" stand.

Ochsenfurter Straße Großgründlach
Ochsenfurt, Stadt am Main.

Oedenberger Straße Schoppershof/Weigelshof/Erlenstegen
Oedenberg, Ort im Landkreis Nürnberger Land.

Ölberg, Am Altstadt
Am Burgfelsen war eine Grotte mit der Ölbergszene. Die Figuren dazu sollen von Adam Kraft gehauen worden sein. 1820 wurden die stark verwitterten Figuren durch eine Ölberggruppe aus dem Kartäuserkloster ersetzt. Heute ist auch diese Figurengruppe verschwunden.

Ölsbacher Weg Laufamholz
Oberölsbach, Ort im Landkreis Neumarkt/Oberpfalz.

Oelser Straße Langwasser/Altenfurt
Oels, Stadt in Schlesien.

Oerstedstraße Großreuth bei Schweinau
Hans Christian Oersted (1777-1851), Däne, Entdecker des Elektromagnetismus.

Ötterichweg Großreuth hinter der Veste
Die Nürnberger Familie Ötterich besaß von 1636-1795 den früheren Schafhof.

Öttinger Straße Eibach
Öttingen im Ries, an der Wörnitz, zum bayerischen Schwaben gehörig. 917 schon genannt, um 1200 Stadt, die den Fürsten von Öttingen-Öttingen gehörte. 1806 bayerisch.

Offenbacher Straße Großgründlach
Offenbach, Stadt am Main.

Offenhauser Weg Laufamholz
Offenhausen, Dorf bei Hersbruck, Landkreis Nürnberger Land.

Ohlauer Straße Langwasser
Ohlau in Niederschlesien an der Oder. Seit 1291 Stadtrecht, 1742 preußisch.

Ohmstraße Steinbühl
Dr. Georg Simon Ohm (1789-1854), gebürtiger Erlanger, 1833 Direktor der Polytechnischen Schule in Nürnberg, dann Professor in München (Das Ohm'sche Gesetz).

Ohrwaschelweg Buchenbühl
Der Ohrwaschel ist ein kleiner Burgsandsteinberg zwischen Kalchreuth und Erlangen. Seinen Namen hat er von der Form der dortigen Steinbrüche erhalten.

Okenstraße Steinbühl

Lorenz Oken (1799-1851), Naturphilosoph und Naturforscher. Er schrieb ein System der Naturphilosophie.

Olafstraße Thon

Nach dem männliche Vornamen.

Oldenburger Straße Thon

Oldenburg, Hauptstadt des Verwaltungsbezirks Oldenburg.

Olgastraße Schweinau

Nach dem weiblichen Vornamen.

Olivenweg Gebersdorf

Nach der Frucht des Olivenbaumes.

Olof-Palme-Platz Schoppershof

Nach dem 1986 ermordeten schwedischen Ministerpräsidenten Olof Palme. Der mysteriöse Mord war bei Drucklegung dieses Buches, mehr als zwei Jahre nach der Tat, noch immer nicht aufgeklärt.

Oppelner Straße Langwasser

Oppeln, Stadt in Oberschlesien.

Orffstraße St. Leonhard

Karl von Orff, General und Truppenführer 1870/71.

Ornbauer Straße Röthenbach bei Schweinau

Ornbau, Dorf in Mittelfranken an der Altmühl.

Ortliebstraße Reichesldorf

Die Ortlieb, ein Nürnberger Patriziergeschlecht im 13./14. Jahrhundert.

Klag
vnd ant"
wort von
Lutherischen
vn̄ Bebstischenn
pfaffen vber die Refor
macio so neulich zu Reg"
enspurg der priester halben
außgange ist im Jar. M. D. xxiiij

Osiander
Klag und Antwort von Lutherischen und Bebstischen Pfaffen (Nürnberg 1524).

Osianderstraße Gostenhof
Andreas Osiander (1498-1552), von 1520-1548 Pfarrer zu St. Sebald, Förderer der Reformation.

Oskar-Ursinus-Weg Ziegelstein
Oskar Ursinus (1878-1919), Förderer des Segelflugzeugbaus.

Oskar-von-Miller-Straße Gleißhammer
Oskar von Miller (1855-1934), Münchener Elektroingenieur, baute das Walchenseekraftwerk, gründete das Deutsche Museum in München.

Ossiacher Straße Moorenbrunn
Ossiach, Gemeinde in Kärnten (Ossiacher See).

Ossietzkystraße Sündersbühl
Carl von Ossietzky (1889-1938), Schriftsteller, Sekretär der Deutschen Friedensgesellschaft. Erhielt 1936 den Friedensnobelpreis, dessen Annahme die nationalsozialistische Regierung verbot. Ermordet im KZ.

Ostbahnhof, Am St. Jobst
Nach dem dort liegenden Ostbahnhof.

Ostendstraße Gleißhammer/Mögeldorf
Nach der Lage am östlichen Ende des alten Stadtgebietes.

Osterhausenstraße Lichtenhof
Dr. Johann Karl Osterhausen (1765 - 1839), Arzt in Nürnberg, Gründer der Naturhistorischen Gesellschaft, Mitbegründer der Physikalisch-Medizinischen Sozietät der Universität Erlangen.

Osternoher Straße Laufamholz
Osternohe, Pfarrdorf im Landkreis Nürnberger Land.

Oswaldstraße Lichtenhof
Nach dem männlichen Vornamen.

Othmayerstraße Herrnhütte
Caspar Othmayer (1515 - 1553), Nürnberger Komponist der Renaissancezeit.

Otmarstraße Sündersbühl
Otmar. Patron der Burgkapelle, eine der ältesten Kirchen in Nürnberg.

Ottensooser Straße Laufamholz
Ottensoos, Dorf im Pegnitzgrund bei Lauf (alte Siedlung um 900).

Ottilienstraße Forsthof/Lichtenhof
Nach dem weiblichen Vornamen.

Otto-Bärnreuther-Straße Langwasser
Dr. h. c. Otto Bärnreuther (1908 - 1957), Oberbürgermeister der Stadt Nürnberg von 1952 - 1957.

Otto-Brenner-Brücke Gibitzenhof

Otto Brenner (1907-1972), seit 1952 erster Vorsitzender der Industriegewerkschaft Metall.

Otto-Geßler-Straße Großreuth hinter der Veste

Dr. Otto Geßler (1875-1955), Nürnberger Oberbürgermeister, Reichsminister und Präsident des Deutschen Roten Kreuzes. - Geßler, ein liberaler Politiker, kam 1944 ins KZ. Bis dahin hatte er in den schweren Kriegsjahren dafür gesorgt, daß die Not der Nürnberger Bevölkerung zumindest etwas gelindert wurde. Die „Volksspeiseanstalt" war Geßlers Werk gewesen.

Otto-Hahn-Straße Reichelsdorfer Keller

Otto Hahn (1879-1968), Chemiker und Atomforscher. 1944 Nobelpreis für Chemie, 1949 Max-Planck-Medaille.

Otto-Lilienthal-Straße Ziegelstein

Otto Lilienthal (1848-1896), erster Gleitflieger der Welt.

Ottostraße Altstadt

Zu Ehren des griechischen Königs Otto I. (Sohn des bayerischen Königs Ludwig I.). Hieß früher Lotter-, auch Lodengasse nach den Lodenmachern.

Otto-Wels-Straße Boxdorf

Otto Wels (1873-1939), sozialdemokratischer Politiker.

Ottweiler Straße Gartenstadt

Ottweiler im Saarland. Als Burg schon 1223 erwähnt.

Pachelbelstraße Gartenstadt

Johann Pachelbel (1653-1706), berühmter Nürnberger Komponist, Vorläufer Bachs. Er war Organist an der Sebalduskirche (seit 1695). Die Familie stammte aus dem Sudetenland. Der Name Pachelbel bedeutet „Albrecht am Bache“. Im Pachelbelhaus in Eger ist Wallenstein ermordet worden.

Pahreser Straße Großreuth bei Schweinau
Der Ort Pahres liegt im Landkreis Neustadt an der Aisch-Bad Windsheim.

Paint, Auf der Herpersdorf
Nach einem Flurnamen (Paint = umzäunte Wiese).

Paintweg Kornburg
Nach einem Flurnamen.

Mathias Prechtl
Das unverdiente Ende des Buchhändlers Johann Phillip Palm vor einem Peleton ABC-Schützen zu Braunau am Inn.

Palmplatz St. Johannis

J. Ph. Palm (1766 - 1806) war Nürnberger Buchhändler (Wohnhaus Winklerstraße 29). Da er die Schrift „Deutschland in seiner größten Erniedrigung“ verlegte und den Verfasser nicht nannte, wurde er von Napoleon in Braunau am Inn zum Tode verurteilt und erschossen.
Schreiben Napoleons an Marschall Berthier vom 5. August 1806: „Ich denke, Sie haben die Augsburger und Nürnberger Buchhändler verhaften lassen. Mein Wille ist, daß sie vor eine Militärkommission gestellt, und innerhalb 24 Stunden erschossen werden.“

Paniersplatz Altstadt

Ortsbezeichnung aus der RSZ. Es ist nicht eindeutig zu klären, woher der Name kommt.

Panzerstraße Gibitzenhof

G. W. Panzer (1729 - 1829), Nürnberger Arzt und Naturwissenschaftler. Er förderte die Pockenschutzimpfung.

Pappelweg Werderau

Nach dem Pappelbaum.

Pappenheimer Straße Eibach

Die Stadt Pappenheim im Altmühltal, Landkreis Weißenburg-Gunzenhausen, ist Luftkurort. Schloß der Grafen von Pappenheim, früher von Kalden (Heinr. Graf von Pappenheim war kaiserlicher Feldherr im Dreißigjährigen Krieg - Pappenheim). Ofen- und Möbelfabrikanten.

Paracelsusstraße Großreuth bei Schweinau

Philippus Theophrastus Aureolus Paracelsus, Bombast von Hohenheim (1493 - 1541), war Arzt, Naturforscher und Theosoph. Er ist der Begründer der neueren Heilmittellehre. Der aus Schwaben Stammende durchreiste die Welt und war schließlich in Straßburg, Basel und Salzburg tätig.

Paradiesstraße Steinbühl

Benannt nach der früheren Wirtschaft „Zum Paradiesgarten".

Parkstraße Gärten hinter der Veste

Benannt nach dem naheliegenden Stadtpark.

Parlerstraße Wetzendorf

Die Parler waren eine berühmte, auch in Nürnberg tätige Kirchenbaumeisterfamilie des 14. Jahrhunderts. (Veitsdom in Prag, Ostchor von St. Sebald, Entwurf zum Schönen Brunnen, Freiburger Münster u. a.).

Parsberger Straße Zerzabelshof

Parsberg in der Oberpfalz, an der Hauptstraße Nürnberg-Regensburg.

Parsifalstraße Forsthof

Zentrale Figur der Gralssage. — Parsifal wurde von Richard Wagner auch zum Helden seines gleichnamigen Musikdramas stilisiert.

Passauer Straße Zerzabelshof

Passau in Niederbayern an der Donau, am Zusammenfluß von Inn und Ils. Berühmte Orgel im Passauer Dom. Ober- und Unterhaus. Porzellan-, Leder-, Tabakindustrie.

Pastoriusstraße Zerzabelshof

Franz Daniel Pastorius (1651 - 1720), in Sommerhausen am Main geboren, siedelte nach Amerika, wurde ein Freund des Quäkers William Penn und gründete die erste deutsche Siedlung Germantown 1683; er war Verfechter der Sklavenbefreiung in USA.

Paulistraße Rangierbahnhof

Friedrich August von Pauli (1802 - 1883) war der eigentliche

Schöpfer der bayerischen Staatsbahnen. Er war Professor an der TH München (Großhesseloher Brücke).

Paul-Löbe-Straße Boxdorf
Paul Löbe (1875 - 1967), Politiker, von 1920 - 1932 (außer 1924) Reichtagspräsident.

Paul-Schilder-Weg Weiherhaus
Nach dem Psychiater Paul Schilder (1886 - 1940).

Paulstraße Lichtenhof
Nach dem männlichen Vornamen.

Paulusstein, Am Buchenbühl
Nach einem alten Flurnamen im Sebalder Wald.

Paumannstraße Gartenstadt
Konrad Paumann (1409 - 1473) war Orgelspieler und Komponist in Nürnberg. Er schrieb das pädagogische Orgelwerk „Fundamentum organisandi". Für ihn, der völlig blind war, wurde unter G. K. Wecker die Sebaldusorgel erbaut, die danach viele bedeutende Meister wie Sebald Heyden, Paul Lautensack jun., Kaspar Haßler, Valentin Dretzel u. v. a. sah.

Paumgartner Straße Gostenhof
Hieronymus Paumgartner (1498 - 1565) war Nürnberger Ratsherr der sich Verdienste um die Einführung der Reformation und die Bibliothek der Stadt erwarb.

Pausalastraße Großreuth h. d. Veste
Nach Paul Rieß (1880 - 1938), der Amtmann im Statistischen Amt der Stadt und Mundartdichter war. Spitzname: Pausala.

Pechsteinstraße Worzeldorf
Hermann Max Pechstein (1881 - 1955), Maler und Graphiker.

Pegnitzweg Laufamholz

Er führt zur Pegnitz.

Pellergasse Fischbach

Benannt nach dem Nürnberger Patriziergeschlecht Peller von Schoppershof. Pellerhaus, eines der schönsten Renaissancehäuser in Deutschland; irreparabel zerstört während des Bombardements auf Nürnberg.

Pellwormer Straße Almoshof

Pellworm, nordfriesische Insel zwischen Amrum und Nordstrand.

Penzendorfer Straße Katzwang

Benannt nach dem Schwabacher Ortsteil Penzendorf.

Penzstraße St. Johannis

Georg Penz (um 1500 - 1550) war Nürnberger Maler, ein Schüler Albrecht Dürers.

Pernauweg Mögeldorf

Adam von Pernau (1660 - 1731), Ornithologe.

Pestalozzistraße Gostenhof

Johann Heinrich Pestalozzi (1746 - 1827), der große Schweizer Jugenderzieher, beeinflußt von Rousseau und Herder (Selbsttätigkeit, Einzelwesen und doch Gemeinschaft. – „Wie Gertrud ihre Kinder lehrt").

Peter-Henlein-Straße Steinbühl/Galgenhof

Peter Henlein (1480 - 1542) soll um 1500 die ersten Taschenuhren gefertigt haben (Nürnberger Eier).

Petersauracher Straße Röthenbach b. Schweinau

Gemeinde Petersaurach im Landkreis Ansbach.

Peter Henlein
„Nürnberger Ei"

Peterstraße St. Peter
St. Peter war der Schutzpatron des im 14. Jahrhunderts erbauten Peterskirchleins.

Peter-Ulsch-Straße Großreuth hinter der Veste
Peter Ulsch (1863 - 1940) war Nürnberger Lehrer an den Volksschulen, Volkskundler und Schriftsteller.

Peter-Vischer-Straße Altstadt
Peter Vischer (um 1455 - 1529), aus berühmter Nürnberger Bildhauer- und Erzgießerfamilie (Sebaldusgrab).

Pettenkoferstraße Werderau
Professor Max von Pettenkofer (1818 - 1901), Professor in München, war Hygieniker. (Wohnungs- und Bodenhygiene — Grundwassertheorie).

Petzoltstraße Gostenhof
Hans Petzold (1551 - 1633) war der letzte große Meister der Nürnberger Goldschmiede im Mittelalter. Er lieferte allein 64 Goldpokale, z. T. in gotischen Formen.

Peter Vischer,
dargestellt von Mathias Prechtl.

Peuntgasse Altstadt

Eine Peunt ist eine eingezäunte oder eingeheckte Wiese. Die Peunt wurde 1319 eingerichtet und diente als Lagerplatz für städtische Baumaterialien. 1829 wurde auf dem Gelände der Peunt die Polytechnische Schule eröffnet. Heute befindet sich dort der städtische Bauhof.

Peyerstraße Gostenhof

Isaak Peyer (gest. 1761) war Nürnberger Rechtskonsulent. Er machte eine Reihe von Stiftungen, besonders in Altdorf.

Pfälzer Straße Steinbühl

Benannt nach dem ehemaligen bayerischen Kreis Pfalz (Rheinpfalz).

Pfälzer-Wald-Straße Gartenstadt

Benannt nach dem Pfälzer Wald in der Rheinpfalz.

Die Peunt

Pfaffenstein Brunn
Nach einer alten Flurbezeichnung.

Pfandäckerstraße Schniegling
Ein alter Flurname (vielleicht Name eines Besitzers oder verpfändete Äcker?).

Pfannenschmiedsgasse Altstadt
Die Pfannenschmiede betrieben ein „gesperrtes" Handwerk. D. h.: Wer 20 Jahre dieses Handwerk ausgeübt hatte, der galt als Meister. 1431 wurden die Pfannenschmiede vom Kaiser Sigismund privilegiert, überall Handel zu treiben. Mit dem Dreißigjährigen Krieg starb das Handwerk in dieser Form aus. Durch die Pfannenschmiedsgasse verlief einst auch der künstlich durch die Nürnberger Altstadt geleitete Fischbach. Am

Ende der Pfannenschmiedsgasse, gegen Norden hin, wandte sich der Fischbach dann in einem scharfen Linksbogen nach Westen, d. h. in Richtung Weißer Turm.

Pfarrbaum, Am Großgründlach
Nach einem Flurnamen.

Pfarrer-Glück-Straße Großgründlach
Nach Richard Glück, dem ehemaligen Pfarrer der ev.-luth. Kirchengemeinde Großgründlach.

Pfarrgasse Altstadt
Nach dem naheliegenden Pfarrhof von St. Lorenz.

Pfeifergasse Altstadt
Aus der RSZ, wahrscheinlich nach einer dort wohnenden Familie Pfeifer benannt.

Pferdemarkt, Am Gostenhof
Dort wurden früher die Pferdemärkte abgehalten.

Pfinzingstraße Gostenhof
Melchior Pfinzing (1481-1535), Probst zu St. Sebald, verfaßte den „Theuerdank“, ein Loblied auf Kaiser Maximilian I.

Pflugstraße Lichtenhof
Benannt nach dem Ackerpflug (Sicher wegen der nahen Landwirtschaftsschule, die sich früher hier befand).

Pfrontener Straße Gaulnhofen
Pfronten, bay. Stadt in Schwaben, Kurort und Wintersportplatz im Allgäu.

Pfründnerstraße Gleißhammer
Der „Pründner“, ein Berufsname, war der Verwalter der Pfründe = kirchliche Präbande.

Philip-Kittler-Straße Zerzabelshof

Nach Philip Kittler (1861 - 1944), Prof. der Bildenden Künste. Der Bildhauer Kittler stammte aus Schwabach. 1912 gestaltete er u. a. den „Minnesänger-Brunnen“ an der Oberen Turnstraße. Ebenfalls von der Hand Kittlers wurden die großen Bronzefiguren (Mann mit Löwe und Frau mit Löwe) am Eingang des Nürnberger Tiergartens geschaffen. Kittler, der 1918 den Titel eines „Königlichen Professors“ erhielt, tat sich in Nürnberg auch durch seine architekturgebundenen Plastiken hervor. Zu nennen wären hier die Dreiergruppe am Ostgiebel des Opernhauses, etliche Figuren am Justizpalast in der Fürther Straße, sowie der „Arbeiterjüngling“ an einem Haus in der Denisstraße, das zu einer Gruppe von Bauten im Rahmen des sozialen Wohnungsbaus (1924/25) gehörte.

Als Kittlers bedeutendstes Werk in der Zeit zwischen den beiden Weltkriegen gilt „Die trauernde Noris“, ein Denkmal, das den Gefallenen des 1. Weltkrieges geweiht war. Es stand ursprünglich am Rathenauplatz und wurde später auf den Westfriedhof verpflanzt.

Philippstraße Höfen

Nach dem männlichen Vornamen.

Piccolministraße Mühlheim/Holzheim

Ottavio Fürst Piccolomini (1599 - 1656) war Feldmarschall Wallensteins.

Pilgramstraße Reichelsdorf

Benannt nach einem Nürnberger Patriziergeschlecht, das in der zweiten Hälfte des 15. Jahrhunderts ausgestorben ist.

Pillenreuther Straße Steinbühl

Bei dem Kloster Pillenreuth siegten die Nürnberger 1450 über ihren schlimmen Gegner, den Markgrafen Albrecht Achilles von Ansbach.

Pilotystraße Gärten hinter der Veste

Karl von Piloty (1826 - 1886), Maler und Direktor der Münchener Kunstakademie. Er war vor allem Historiemaler (Seni an der Leiche Wallenstein – Thusnelda im Triumphzug des Germanikus).

Pirckheimerstraße Gärten hinter der Veste

Willibald Pirckheimer (1470 - 1530), Ratsschreiber und Humanist in Nürnberg. Er war ein Freund Dürers, der ihn malte. Seine Grabstätte mit dem prunkvollen Epitaph auf dem St. Johannis-Friedhof.

Willibald Pirckheimer

Pirmasenser Straße Gartenstadt

Nach der Pfälzer Schuhstadt.

Pirolweg Mögeldorf

Nach dem Vogelnamen.

Plärrer, Am Gostenhof

Der Platz wurde schon 1481 so genannt. Mhd. „plerre“ = bloße Stelle, freier Platz.

Planetenring Rangierbahnhof

Nach den Wandelsternen (Himmelskörper).

Platenstraße Gibitzenhof

August Graf von Platen-Hallermünde (1796 - 1835, begraben in Syrakus), der Ansbacher formvollendete Dichter von Oden, Sonetten, Hymnen (Das Grab im Busento).

Platnersberg Erlenstegen

1852 wurde der umgebaute Thumenberg auf Antrag des Großkaufmanns Gg. Z. Platner (1779 - 1862) nach diesem umbenannt. Platner war Förderer der Ludwigsbahn.

Platnersgasse Altstadt

Die Platner waren eines der wohlhabendsten Handwerke der Stadt. Ihre Ringpanzer wurden bis nach Spanien gehandelt. Mit dem Aufkommen besserer Schußwaffen starb das Handwerk schon im 16. Jahrhundert aus. Waffenrüstungen eines Nürnberger Bürgers um 1480; 5 Eisenhüte, 3 Krebs (Panzer), 1 Brustlein, 1 Barett, 1 Paar Handschuhe, 2 Paar Armzeug, 1 Paar Meuser, 1 Leier, 1 Köcher, 1 Hellebarde, 7 Sättel, 3 Panzer, 2 Kolier, 1 Paar Ringhandschuhe.

Plattenäckerweg Herpersdorf

Nach einem Flurnamen.

Platz der Opfer des Faschismus Lichtenhof

Der frühere Wochenplatz wurde 1946 so umbenannt.

Plauener Straße Schoppershof

Plauen im Vogtland an der Weißen Elster, berühmt durch

Nürnberger Prachtrüstung

seine Feintextilindustrie. 1122 schon erwähnt, gehörte 1224 dem Deutschen Orden.

Plecher Straße Laufamholz
Das Dorf Plech in der Herbrucker Schweiz ist Ausflugsort, an der Autobahn Nürnberg - Bayreuth.

Pleinfelder Straße Eibach
Das Städtchen Pleinfeld, Landkreis Weißenburg-Gunzenhausen. Das Land um Pleinfeld ist landwirtschaftlich genutztes Gebiet. (Hopfen und Viehzucht).

Pleydenwurffstraße Kleinreuth hinter der Veste
Hans Pleydenwurff (gest. 1472) war vor Wohlgemut der bedeutendste Nürnberger Maler (Kreuzabnahme); sein Sohn Wilhelm (gest. 1494) arbeitete bei Wohlgemut. H. Pleydenwurff stammte aus einer Bamberger Malerfamilie; 1447 in Nürnberg eingebürgert, gestorben 1472, führte die Nürnber-

ger Malerei aus der provinziellen Sackgasse heraus. Er betrieb konsequent die Hinwendung zur „modernen“ niederländischen Malerei.

Plobenhofstraße Altstadt
Erinnert an die „ehrbare“ Familie von Ploben (Plauen), denen der Plobenhof, ein schloßähnliches Gebäude am Hauptmarkt gehörte, das 1945 total zerstört wurde.

Pommelsbrunner Straße Laufamholz
Pommelsbrunn, ein idyllischer Ort im Pegnitztal, Landkreis Nürnberger Land.

Pommernstraße Röthenbach bei Schweinau
Benannt nach der Provinz Pommern an der Ostsee. Hauptstadt Stettin.

Poppelstraße St. Johannis
Friedrich Poppel (1807 - 1882) war ein bedeutender Nürnberger Stahlstecher.

Poppenreuther Straße St. Johannis
Poppenreuth, ein Ortsteil von Fürth, ist eine der ältesten Rodungssiedlungen im Knoblauchsland, Klostersiedlung mit Kirche, die Mutterkirche von St. Sebald war. Vermutlich unter dem Schutz des alten Königshofes Fürth entstanden um 800.

Portweg Großreuth bei Schweinau
Die Port waren ein altes Nürnberger Bleistiftmachergeschlecht.

Pottensteiner Straße Loher Moos
Pottenstein, Stadt und Fremdenverkehrsort in der Fränkischen Schweiz, im Püttlachtal, mit Schloß und der „Teufelshöhle“ (große Tropfsteinhöhle mit Funden von Höhlenbären).

Pranckhstraße Sündersbühl

Freiherr Sigmund von Pranckh (1821 - 1888) war bay. Kriegsminister (Förderer der Reichseinheit 1870/71).

Praterstraße Kleinweidenmühle

Dort war einmal eine Anlage nach dem Vorbild des Wiener Praters.

Praunstraße Schoppershof

Die Familie von Praun ist ein noch blühendes Nürnberger Patriziergeschlecht. Vermutlich aus Zürich stammend kaufte das Geschlecht der Praun 1537 das Dorf Almoshof.

Prechtelsgasse Gostenhof

Nach einem Nürnberger Bürger Konrad Prechtel (1496).

Preißlerstraße Gostenhof

Die Preißler waren eine bedeutende Nürnberger Malerfamilie im 17./18. Jahrhundert.

Joh. Daniel Preißler
Selbstbildnis mit Familie

Preßburger Straße Eibach (Hafengebiet)
Preßburg an der Donau, Hauptstadt der Slowakei, wichtigster Donauhafen der CSSR. Gotischer Dom, Universität. Metall-, Textilindustrie. 1536 - 1791 ungar. Krönungsstadt.

Pretzfelder Straße Thon
Pretzfeld im Wiesenttal, Landkreis Forchheim, Kirche (Plan von Küchel), Schloß auf mittelalterlichen Grundmauern.

Preysingstraße Altenfurt
Konrad Graf von Preysing (1880-1950), Initiator der Kath. Pfarrkirche im Ortsteil Altenfurt.

Prezengraben Fischbach
Nach dem in den Fischbach einmündenden Prezengraben.

Prießnitzstraße Wetzendorf
Vinzenz Prießnitz (1799 - 1851), der schlesische Bauer, begründete das Naturheilverfahren (Kaltwasserkuren, Prießnitzumschläge) wieder in Gräfenberg in Schlesien.

Primelweg Werderau
Nach der Frühlingsblume (Schlüsselblume).

Prinzregentenufer Wöhrd
Erhielt seinen Namen nach dem Prinzregenten Luitpold von Bayern (1886 - 1912). Standbild Bismarcks.

Promenadenweg Reichelsdorfer Keller
Benannt nach der überwiegenden Benützung dieses Weges zu Spaziergängen.

Propsteistraße Worzeldorf
Die ehemalige Propstei Pillenreuth bestand seit 1378.

Prutzstraße Mögeldorf
Robert Prutz (1816 - 1872) war Schriftsteller, er schrieb politische Gedichte, war Journalist.

Püttlachweg Gebersdorf
Nach einem Fluß in der Fränkischen Schweiz.

Pulversee, Am Tullnau
Der kleine See im Pegnitzgrund erhielt seinen Namen nach dem nahen Pulvermagazin und den Pulvermühlen.

Puschendorfer Straße Höfen
Puschendorf ist ein kleiner Ort im Landkreis Fürth bei Siegelsdorf.

Puscherstraße Schafhof
Wilhelm Ritter von Puscher (1818 - 1900) war Mitglied des Magistrats sowie des Landrats von Mittelfranken, 1. Vorsitzender des Liberalen Vereins.

Puschkinstraße Fischbach
Alexander Puschkin (1799 - 1837), russischer Schriftsteller.

Pyraser Straßer Reichelsdorf
Pyras, ein Dorf, liegt im Landkreis Roth.

Pyrbaumer Straße Reichelsdorfer Keller
Pyrbaum ist ein Dorf im Landkreis Neumarkt/Opf.

Quellweg Großgründlach
Nach einem Flurnamen.

Querstraße Gärten bei Wöhrd
Benannt nach ihrer Lage zum Ortsteil Wöhrd.

Raabstraße Muggenhof
Johann Leonhard Raab (1825 - 1899) war Kupferstecher und Ehrenmitglied der Akademie der Bildenden Künste in München.

Rabensteinweg Buchenbühl
Der Rabenstein ist ein Berg mit einer Ruine und schönen Felsen in der Fränkischen Schweiz.

Radbrunnengasse Altstadt
Dort stand in der RSZ ein Radbrunnen und ein Wirtshaus „Zum Radbrunnen“.

Radmeisterstraße ´ Herpersdorf/Weiherstraße
Benannt im Hinblick auf die vom Radsportclub Herpersdorf errungenen Meisterschaften.

Radrunde, An der Worzeldorf/Herpersdorf
Nach den u. a. auf diesem Straßenstück stattfindenden Rundstreckenrennen für Radrennfahrer.

Radstädter Straße Moorenbrunn
Benannt nach der österreichischen Stadt Radstadt. 1289 gegründet, guterhaltene Stadtmauer.

Rahm Wöhrd
Aus der RSZ. Wahrscheinlich stellten dort die Tuchmacher in Wöhrd ihre Rahmen auf.

Rahmzwinger Wöhrd
Vgl. Rahm.

Raiffeisenstraße Wetzendorf
Friedrich Wilhelm Raiffeisen (1818 - 1888) gründete die Deutschen Darlehenskassen (Raiffeisenvereine) zur Behebung der wirtschaftlichen Nöte der Landwirtschaft.

Raindorfer Weg Geberdorf

Raindorf liegt im Landkreis Fürth.

Rampen, An den Steinbühl

Dort waren die Laderampen des Güterbahnhofes Nürnberg, hauptsächlich für Vieh.

Ramsberger Straße Röthenbach b. Schweinau

Gemeinde Ramsberg im Landkreis Weißenburg-Gunzenhausen.

Rangaustraße Großreuth bei Schweinau

Benannt nach der frühmittelalterlichen Gaubezeichnung des westlich der Rednitz gelegenen Gebietes.

Rangierbahnhof Rangierbahnhof

Dieser Rangierbahnhof wurde 1898 in Betrieb genommen.

Rankestraße Forsthof

Leopold von Ranke (1795 - 1886) war berühmter Geschichtsschreiber. Er begründete die quellenkritische deutsche Geschichtsschreibung.

Rannastraße Laufamholz

Benannt nach dem Ort Ranna im Landkreis Amberg-Sulzbach. Ranna ist überdies der „Quellort“ für die regionale Nürnberger Trinkwasserversorgung.

Rathausgäßchen Altstadt

Dort stand das älteste Nürnberger Rathaus.

Rathausgasse Altstadt

Hieß bis 1811 „Hinter dem Rathaus“.

Rathausplatz Altstadt

Hieß bis 1811 „Beim Rathaus“. 1332 zog man vom Tuchhaus

(siehe Tuchgasse) um in ein neues Rathaus, dessen gotischer Treppengiebel an der Ostseite des 1622 erbauten Wolff'schen Rathauses noch zu sehen ist. Eigentlich im Geviert geplant konnte dieser Bau wegen der schlechten Finanzlage im Dreißigjährigen Krieg nicht planmäßig ausgeführt werden.

Rathenauplatz (früher Hindenburgplatz) Gärten bei Wöhrd
Dr. Walther Rathenau (1867 - 1922) war deutscher Staatsmann und Wirtschaftspolitiker, Leiter der AEG.

Rathsbergstraße Ziegelstein
Nach dem Rathsberg bei Erlangen.

Ratiborstraße Langwasser
Nach der oberschlesischen Stadt Ratibor an der Oder, mit Flughafen und Maschinenindustrie. Kohlenbergbau. Piastenschloß.

Ratzeburger Straße Schniegling
Ratzeburg, Kreisstadt in Schleswig-Holstein, spätrömischer Dom. Verwaltungssitz des Landkreises Herzogtum Lauenburg.

Raudtener Straße Langwasser
Nach einer Stadt in Oberschlesien.

Rauhäckerstraße Leyh
Nach einem Flurnamen.

Raupenschlag Gartenstadt
Nach den Raupen, den Schädlingen der Gärten.

Rauschbergweg Langwasser
Nach dem Rauschberg in den Chiemgauer Alpen, 1672 m über NN.

Rebhuhnweg Mögeldorf
Nach dem Vogelnamen.

Rechenbergallee Schoppershof
Der Rechenberg hat seinen Namen von dem Nürnberger Bürger Sebald Rech, der 1524 dort ein Schlößchen erbaute. (Fr. Kühlberg, Schüllersberg, Winzelbürg).

Rechenberganlage Schoppershof
Vgl. Rechenbergallee.

Rednitzhang, Am Eibach
Liegt am Abhang zur Rednitz.

Rednitzstraße Röthenbach bei Schweinau
Nach dem Fluß.

Rednitztal, Zum Reichelsdorf
Führt zum Tal der Rednitz.

Redtenbacherstraße Sündersbühl
Ferdinand Redtenbacher (1809 - 1863) war Ingenieur und der wissenschaftliche Begründer des Maschinenbaues. In Steyr geboren, gestorben in Karlsruhe.

Redweiherstraße Weiherhaus
Nach den ehemaligen Redeweihern im Bereich von Weiherhaus.

Regelsbacher Straße Höfen
Regelsbach ist ein Dorf im Landkreis Roth.

Regenbogenstraße Gartenstadt
Barthel Regenbogen (Ende des 13. Jahrhunderts) war Mainzer Meistersinger. Hans Sachs dichtete viel nach dessen „Ton“.

Regensburger Straße St. Peter/Gleißhammer/Fischbach
Regensburg, das alte „Castra Regina“ der Römerzeit, an der Donau, Hauptstadt der Oberpfalz, Reichsstadt bis 1810, Bischofssitz, hat gotischen Dom, alte Brücke. Großer Donauhafen. In der Nähe die Walhalla.

Regenstraße Eibach (Hafengebiet)
Benannt nach dem linken Nebenfluß der Donau.

Regerstraße Muggenhof
Max Reger (1873 - 1916), bedeutender Komponist, aus Brand in der Oberpfalz gebürtig. (Orgel-, Klavier- und Orchestermusik).

Regiomontanusweg
Regiomontanus (lat. „Königsberger“), Johannes Müller

(1436, in Unfinden bei Königsberg, Unterfranken - 1476, Rom), war Mathematiker und Astronom; lebte in Wien, Nürnberg, Rom. War Gründer der ersten deutschen Sternwarte in Nürnberg.

Rehdorfer Straße Gaismannshof
Das Dörfchen Rehdorf liegt im Landkreis Fürth bei Roßtal.

Rehhof Mögeldorf
Ist ein alter Ortsteil der Gemeinde.

Reichelsdorfer Hauptstraße Reichelsdorf
Das große Dorf mit Industrie wurde 1922 eingemeindet. Der Reichelsdorfer Keller ist eine Radrennbahn. Entstanden ist der Ort aus einer Forsthube, die den Waldstromern aus Nürnberg gehörte. Auch der in der „Sigena"-Urkunde vorkommende Edle Richhold hatte seinen Sitz in Reichelsdorf.

Reichenbachstraße Werderau
Georg von Reichenbach (1771 - 1826), Erbauer der Soleleitung von Berchtesgaden nach Reichenhall.

Reichenberger Straße Zerzabelshof
Reichenberg, die nordböhmische Stadt an der Görlitzer Neiße, hat Schloß mit berühmter Kapelle, Textilindustrie. Im 14. Jahrhundert Stadt.

Reichenecker Straße Laufamholz
Die Burg Reicheneck lag zwischen Kainsbach- und Förrenbachtal und war jahrhundertelang im Besitz Nürnbergs (Ruine).

Reichsbodenweg Neunhof
Benannt nach dem ehem. Reichsgebiet im Bereich von Neunhof.

Reichsforst, Am Buchenbühl
Benannt nach dem Sebalder Reichsforst.

Reichstraße Gärten hinter der Veste
Wurde 1896 in Erinnerung an das 1871 wiedererrichtete Deutsche Reich benannt.

Reichweinstraße Langwasser
Adolf Reichwein (1898 - 1944) Professor für Geschichte und Staatsbürgerkunde in Halle (Saale), Sozialdemokrat, Widerstandskämpfer.

Reickeweg Großreuth hinter der Veste
Dr. Emil Reicke (1865 - 1950) war Nürnberger Geschichtsschreiber und Archivdirektor. Er schrieb die „Geschichte der Reichsstadt Nürnberg" (1896). Dies ist ein elementares Geschichtswerk – von den Ursprüngen bis 1806, als Nürnberg an Bayern fiel. Von Reicke wissen wir auch um das Ausmaß der Schädigung, welche vom Markgrafen Albrecht im Kriege 1552 angerichtet wurde. „3 Klöster, 2 Städtchen, 170 Dörfer, 90 Schlösser, 75 Herrensitze, 28 Mühlen, 23 Hämmer lagen in Asche, über 3000 Morgen Wald waren abgebrannt, kein Weiher im ganzen Nürnbergischen Land war unabgegraben geblieben."

Reiherweg Mögeldorf
Nach dem Vogelnamen.

Reindelstraße St. Peter
Albert Reindel (1784 - 1853) war Direktor der Nürnberger Malerakademie. Er renovierte den Schönen Brunnen.

Reinerzer Straße Langwasser
Reinerz, Bad- und Wintersportplatz in Niederschlesien (Adlergebirge), mit Mineralquellen.

Reisstraße Rangierbahnhof

Philipp Reis (1834 - 1874) erbaute 1860 das erste deutsche Telefon. Der aus Gelnhausen stammende Privatschullehrer studierte Naturwissenschaften und Mathematik.

Reitackerstraße Gostenhof

Nach einem alten Flurnamen.

Rendsburger Straße Wetzendorf

Rendsburg, Kreisstadt in Schleswig-Holstein, an der Eider und am Nord-Ost-See-Kanal.

Rennbahnstraße Reichelsdorf und Reichelsdorfer Keller

Führt zur Rennbahn.

Renngraben Fischbach

Benannt nach dem in den Augraben einmündenden Renngraben.

Rennmühlstraße Katzwang

Benannt nach der Rennmühle an der Schwabach.

Rennweg Schoppershof

Der Name stammt aus der RSZ. Er führte bereits vor Errichtung der Stadtmauer als Kurierweg über die heutige Veillodterstraße zur Burg. Seine Fortsetzung nach Osten ist die Straße nach Prag gewesen.

Resedenweg Werderau

Nach der Blume.

Rettystraße Mögeldorf

Leopold Retty (1705 - 1751) war markgräflicher Hofbaumeister in Ansbach.

Reußstraße Altenfurt
Benannt nach einem thüringischen Fürstengeschlecht.

Reutersbrunnenstraße Kleinweidenmühle
Dort war schon in der RSZ ein kleines öffentliches Brünnlein.

Reuterstraße Gärten hinter der Veste
Fritz Reuter (1810-1874) war plattdeutscher Dichter; als Burschenschaftler bekam er Festungshaft, angeblich wegen Hochverrats.

Reuthweg Buch
Nach der Reuth, einem Flurstück.

Reuthwiesenweg Höfles
Nach einem alten Flurnamen.

Reutleser Straße Großgründlach
Benannt nach dem Ortsteil Reutles. 1973 eingemeindet.

Reutlinger Straße Röthenbach bei Schweinau
Reutlingen in Württemberg, am Fuß der Achalm (Rauen Alb). Von 1240-1803 Reichsstadt. Gotische Marienkirche (13., 14. Jahrh.). Textil-, Metall-, Maschinen-, Leder-, Papierindustrie.

Reutstraße, Alte Buch
Entsprechend der Bezeichnung auf dem Gebiet der Stadt Fürth.

Rezatweg Großreuth bei Schweinau
Nach den Quellflüssen der Rednitz.

Rheinstraße Eibach (Hafengebiet)
Nach dem größten deutschen Fluß.

Ricarda-Huch-Straße Langwasser

Ricarda Huch (1864 - 1947), Schriftstellerin und Historikerin.

Richard-Strauss-Straße Katzwang

Richard Strauss (1864 - 1949), Komponist und Dirigent (Rosenkavalier, Salome, Elektra, Also sprach Zarathustra).

Richard-Wagner-Platz Tafelhof

Richard Wagner (1813 - 1883), der Leipziger Musikschriftsteller und Komponist, schuf das Musikdrama. Ludwig II. von Bayern ruft ihn nach München. Bayreuther Festspiele. In Bayreuth, im Garten seiner Villa Wahnfried, liegt er begraben (Ring des Nibelungen, Tannhäuser, Parsifal, Tristan und Isolde).

Richthofenstraße Gleißhammer

Manfred Freiherr von Richthofen (1892 - 1918) war Kampfflieger im 1. Weltkrieg. 80 Luftsiege.

Riedenburger Straße Röthenbach b. Schweinau

Die malerisch gelegene Stadt an der Altmühl (Oberpfalz) ist Luftkurort, Schloß. Nahebei das Schloß Rosenburg und die Ruinen Tachenstein und Rabenstein. In nächster Nähe das stolz auf Jurafelsen thronende „Schloß Prunn".

Riegelsberger Straße Gartenstadt

Riegelsberg ist ein Ort im Saarland.

Riehlstraße Schoppershof

Wilhelm Heinrich Riehl (1823 - 1897) war Kulturhistoriker, Begründer der wissenschaftlichen deutschen Volkskunde, Professor in München und Direktor des Bayerischen Nationalmuseums.

Riemenschneiderstraße Gärten hinter der Veste

Tilman Riemenschneider (1463 - 1531), der berühmteste

Bildhauer der Spätgotik aus Würzburg (Creglinger Altar, Rothenburg, Münnerstadt, Würzburg u. a.).

Riemerschmidstraße Worzeldorf
Richard Riemerschmid (1868 - 1957) war Architekt und Maler.

Rieppelstraße Lichtenhof
Dr. h. c. Anton von Rieppel (1852 - 1926) war Generaldirektor der MAN, bzw. einer ihrer Gründer. Durch Rieppels Initiative entstand die noch heute bestehende und hohe Lebensqualität bietende Arbeitersiedlung „Werderau", deren Konzeption als „Gartenstadt" den Arbeitern u. a. auch eine bessere Versorgung mit vitaminreichen Lebensmitteln (d. h. mit selbstangebautem Gemüse und Obst) garantieren sollte.

Ries, Im Eibach
Nach der fruchtbaren schwäbischen Landschaft „Ries".

Riesenschritt St. Johannis
Nach einer alten volkstümlichen Bezeichnung.

Rietenbühlstraße Pillenreuth
Nach einem alten Flurnamen.

Rieterstraße St. Johannis
Die Rieter von Kornburg waren ein Nürnberger Patriziergeschlecht. (Ein Paul Albrecht Rieter war Reichsschultheiß, gest. 1704).

Rietschstraße Gostenhof
Johann Rietsch (1778 - 1814) war Schellenmacher und Nürnberger Volksdichter.

Rilkestraße St. Johannis
Rainer Maria Rilke (1875 - 1926), österreichischer Dichter.

Ringelnatzstraße Kornburg
Joachim Ringelnatz (1883 - 1934) war humoristischer Schriftsteller und Kabarettist.

Ritterplatz Galgenhof
Christoph Ritter (1610 - 1676) war Nürnberger Bildhauer und Goldschmied.

Rittersteig Buch
Nach einem alten Flurnamen.

Ritter-von-Schuh-Platz Lichtenhof
Dr. Ritter von Schuh (1846 - 1918) war von 1892 - 1913 Oberbürgermeister der Stadt Nürnberg. Er modernisierte die Stadt und baute Schulen.

Robert-Bosch-Straße Schweinau
Robert Bosch (1861 - 1942), deutscher Industrieller und Gründer der Robert Bosch GmbH in Stuttgart.

Rochuskirchhof, Beim Gostenhof
Der Rochusfriedhof wurde 1518 für die Lorenzer Pfarrei angelegt und nach dem heiligen Rochus benannt, der der Schutzpatron des Aussätzigenspitals an der gleichen Stelle war.

Rodinger Straße Mögeldorf
Nach der Stadt Roding im Bay. Wald. 844 schon Königshof.

Röcklstraße Rangierbahnhof
Alois von Röckl (1821 - 1885) war bayerischer Eisenbahndirektor in München.

Röderweg Kornburg
Nach Theodor Ludwig Röder, Pfarrer in Kornburg von 1926 - 1937.

Gostenhof-Sündersbühl. Rochus-Friedhof, Ansicht von Süden nach einem Kupferstich von Johann Alexander Boener, um 1700.

Röhrichtweg Boxdorf
Nach einem Flurnamen.

Römerstraße Kornburg
Nach der ehemals von Nürnberg über Kornburg nach Italien führende Handelsstraße.

Röntgenstraße Steinbühl
Konrad Wilhelm Röntgen (1845 - 1923) war Physiker, entdeckte 1895 in Würzburg die nach ihm benannten Strahlen.

Röselstraße Werderau
August Johann Rösel von Rosenhof (1705 - 1759) war Nürnberger Insektenforscher, Maler und Kupferstecher. Seine wertvollen Tierbücher sind mit künstlerisch vollendeten Bildern versehen.

Rösselwiese, An der Neunhof
Nach einem Flurnamen.

Rötenäckerstraße Wetzendorf
Nach einem alten Flurnamen.

Rötenbeckstraße Eibach
Michael Rötenbeck (1568 - 1623), Dr. med., war bedeutender Nürnberger Arzt.

Röthenbacher Hauptstraße Röthenbach bei Schweinau
1922 wurde der Vorort eingemeindet. Röthenbach war eine alte Siedlung an einem kleinen zur Rednitz fließenden Bach (Röth = Röid = Ried).

Röthensteig Großreuth hinter der Veste
Nach einer alten Flurbezeichnung.

Röthestraße Worzeldorf
Nach einem Flurnamen.

Röthgasse Buch
Sie führt in die Röth, mundartlich Röid = Ried = sumpfige Rodung.

Rohledererstraße St. Johannis
Leonhard Rohlederer (im 17. Jahrhundert) war Nürnberger Schauamtmann. Er legte den großen Rohlederer-Garten an.

Rohrmannstraße Gostenhof
Georg Peter Rohrmann (gest. 1835) und Therese Rohrmann (gest. 1841) waren Nürnberger Stifter.

Rohrmattenstraße Zerzabelshof
Nach Einrichtungen der städt. Wasserversorgung im Nürnberger Osten.

Rollhofener Straße Laufamholz
Benannt nach dem Ort Rollhofen im Landkreis Nürnberger Land.

Rollnerstraße Gärten und Großreuth hinter der Veste
Dort war in der RSZ der schöne Rollnersgarten.

Romigstraße Rangierbahnhof
Johann Michael Romig (1807 - 1868) war Rektor der polytechnischen Schule Nürnberg.

Roonstraße Kleinweidenmühle
Albrecht Theodor Emil Graf von Roon (1803 - 1879) war preußischer Feldmarschall.

Roritzerstraße St. Johannis
Mattias Roritzer (gest. nach 1492) war Regensburger Dombaumeister und arbeitete 1455 - 1466 am Chorbau von St. Lorenz.

Rosenaustraße Kleinweidenmühle
Die Rosenau war eine schöne öffentliche Parkanlage mit kleinem See. Der Kaufmann Wiß ließ sie 1819 anlegen und benannte sie nach dem Vornamen seiner Frau Rose.

Rosengasse Altstadt
Hieß bis 1811 Rosenau. 1551 soll die „Zaglau" in „Rosenau" umbenannt worden sein, weil die Messerer sie bei ihrem Tanz mit Rosen geschmückt haben. Die Messerer hatten in der Nähe ihren Wohnsitz am „Messererplatz". Weil sie sich am Handwerkeraufstand von 1348 nicht beteiligt hatten, erhielten sie, wie die Metzger, das Privileg, alljährlich einen Tanz abzuhalten.

Rosenhofstraße Gleißhammer
Im Jahre 1922 siedelte dort eine Baugenossenschaft „Rosenhof".

Rosenplütstraße Sünderbühl
Hans Rosenplüt (gest. um 1450) war Nürnberger Büchsen-

macher, schrieb Fastnachtsspiele und Sprüche. Er wurde auch der „Schnepperer“ genannt. Sein Lobspruch auf Nürnberg: „O Nürenberg, du edler Fleck, Deiner Ehren Bolz steckt am Zweck, den hat die Weisheit daran geschossen, die Wahrheit ist in dir entsprossen.“

Rosental Altstadt
Die kleine Straße wurde vor 1806 so benannt.

Rossinistraße Katzwang
Gioacino Rossini (1792-1869) war ital. Opernkomponist (Barbier von Sevilla).

Roßtaler Straße Höfen/Sünderbühl
Roßtal ist eine alte Siedlung im Landkreis Fürth. 954 schon genannt.

Rostocker Straße Thon
Rostock, die Hafenstadt an der Ostsee in Mecklenburg. Ostseebad Warnemünde. Universität, Musikhochschule, Schiffbau. Rathaus und gotische Marienkirche (13.-15. Jahrhundert).

Rotbuchenstraße Röthenbach bei Schweinau
Nach der Rotbuche.

Rotfuchsstraße Boxdorf
Nach dem Rotfuchs.

Rothenbucherweg Kornburg
Benannt nach einer Kornburger Familie.

Rothenburger Straße Gostenhof
Die Reichsstadt Rothenburg, noch heute gut erhalten, war mit Nürnberg schon immer in Verbindung. Es liegt über der Tauber, hat reiche Schätze an Kunstwerken, ein schönes Rathaus,

Kirchen, Doppelbrücke im Taubertal. Das Festspiel „Meistertrunk“. 1172 schon Reichsstadt, 1803 bayerisch.

Rother Straße Eibach

Kreisstadt Roth an der Rednitz ist eine Industriestadt in Mittelfranken, Schloß Ratibor. 1267 hohenzollerisch, 1392 Stadt.

Rotschmidsgasse Altstadt

In der RSZ werkten dort die Kupfer- und Messingschmiede. Noch 1806 gab es 200 Rotgießer, die in Lehmformen Gewichte, Waagen, Herdringe, Leuchten und Wappenschilder herstellten.

Rotterdamer Straße Eibach (Hafengebiet)

Rotterdam in den Niederlanden, bedeutendster Seehafen Europas. Endhafen der Rhein- und Maasschiffahrt.

Rottweiler Straße Schweinau

Rottweil am Neckar, Kreisstadt in Baden-Württemberg. Alte Reichsstadt mit Saline und Solbad.

Rubensstraße Neukatzwang

Peter Paul Rubens (1577 - 1640), flämischer Maler.

Rudenzstraße Gärten hinter der Veste

Nach der Gestalt aus Schillers Drama „Wilhelm Tell“.

Rudolphstraße Gärten bei Wöhrd

Der Nürnberger Bürger Rudolph soll das Drahtziehen erfunden, zumindest verbessert haben, um 1400.

Rudolstädter Straße Schoppershof

Rudolstadt in Thüringen an der Saale, ehemalige Hauptstadt des Fürstentums Schwarzburg-Rudolstadt, hat die Schlösser Heidecksburg und Ludwigsburg.

Rüberstraße Rangierbahnhof

Eduard Rüber (gest. 1874) war Generaldirektor der bayerischen Eisenbahn in Nürnberg.

Rüblander Ufer Laufamholz

Rüblanden liegt bei Lauf, Landkreis Nürnberger Land.

Rückertstraße St. Johannis

Friedrich Rückert (1788 - 1866), lyrischer Dirchter, Nachdichter morgenländischer Lyrik, schrieb auch Sinnsprüche. Er war Schweinfurter.

Rügenwalder Straße Röthenbach bei Schweinau

Rügenwalde, Stadt in Ostpommern, Seebad und Hafen.

Rüsternweg Werderau

Nach einer nahen Waldabteilung.

Rugierstraße Lichtenhof

Nach dem germanischen Volksstamm, seit dem 3. Jahrhundert in Pommern und auf Rügen.

Rundfunkstraße Kleinreuth bei Schweinau

In der Nähe steht der Nürnberger Rundfunksender.

Rundkapelle, An der Altenfurt

Benannt nach der historischen Rundkapelle im Ortsteil Altenfurt (romanisch).

Rupert-Mayer-Straße Moorenbrunn

Pater Rupert Mayer (1876 - 1945) war kathol. Männerseelsorger.

Ruprechtstraße Ley

Nach Ruprecht I. (1400 - 1410), deutscher König. Er förderte die Reichsstädte.

Saalfelder Straße Schoppershof
Saalfeld in Thüringen an der Saale, Tropfsteinhöhlen mit farbigen Grotten; Industrie. 899 schon Kaiserpfalz.

Saarbrückener Straße Gartenstadt
Saarbrücken im Saarland an der Saar ist Mittelpunkt der Kohlen- und Eisenindustrie.

Saarburger Straße Gibitzenhof/Eibach
Saarburg an der Saar hat Glockengießerei und Weinbau.

Saarlauterer Straße Gartenstadt
Saarlautern im Saarland.

Saarstraße Gartenstadt
Fluß im Saargebiet.

Saatweg Neunhof
Nach dem Saatgut.

Sachsenstraße Lichtenhof
Der deutsche Volksstamm der Sachsen gehört zu den Westgermanen. Ein Teil zog nach Britannien.

Sacker Straße Boxdorf
Benannt nach dem ehem. Dorf Sack, jetzt Ortsteil von Fürth.

Saganer Straße Langwasser
Sagan, Stadt in Niederschlesien, am Bober. Ab 1628 gehörte es Wallenstein als Lehen. Tuchfabrikation, Wollspinnerei u. a. Industrie.

Saldorferstraße Gostenhof
Konrad Saldorfer (gest. 1572) war Nürnberger Maler und Kupferstecher.

Salvator-Allende-Straße Eibach

Salvator Allende, sozialistischer Präsident des südamerikanischen Staates Chile. 1973 ermordet im Rahmen eines Putsches der Militärjunta. Nachfolger Allendes wurde der am Putsch beteiligte General Pinochet. Pinochet zeichnete sich im Verlauf seiner nun folgenden Regierungszeit durch eklatante Verletzungen der Menschenrechte aus.

Salzachstraße Moorenbrunn

Salzach, ein Nebenfluß des Inns.

Salzbrunner Straße Langwasser

Bad Salzbrunn in Schlesien hat Mineralquellen.

Salzburger Straße Moorenbrunn

Salzburg, Hauptstadt des gleichnamigen österr. Bundeslandes. Dom, Festung Hohensalzburg, Geburtsort Mozarts. Salzburger Festspiele.

Sand, Am Altstadt

Frühere städtische Schmelzhütte „am Sand“. Bereits 1429 hatte die Stadt das Monopol für die Verhüttung von silberhaltigem Kupfer. Das Rohmaterial wurde aus Böhmen, dem Erzgebirge, Fichtelgebirge und aus der Fränkischen Alb angeliefert. Oft besaßen die Patrizier dort selbst Erzgruben.

Sandbergstraße St. Johannis

Der Sandberg, ein sandiger Hügel, ist jetzt abgetragen.

Sandrartstraße St. Johannis

Joachim von Sandrart (1606 - 1688) war Nürnberger Maler, Kupferstecher und Kunsthistoriker. (Das Friedensmahl — Teutsche Akademie der edlen Bau-, Bild- und Malereikünste).

Der
Teutschen Academie
Zweyten Haupt-Theils
Dritter Theil:
Welcher zuvorderst
Der
Edlen Mahler-Kunst rechten Grund/ Eigenschafften/ und Geheimnisse/ durch gewisse Regeln/ Unterweis- und Beschreibungen erörtert; beynebenst/ von der Zeichnung/ Maß/ und Proportion der Leiber/ imgleichen von Fresco-Landschafft-Bild- und Histori-Mahlereyen/ mit Oel- und Wasser-Farben/ wie nicht weniger von der Farben Ursprunge/ Natur/ Wolstande/ Vermischung/ rc. handelt;
Hernach von
Denen noch übrigen berühmten neuen Meistern einen Bericht/ samt den Conterfeyten derselben/ ertheilt/ auch folgends der alten Assyrisch-Griechisch- und Römischen Monarchien Käyser/ Feldherren/ Gesetzgeber/ Burgermeister/ Philosophen/ Poeten/ und anderer Welt-erschollener Manns- und Frauen-Bilder/ so aus dem raresten antiche Statuen und Medaglionen/ entnommen/ wahre Abbildung/ in hundert achtzig Conterfeyten/ dero Leben und Verdienste aber durch kurtz-gefaßte Erzehlung/ vorstellet;
Demnechst
Die berühmteste alte Ruinen/ Gebäue/ Geschirre/ oder Gefässe/ und Hörner/ wie auch andre denckwürdige Antiquitäten/ in gar eigendlichen/ nach des Authoris selbst-verfertigten Handrissen/ von den allerberühmtesten Kupffer-Stechern dieser Zeit in Kupffer gebrachten/ Figuren/ Augenschein-mässigst ausbildet.
Welchem Allen
zuletzt
Eine Ausleg- und Erklärung des verblümten Sinns der Ovidianischen Wandlungs-Gedichte beygefügt ist:
Zur Bedienung des Kunst-gewognen Lesers/ zusammen getragen/ und vermittelst offentlichen Drucks allen höflichen Augen gewidmet/
Durch
Joachim von Sandrart auf Stockau/
Hochfürstlichen Pfaltz-Neuburgischen Raht/ und in der Hochlöbl. Fruchtbringenden Gesellschafft den
Gemein-nützigen:
Mit Röm. Käyserl. Majestät Vergünstigung und Freyheit/ nicht nachzudrucken.
Nürnberg/
Gedruckt bey Christian Siegismund Frobergern.
Anno Christi M.DC.LXXIX.

Joachim von Sandrart,
Titelseite „Der Teutschen Academie Zweyten Haupt-Theils“,
Nürnberg 1679.

Sandreuthstraße Sandreuth
Der kleine Ort Sandreuth bestand schon in der RSZ.

Sandstraße Tafelhof
Nach ihrer sandigen Beschaffenheit, schon in der RSZ so genannt.

Sankt-Ingbert-Straße Gartenstadt
Sankt Ingbert im Saarland hat Eisen- und Glashütten und Steinkohlengruben. Schon um 900 bekannt, bekam es 1829 Stadtrecht.

Sankt-Joseph-Siedlung Boxdorf
Benannt nach der Sankt-Joseph-Stiftung Bamberg, einer Bauträgergesellschaft.

Sankt-Wendel-Straße Gartenstadt
Sankt Wendel liegt an der Bliers im Saarland, hat Industrie.

Saßnitzer Straße Wetzendorf
Hafenstadt Saßnitz auf der Ostseeinsel Rügen, Fischereihafen, Kreideindustrie.

Saturnweg Rangierbahnhof
Nach dem Planeten.

Saubertstraße Gostenhof
Johannes Saubert (1592 - 1646), Theologe, Hauptprediger bei St. Lorenz und Stadtbibliothekar.

Sauerbruchstraße Neukatzwang
Ferdinand Sauerbruch (1875 - 1951), Chirurg, Begründer der Lungenchirurgie im Druckdifferenzverfahren.

Schäferstraße Fischbach
Nach dem Schäfer bzw. Schafhirten.

Schäufeleinstraße Gärten hinter der Veste
Hans Leonhard Schäufelein (1490 - 1540) war Nürnberger Maler und Holzschnittzeichner. Er schuf Altarwerke in Ulm, Nördlingen u. a. Seine volkstümlichen Holzschnitte haben kulturgeschichtlichen Wert (Trachten).

Schafhofstraße Schafhof
Schon im Mittelalter bestand hier der „Schafhof".

Schalkhaußerstraße Reichelsdorf

Die Schalkhaußer waren eine alte Reichelsdorfer Familie, die auch einige Bürgermeister stellte.

Schankalaweg Großreuth hinter der Veste

Theodor Schmidt (1884 - 1959) war Journalist und Nürnberger Mundartdichter, Pseudonym Schankala.

Schanz, An der Mühlhof/Holzheim

Nach einem Flurnamen, vielleicht eine Reminiszenz an den Dreißigjährigen Krieg.

Schanzäckerstraße Gostenhof

Der alte Flurname „Schanzäcker" erinnert an die dort von Gustav Adolf im Dreißigjährigen Krieg angelegten Verteidigungsgräben.

Schanzenstraße St. Peter

Vgl. Schanzäckerstraße.

Scharfreiterring Langwasser
Benannt nach dem Berg Scharfreiter im Karwendelgebiet, 2101 m über NN.

Scharnhorststraße Schoppershof
Gerhard Johann David von Scharnhorst (1755 - 1813) war preußischer General und mit Gneisenau Reorganisator des Heeres.

Scharrerstraße Gleißhammer
Johannes Scharrer, (1785 - 1844) war Bürgermeister in Nürnberg und Mitbegründer der Ludwigs-Eisenbahn im Jahre 1835. Als Kaufmann war Scharrer maßgeblich an der weltweiten Spitzenstellung Nürnbergs als Hopfenhandelsplatz beteiligt. Als Kommunalpolitiker schuf er u. a. das Nürnberger Volksschulwesen und sorgte, 1821, für die Gründung der Städtischen Sparkasse in Nürnberg.

Schedelstraße Zerzabelshof
Dr. Hartmann Schedel (1440 - 1514) war Arzt, Nürnberger Humanist. Er verfaßte die erste Weltchronik in deutscher Sprache mit 2000 Holzschnitten von Pleydenwurff und Wolgemut, gedruckt bei Koberger.

Scheinfelder Straße
Nach der mittelfränkischen Stadt Scheinfeld im Landkreis Neustadt an der Aisch-Bad Windsheim, am Fuße des Steigerwalds. Nahe bei Schloß Schwarzenberg.

Schenkendorfstraße Kornburg
Maximilian von Schenkendorf (1783 - 1817), vaterl. und religiöser Lyriker, Dichter der Freiheitskriege.

Scheßlitzer Weg Thon
Nach dem Örtchen Scheßlitz in Oberfranken.

Abbildûng wie der erste He r Losûnger zû Nürnberg 1620 zû Rath gefahren.

Scheurlstraße St. Peter

Dr. Christoph Scheurl (1481 - 1542), aus dem noch heute blühenden Patriziergeschlecht, war Nürnberger Diplomat. Epistel über die Verfassung der Reichsstadt Nürnberg. Er schrieb über das Losunger-Amt: „Auf das auch etwas vom Losunger-Ampt (sic) allhie werde angezaigt, so ist zu wissen, daß die Zween Verweser desselben den höchsten Gewalt und Widrigkeit vor allen andern haben, denn ihnen seyn alle gemeine Schätz' der Stadt bevohlen."

Schieferstraße Gleißhammer

Wurde 1900 nach Eingemeindung von Gleißhammer in „Hintere Schulgasse" umbenannt.

Schieräckerstraße Höfen

Alter Flurname.

Schießplatzstraße Gartenstadt

Führt nach dem früheren Infanterieschießplatz zwischen Südfriedhof und Zollhaus.

Schiestlstraße Kraftshof

Rudolf Schiestl (1878 - 1931), Maler und Graphiker aus Würzburg, an der Nürnberger Kunstschule als Professor. Er malte die fränkische Landschaft.

Schildgasse Altstadt

Nach dem Haus Nr. 23 „Zum Goldnen Schild". Dort sollen unter Karl IV. 1356 die ersten Teile der Goldenen Bulle entworfen worden sein.

Schilfstraße Mögeldorf

Nach dem Schilf in der nahen Pegnitz.

Schillerplatz Gärten hinter der Veste

Friedrich von Schiller (1759 - 1805), der große schwäbische Dichter und Dramatiker, Philosoph und Historiker (Die Räuber, Don Carlos u. a.).

Schillerstraße Gärten hinter der Veste

Vgl. Schillerplatz.

Schillingsfürster Straße Röthenbach bei Schweinau

Das Städtchen Schillingsfürst liegt in Mittelfranken auf der Frankenhöhe, hat Hohenloher-Schloß. Liefert Bürsten und Holzspielwaren. Eine sprachl. Besonderheit der Schillingsfürster ist das, von der älteren Generation heute noch beherrschte Rotwelsch. D. i. die deutsche Geheimsprache der Fahrenden. Nürnberg z. B. heißt: das Hicksel-Hokum.

Schillingstraße Lichtenhof

Paul von Schilling-Cannstatt (1786 - 1837) war Physiker, Miterfinder des elektrischen Telegraphen.

Schillstraße Schoppershof

Ferdinand Baptist von Schill (1776 - 1809) war Freikorpsführer der deutschen Befreiungskriege.

Schlachthofstraße Gostenhof
Hat ihren Namen vom nahen Schlachthof.

Schlag, Am Fischbach
Nach einem Flurnamen.

Schlaunstraße Mögeldorf
Johann Konrad Schlaun (1694 - 1773), Architekt und Ingenieur), führender Baumeister des westfäl. Barocks.

Schlegelstraße Erlenstegen
August Wilhelm von Schlegel (1767 - 1845) war Kritiker, Dichter und Sprachforscher. Sein Bruder Friedrich (1772-1829) war Dichter und Philosoph (Romantische Schule – Athenäum).

Schlehengasse Altstadt
Ein alter Name aus der RSZ.

Schleichstraße Eibach
K. L. Schleich (1859 - 1922) war Arzt, Musiker und Dichter in Stettin (Infiltrationsanästhesie - "Besonnte Vergangenheit").

Schleidenstraße Steinbühl
Mathias Jakob Schleiden (1804 - 1881) war Rechtsanwalt und Botaniker in Frankfurt. (Grundzüge der wissenschaftlichen Botanik). Er schrieb auch Gedichte.

Schleiermacherstraße Schoppershof
Friedrich Ernst Daniel Schleiermacher (1786 - 1834), ev. Theologe in Breslau. Er grenzte die Religion als Anschauung des Unendlichen gegen Moral und Metaphysik ab.

Schleifersteg Altstadt
Er hat seinen Namen von der früher hier stehenden Schleifermühle.

Schleifweg Großreuth hinter der Veste
Nach einer alten Ortsbezeichnung.

Schleswiger Straße Thon
Benannt nach dem deutschen Land Schleswig.

Schleusen Eibach
Nach den Schleusen des nahen ehem. Ludwigs-Donau-Main-Kanals.

Schlieffenstraße St. Jobst
Alfred Graf von Schlieffen (1833 - 1913), Deutscher Feldmarschall (Schlieffenplan).

Schlößleinsgasse Reichelsdorf
In der Nähe befindet sich das Reichelsdorfer Schloß.

Schloßäckerstraße Steinbühl
Nach einem alten Flurnahmen.

Schloßgartenstraße Großgründlach
Benannt nach dem Großgründlacher Schloßgarten.

Schloßgraben, Am Kornburg
Nach dem Graben am Kornburger Schloß.

Schloßhof, Im Kornburg
Nach dem Kornburger Schloß.

Schloßstraße St. Peter/Gleißhammer
Vor 1900 „Zeltnerstraße", benannt nach dem Schloß „Gleißhammer".

Schlotfegergasse Altstadt
In dieser Gasse befand sich die Schlotfegerherberge. Die Schlotfeger waren umherreisende Fremdarbeiter. Zum Teil

kamen sie von Graubünden. Die Chronik berichtet: „Sie haben ihre Frauen nicht dabei, sondern reisen alle Jahr nachhause zu denselben; was sie in Deutschland verdienen führen sie nachhause.“ Nebenher hatten die Schlotfeger meist auch noch einen „Fliegenden Laden“.

Schlüsselfelder Straße Gärten hinter der Veste
Die Schlüsselfelder waren ein Nürnberger Patrizier-Geschlecht. Schlüsselfelderhaus (Karolinenstraße). Ausgestorben 1709.

Schlüsselstraße Altstadt
Hieß früher „Beim Waisenhaus“ und wurde 1870 umbenannt, vermutlich nach dem bis 1557 zurückdatierenden Wirtshaus „Zum blauen Schlüssel“.

Schlüterstraße Mögeldorf
Andreas Schlüter (um 1660 - 1714), Bildhauer und Baumeister.

Schmalau, In der Großgründlach/Boxdorf
Nach einem Flurnamen.

Schmalkaldener Straße Schoppershof
Schmalkalden liegt in Thüringen. Es hat Kleineisenindustrie und Solbad (1531 Schmalkaldischer Bund).

Schmalzgäßchen Altstadt
Vor 1901 hieß es „Bachschmalzgäßchen“. Es lag in der Nähe des Milchmarktes; wahrscheinlich wurde hier Butter- und Schweineschmalz und Schmer verkauft.

Schmausenbuck Mögeldorf
Noch in der RSZ wurde der „Buck“ = Hügel, nach dem früheren Besitzer, dem Nürnberger Bierbrauer Georg Schmaus (1619 - 1682), benannt.

Schmausenbuckstraße Mögeldorf
Straße nach dem Schmausenbuck.

Schmausengartenstraße Gärten hinter der Veste
Der Bierbrauer Georg Schmaus hatte auch hier eine Besitzung, einen großen künstlerisch angelegten Garten.

Schmausengasse Altstadt
Dieser bis 1811 nicht einheitlich benannte Straßenteil wurde nach dem dort liegenden Hof des Bierbrauers Georg Schmaus benannt.

Schmiedeberger Straße Langwasser
Nach der schlesischen Stadt Schmiedeberg im Riesengebirge, seit 1513 Stadt.

Schmiedgasse, Obere und Untere Altstadt
Hier wohnten und werkten in der RSZ die Drahtschmiede.

Vorderansicht des Schmausengartens 1789 — Nach einem Stich von R. Stahl

Schnaittacher Straße Laufamholz

Schnaittach, ein Markt, liegt im Landkreis Nürnberger Land. Malerische Landschaft, Rothenberg bei Schnaittach.

Schneebergweg Boxdorf

Der Schneeberg ist der höchste Gipfel im Fichtelgebirge, 1051 m.

Schneefernerring Langwasser

Nach dem Berg Schneeferner, 2874 m über NN.

Schnelldorfer Straße Röthenbach bei Schweinau

Benannt nach dem Ort Schnelldorf im Landkreis Ansbach.

Schnepfenreuther Hauptstraße Schnepfenreuth

Schnepfenreuth, schon 1281 urkundlich erwähnt — die Rodung, auf der die Schnepfe nistete — 1924 eingemeindet.

Schnepfenreuther Weg Schnepfenreuth

Vgl. Schnepfenreuther Hauptstraße.

Schneppenhorststraße Schweinau

Ernst Schneppenhorst war nach 1918 bay. Militärminister, Land- und Reichstagsabgeordneter. Er hat Verdienste um die geordnete Demobilmachung. Opfer des NS-Regimes.

Schneppergraben Gärten hinter der Veste

Nach der alten Schießstätte der Nürnberger Schnepperschützen (Armbrustschützen).

Schnieglinger Straße Wetzendorf/Schniegling/Doos

Schon im Jahre 1146 wird Schniegling, der Rodungshof des „Snigilo“, genannt. Das daraus entstandene Schniegling wurde 1899 eingemeindet.

Schnorrstraße Rangierbahnhof
Karl Schnorr von Carolsfeld (1830 - 1895) war Generaldirektor der bay. Staatsbahn.

Schönberger Straße Gleißhammer
Das Pfarrdorf Schönberg liegt am Fuße des Moritzberges.

Schönwaldstraße Eibach
In der Nähe lag früher ein Waldstück dieses Namens.

Schönweißstraße Lichtenhof
Georg Schönweiß (1889 - 1963) war evang. Pfarrer und Sozialpionier.

Schöpfstraße Zerzabelshof
Johann David Schöpf (1752 - 1800), Arzt, Naturforscher und Reiseschreiber.

Schongauerstraße Gärten hinter der Veste
Martin Schongauer (1450 - 1491) war Maler und Kupferstecher in Breisach am Rhein, Vorbild vieler, auch der Nürnberger Schulen zur Dürerzeit (Madonna im Rosenhag).

Schonerstraße Steinbühl
Johann Schoner (Schöner?) (1477 - 1547) war Mathematiker und Geograph in Nürnberg. Der in Karlstadt am Main geborene Professor fertigte Stern- und Erdgloben.

Schonhoverstraße Gärten hinter der Veste
Ein Sebald Schonhover soll den Schönen Brunnen erbaut haben. (Urkundlich nicht nachweisbar). Der Bildhauer hat die Statuen am Schönen Brunnen und der Frauenkirche gemacht.

Schopenhauerstraße Großreuth hinter der Veste
Arthur Schopenhauer (1788 - 1860), verkehrte mit Goethe und war Philosoph (Welt als Wille und Vorstellung).

Schopflocher Straße Röthenbach bei Schweinau
Schopfloch ist ein großes Dorf bei Dinkelsbühl. Früher Ort der Maurer und Pinselmacher.

Schoppershofstraße Rennweg/Schoppershof
Schoppershof, ein alter Ort der Reichsstadt, benannt nach dem ratsfähigen Nürnberger Geschlecht der Schopper und dem Tucherschlößchen „Schoppershof".

Schornbaumstraße Altenfurt
Dr. Dr. Karl Schornbaum (1875 - 1953) war Verfasser bedeutender Werke zur Reformationsgeschichte Frankens.

Schottengasse Altstadt
In der RSZ hatte dort das Egidien- oder Schottenkloster Besitz. (Siehe auch Egidienplatz).

Schrammstraße Langwasser
Andreas Schramm (1883 - 1949) war der Vorstand der Gartenstadt Nürnberg eG.

Schranke Wöhrd
Dort standen in der RSZ die Torsperren (Schranken).

Schrankenweg Kornburg
An der ehemaligen Handelsstraße nach Italien befanden sich die Sperren.

Schreberstraße Ziegelstein
Daniel Gottlob Moritz Schreber (1808 - 1861), Arzt, förderte die Jugendgymnastik und gründete in Leipzig die Kleingärten (Schrebergärten).

Schreiberhauer Straße Altenfurt
Nach der Ortschaft Schreiberhau im Riesengebirge.

Schreyerstraße Gostenhof
Sebald Schreyer (1446 - 1520) war Nürnberger Kirchenmeister. Er ermöglichte die Drucklegung der Schedel'schen Weltchronik und sammelte die Mittel für Peter Vischers Sebaldusgrab. Stifter des Sebastianspitals.

Schrothstraße St. Johannis
Johann Schroth (1800 - 1856) war gegen die Wasserbehandlung nach Prießnitz und begründete die Trockenkur, äußerlich und innerlich.

Schubertstraße Erlenstegen
Franz Schubert (1797 - 1828), der gemütvolle Wiener Liederkomponist. (Etwa 600 Lieder, Tänze, Klaviermusik und Orchesterstücke).

Schuckertstraße Steinbühl
Vgl. Schuckertplatz.

Schuckertplatz Lichtenhof
Sigmund Schuckert (1846 - 1895), der Nürnberger Schlossermeister, der in der Johannisgasse Nr. 20 wohnte, war Erfinder und gründete die Schuckertwerke in Nürnberg, später zur SSW vereinigt. Schuckert ging um 1870 zur Weiterbildung nach Amerika.

Schüblerstraße Mögeldorf
Johann Jakob Schübler (1689 - 1741) war Nürnberger Schriftsteller und Architekt.

Schürstabstraße Reichelsdorf
Die Schürstab waren ein Nürnberger Patriziergeschlecht. Erhard Schürstab (gest. 1461) war bis zu seinem Tode Bürger-

Sigmund Schuckert

meister im Rat der Stadt. Er ließ, 1450, als der Stadt ein Krieg gegen den Ansbacher Markgrafen Albrecht Achilles drohte, zwecks ausreichender Lebensmittelvorsorge die Stadtbevölkerung zählen und kam dabei auf 20219 Einwohner (nicht mit eingerechnet etliche tausend Bauern, die schutzsuchend hinter die Mauern der Stadt geflüchtet waren). Die Schürstab schrieben auch die Geschichte des ersten Markgrafenkrieges nieder.

Schützenstraße Lichtenhof
Benannt nach der ausgestorbenen ehrbaren Familie Schütz.

Schulenburgstraße Langwasser
Fritz-Dietlof Graf von der Schulenburg (1902 - 1944) war stellvertretender Oberpräsident von Ober- und Niederschlesien und Widerstandskämpfer.

Schulgäßchen Altstadt
Dort stand in der RSZ das Sebalder Schulhaus.

Schultheißallee Luitpoldhain
Johann Christoph Schultheiß (1827 - 1910) war Nürnberger Magistratsrat, der sich Verdienste um die Anlage des Luitpoldhaines erwarb.

Schulze-Delitzsch-Weg Gartenstadt
Hermann Schulze-Delitzsch (1808 - 1883) war der Anreger und Förderer des Genossenschaftswesens für Verbraucher (Konsumvereine).

Schumannstraße Muggenhof
Robert Schumann (1810 - 1856) war der bedeutendste Meister der deutschen Romantik (Klavierstücke, Lieder und Orchesterwerke).

Schupfer Straße Laufamholz
Schupf, hinter Alfeld im Förenbachtal, ist jetzt ein Ortsteil von Happburg, Landkreis Nürnberger Land.

Schußleitenweg Eibach
Nach einem alten Flurnamen.

Schustergasse Alstadt
Hier wohnten und werkten in der RSZ die Schuhmacher. Neben der Bäckerei, der Fleischerei, der Schneiderei zählte das Schuhmachen zu den vier Grundgewerben.

Schwabacher Straße Gostenhof/St. Leonhard/Schweinau
Schwabach, die Stadt der Nadeln- und Feingoldschläger, Seifen. Um 1000 schon genannt, 1364 Reichslehen der Burggrafen von Nürnberg, 1375 Stadtrechte, 1399 zu Ansbach. Ansiedlung von Hugenotten um 1685. Ab 1791 preußisch. 1806 bayerisch.

Schwabenstraße Gibitzenhof/Steinbühl
Benannt nach dem bay. Regierungsbezirk Schwaben.

Schwander Straße Rangierbahnhof
Benannt nach dem Markt Schwand im Landkreis Roth.

Schwandorfer Straße Laufamholz
Schwandorf, oberpfälzische Kreisstadt, Braunkohlen-, Aluminium- und chemische Industrie.

Schwanenweg Mögeldorf
Nach dem Vogelnamen.

Schwangauer Straße Gaulnhofen
Benannt nach dem Kirchdorf Schwangau im Landkreis Ostallgäu.

Schwanhäußerstraße Gärten hinter der Veste
Eduard Schwanhäußer (1871 - 1932) war ein um die Entwicklung der Nürnberger Bleistiftindustrie verdienter Fabrikant. (Schwan-Bleistiftwerke).

Schwanhardtstraße St. Peter
Georg Schwanhardt (1601 - 1667) war Nürnberger Glas- und Diamantenschneider. Seine Kinder waren ebenfalls auf diesem Gebiet tätig und erfanden das Glasätzverfahren.

Schwannstraße Steinbühl
Theodor Schwann (1810 - 1882) war Professor in Löwen und Lüttich, begründete die Zellenlehre und entdeckte das Pepsin.

Schwarzacher Höhe Katzwang
Nach einem Flurnamen.

Schwarzenloher Straße Rangierbahnhof
Das Dorf Schwarzenlohe (Klein- und Groß-) liegt bei Wendelstein im Schwarzachtal. (Allerheiligen-Kirchlein, war Eigentum der Nürnberger Heilig-Geist-Spitalstiftung).

Schwarzlach, An der Gartenstadt
Nach einem alten Flurnamen.

Schwarzstraße Gibitzenhof
Christian Schwarz (1760 - 1835), Hofrat, war Nürnberger Naturforscher.

Schwedenbrunnen, Am Buchenbühl
Nach einem alten Flurnamen im Sebalder Reichswald.

Schwedengraben, Am Weiherhaus
Nach dem angrenzenden Graben.

Schwedenhaus Weiherhaus
Benannt nach den dort im Dreißigjährigen Krieg lagernden Schweden.

Schwedenhof Altstadt
Dort waren im Dreißigjährigen Krieg die schwedischen Truppen untergebracht.

Schwedenschanze, An der Weiherhaus
Nach der historischen Lagebezeichnung.

Schwedenweg Weiherhaus

Benannt nach den dort im Dreißigjährigen Krieg lagernden Schweden.

Schweidnitzer Straße Langwasser

Schweidnitz, bei Breslau, liegt an der Weistritz, kam 1741 von Böhmen an Preußen.

Schweigeracker, Am Kleinreuth hinter der Veste

Ein alter Flurname.

Schweiggerstraße St. Peter

Georg Schweigger (1613 - 1690) schuf den Nürnberger Neptunbrunnen (siehe unter „Gerngrosstraße").

Schweinauer Hauptstraße Schweinau

Das Dorf mit Marktrecht wurde 1899 eingemeindet. Schweinau von Aue für Schweineaustrieb. Schweinau schon 1007 als „Swinave" bambergisch, war bis zu seiner Eingemeindung nie nürnbergisch. Es gehörte zum Teil dem Bischof, zum Teil den Ansbacher Markgrafen. Von 1796 bis 1806 war es preußisch. (Die Schweinauer Durl, Dorothea, soll Weberin für preußische Soldaten gewesen sein. „Hupf mit der Durl, tanz mit der Durl bis auf Schweinau", ein altes Tanzlied aus dieser Zeit).

Schweinauer Straße St. Leonhard

Sie führt nach Schweinau.

Schweinfurter Straße Großgründlach

Schweinfurt am Main, Unterfranken. Industriestadt (Kugellagerfabrik, Fichtel u. Sachs).

Schwendengarten Ziegelstein

Nach einer alten Ortsbezeichnung.

Schweppermannstraße Gärten hinter der Veste

Ritter Seyfried Schweppermann (um 1257 - 1337), Besitzer des Schlosses Grünsberg bei Altdorf, Bundesgenosse Kaiser Ludwig des Bayern gegen Friedrich den Schönen von Österreich. 1313 Schlacht bei Grammelsdorf, 1322 bei Mühldorf. (Jedem ein Ei, dem frommen Schweppermann zwei). Er liegt auf der Burg Kastl (Opf.) begraben.

Schweriner Straße Thon

Stadt Schwerin, von 1919 - 1952 Hauptstadt des Landes Mecklenburg. Schloß, hochgot. Dom (13. - 15. Jahrh.). Holzverarbeitung, Bootsbau.

Schwertweg Herpersdorf

Benannt nach dem Schwert, einer Hieb- und Stoßwaffe.

Schwimbacher Straße Reichelsdorf

Schwimmbach ist ein Ort im Landkreis Roth. Er war seit 1383 im Besitz des Heilig-Geist-Spitals in Nürnberg.

Sebalder Platz Altstadt

Siehe Sebaldusstraße.

Sebald-Heyden-Straße Gartenstadt

Sebald Heyden (1499 - 1561) war der Rektor der Sebalder Schule. Er schrieb Kirchenmusik und verfaßte musiktheoretische Schriften. Ein Lehrer Hans Leo Haßler (siehe Haßlerstraße).

Sebaldusstraße Kleinreuth hinter der Veste

1425 wurde Sebaldus, der Lokalheilige und Patron Nürnbergs, heilig gesprochen; im 8. Jahrhundert in der Pegnitz-Rednitz-Gegend Missionar, soll er als Einsiedler hier gelebt haben (Poppenreuth?). Vermutlich war er kein dänischer Königssohn, sondern Bamberger Domherr. Er weihte um das Jahr 1050 die Peterskapelle, in der er beigesetzt wurde.

Seckendorfstraße Kornburg
Benannt nach dem Adelsgeschlecht der Seckendorf. Es war im späten 15. Jahrhundert Besitzer des Kornburger Schlosses.

Seebacher Straße Sündersbühl
Benannt nach dem Ort Großenseebach bzw. Kleinseebach im Landkreis Erlangen-Höchstadt.

Seeleinsbühlstraße Sündersbühl
Hier lag der alte Ort Seeleinsbühl.

Seelenpoint Großgründlach
Nach einem Flurnamen.

Seeweg Buch
Ein alter Flurname. Zwischen Buch und Höfles, wohin der Weg führt war früher ein See.

Seewiesenweg St. Jobst
Flurbezeichnung eines Weges am Ufer des Wöhrder Sees in Nürnberg.

Segeberger Straße Schniegling
Nach Bad Segeberg an der Trave in Holstein. Moor- und Solbad. Textil-, Glas-, chem. Industrie.

Seidelbastweg Worzeldorf
Benannt nach dem Strauch mit beerenähnlichen Steinfrüchten.

Seilerstraße Mühlhof
Christoph Seiler (1855 - 1921) war Inhaber der Mühlhofer Drahtfabrik. Er hat sich um Nürnberg verdient gemacht.

Seitenstraße, Obere und Untere Gostenhof
Die beiden Straßen wurden 1868 nach ihrer seitlichen Lagen zur Kanalstraße benannt.

Seitzstraße Mühlhof
J. C. Seitz (1787 - 1847) hat 1837 die Leonische Fabrik von Roth nach Mühlhof verlegt.

Seligenporter Straße Reichelsdorf
Das Dorf Seligenporten mit Kloster und alter Klosterkirche liegt bei Allersberg, Landkreis Neumarkt/Opf.

Sellerieweg Höfles
Benannt nach der im Knoblauchsland angebauten Gemüse- und Gewürzpflanze.

Seminarweg Luitpoldhain
Benannt nach dem dort gelegenen kath. Knabenseminar.

Semmelweisstraße Mögeldorf
Dr. Ignaz Phillip Semmelweis (1818 - 1865), der „Retter der Mütter", entdeckte die Ursachen des Kindbettfiebers und war Mitbegründer der modernen Asepsis. Er war Arzt in Ofen in Ungarn und in Wien.

Sendelbacher Weg Laufamholz
Nach dem Dorf Sendelbach bei Henfenfeld, im Landkreis Nürnberger Land.

Senefelderstraße Schoppershof
Alois Senefelder (1771 - 1834) war der Erfinder der Lithographie. 1797 versuchte der ursprüngliche Schauspieler ein Verfahren zum Abschreiben seiner Rollen und kam auf den Steindruck.

Senftenberger Straße Neukatzwang

Senftenberg, Kreisstadt in der Niederlausitz an der Schwarzen Elster. Braunkohlenbergbau, Glasindustrie.

Senistraße Mühlhof/Holzheim

Giovanni Battisti Seni (1600 - 1656) war der Sterndeuter Wallensteins.

Sensenschmidstraße Gärten bei Wöhrd

Johann Sensenschmid (gest. 1491) war der erste bekannte Nürnberger Buchdrucker. Der aus Eger stammende Drucker schuf 1476 die 5. deutsche Bibelausgabe.

Seuffertstraße Steinbühl

Dr. von Seuffert (1800 - 1870) war Appellationsgerichtspräsident und Nürnberger Ehrenbürger. Der in Würzburg geborene Jurist schuf das heute noch wichtige und bestehende Archiv für Entscheidungen oberster Gerichte.

Seukendorfer Weg Großreuth bei Schweinau

Seukendorf liegt im Landkreis Fürth.

Seumestraße Gleißhammer

Johann Gottfried Seume (1763 - 1810) war Schriftsteller. Der durch die Welt jagende Dichter wurde schließlich ernsthafter Mahner zur Humanität (Spaziergang nach Syrakus).

Sibeliusstraße Erlenstegen

Jean Sibelius (1865 - 1957) war finnischer Komponist. Er schuf Lieder und sinfonische Werke. (Finlandia).

Siebenbürger Straße Zerzabelshof

Siebenbürgen war das alte deutsche Siedlungs- und Sprachgebiet im alten Ungarn, der Siebenbürger Sachsen.

Siebenkeesstraße Steinbühl

Johann Christ. Siebenbees (1753 - 1841) war Professor an der Universität Altdorf und bedeutender Nürnberger Historiker. „Materialien zur Nürnberger Geschichte".

Sieben Zeilen Altstadt

Im Jahre 1488 erbaute die Reichsstadt eine Anzahl von Wohn- und Werkhäusern in sieben Reihen hinter dem Egidienkloster. Man lockte damit einige Barchentweber aus der Weber-Hochburg Augsburg an. Die so angelockten Weber, an Augsburger Handwerker-Freiheiten gewöhnt, hielten es im strengen Nürnberg allerdings nicht lange aus und empfahlen sich nach und nach alle wieder.

Siebmacherstraße Gärten bei Wöhrd

Johann Siebmacher (gest. 1611) war Nürnberger Kupferstecher und gab ein Wappenbuch heraus, 1597 ein Strick- und Spitzenmusterbuch.

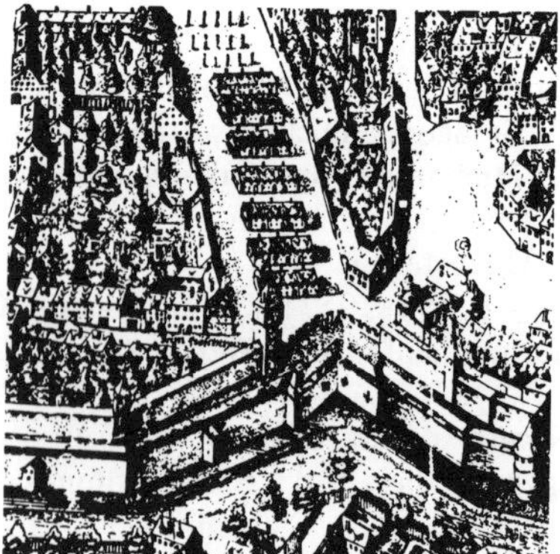

Die Sieben Zeilen

Sieboldstraße Schafhof

Philipp Franz von Siebold (1796 - 1866) war bedeutender Naturforscher und Forschungsreisender nach Japan.

Siedlerstraße Zerzabelshof/Mögeldorf

Dort siedelte die Baugenossenschaft Zerzabelshof.

Siegelsdorfer Straße Höfen

Siegelsdorf liegt im Landkreis Fürth im Zenngrund.

Siegfriedstraße Lichtenhof

Siegfried, der Königssohn und „Lichte Held" aus dem Nibelungenlied.

Sielstraße Gostenhof

Durch diese Straße läuft der Hauptstrang der städt. Kanalisation zur nahen Kläranlage (Siel = Abwasserrohr).

Siemensplatz Steinbühl

Ernst Werner von Siemens (1787 - 1840) war der erfinderisch wie geschäftlich gleich tüchtige Physiker und Ingenieur der Familie Siemens in Berlin. Er gründete Siemens-Halske und Siemens-Schuckert.

Siemensstraße Steinbühl/Lichtenhof

Vgl. Siemensplatz.

Sigenastraße Gleißhammer

Sigena war eine Leibeigene des Edlen Ricolf (Richold) in Reichelsdorf, die am 16. Juli 1050 in Nuorenberc bei einem Hoftag im Auftrag des Kaisers Heinrich III. (1017 - 1056) in den Stand der Freien erhoben wurde.

Siglindenstraße Gleißhammer

Nach dem weiblichen Vornamen (Mutter Siegfrieds).

Sigmund-Freud-Straße Weiherhaus
Sigmund Freud (1856 - 1939), Wiener Arzt und Begründer der Psychoanalyse.

Sigmundstraße Muggenhof
Sigismund (Siegmund) war deutscher Kaiser (1410 - 1437) aus dem Hause Luxemburg.

Silberstraße Schniegling
Nach dem Edelmetall.

Simmelsdorfer Straße Laufamholz
Simmelsdorf liegt bei Lauf im Landkreis Nürnberger Land. Tucherschloß.

Sinbronner Straße Großreuth bei Schweinau
Gemeinde Sinbronn liegt bei Dinkelsbühl.

Singerstraße Steinbühl
Hieß bis 1905 „Singerweg". Die Ableitung des Namens ist unbekannt.

Sittenbacher Straße Laufamholz
Altensittenbach und Kirchensittenbach liegen im Landkreis Nürnberger Land.

Slevogtstraße Weiherhaus
Max Slevogt (1868 - 1932), Maler und Graphiker.

Smetanastraße Reichelsdorfer Keller
Friedrich Smetana (1824 - 1884), komponierte Opern (Die verkaufte Braut), sinfonische Dichtungen (Mein Vaterland).

Söderblomstraße Sündersbühl
Der schwedisch-lutherische Theologe Nathan Söderblom (1866 - 1931), Erzbischof von Upsala, war Mitbegründer der

ökumenischen Bewegung. 1930 erhielt er den Friedensnobelpreis.

Södnersgasse, Ober und Untere Altstadt
In der RSZ wohnten dort die „Söldner“ = Soldaten und „Seldner“ = Kleinhäusler.

Sömmeringstraße Eibach
Samuel Thomas von Sömmering (1755 - 1830), Arzt und Physiker in München, Frankfurt. Er erfand 1809 den ersten elektrischen Telegraphen.

Solgerstraße Kleinweidenmühle
Bernhard Solger (1812 - 1889) war Baurat in Nürnberg. Viele der Bauten, für die Solger als Architekt verantwortlich gewesen war, fielen im Lauf der Zeit Modernisierungen und Kriegszerstörungen zum Opfer. Erhalten ist aber noch die Maxbrücke (zwischen Henkersteg und Kettensteg), deren gußeisernes Maßwerk (anf. der 80er Jahre renoviert) als Verbindung traditioneller Baukunst mit moderner Technik verstanden werden kann.

Solnhofer Straße Reichelsdorf
Solnhofen im Altmühltal (Jura), angeblich von hl. Sola gegründet. Bekannt durch die Solnhofer Platten (Lithographiesteine).

Sommeracher Straße Großgründlach
Sommerach am Main, bekannter Weinort, Landkreis Kitzingen. Tortürme (16. Jahrhundert), spätbarocke Pfarrkirche.

Sommerstraße Großreuth bei Schweinau
Nach der Jahreszeit.

Sonneberger Straße Schoppershof
Sonneberg, die thüringische Spielwarenstadt, die mit Nürnberg in regem Geschäftsverkehr stand. 1317 schon Stadt.

Sonnengartenstraße Kleinreuth hinter der Veste
Nach den sonnigen Gärten dort benannt.

Sonnenplatz Gartenstadt
Wegen seiner Kreisform und sonnigen Lage so benannt.

Sonnenstraße Rangierbahnhof
Nach der Sonne, unserer Licht- und Wärmespenderin.

Sonntagsweg Almoshof
Nach der Begehung durch Sonntagsausflügler und Kirchgänger.

Sonthofener Straße Gaulnhofen
Markt Sonthofen im Landkreis Oberallgäu. Wintersportplatz. Textil-, Holz-, landw. Industrie.

Soosweg Neunhof
Nach einem Flurnamen.

Sophienstraße St. Peter
Nach dem weiblichen Vornamen.

Spalter Straße Eibach
Spalt, die mittelfränkische Hopfenstadt, liegt an der Fränkischen Rezat. Hopfengut und Hopfensiegelhalle (15. Jahrhundert).

Spargelfeldweg Wetzendorf
Benannt nach den landwirtschaftlichen Nutzflächen im Knoblauchsland.

Sparkasse, An der Altstadt
Benannt nach der angrenzenden Stadt-Sparkasse.

Spechtstraße Gibitzenhof
Nach dem Waldvogel.

Speckbacherstraße Lichtenhof
Joseph Speckbacher (1767-1820) war mit Hofer 1809 Anführer der Tiroler Freiheitskämpfer.

Speckhartstraße Mögeldorf
Gustav Speckhart (1852-1919) war Nürnberger Kunstuhrmacher, der in Mögeldorf wohnte.

Spenglerstraße Gostenhof
Lazarus Spengler (1479-1534) war Nürnberger Ratsschreiber und Förderer der Reformation. Seine, 1519 in Augsburg - ohne sein Wissen - veröffentlichte „Schutzred und christenliche Antwort eines ehrbaren Liebhabers göttlicher Wahrheit der heiligen Schrift" verteidigte Luthers Lehre. Spengler reiste als Exkommunizierter auf den Reichstag nach Worms, welcher dort, entgegen den Bestimmungen der heiligen Bulle, stattfand und nicht in Nürnberg, woselbst gerade nämlich die Pest herrschte.

Sperberstraße Gibitzenhof/Lichtenhof
Nach dem zu den Falken gehörenden Raubvogel. Hier war früher ein Vogelherd.

Sperlingstraße Gibitzenhof
Nach den Gassenbuben unter den Vögeln, dem „Spotz'n".

Spessartstraße Großgründlach
Der Spessart ist ein Waldgebirge in Mainfranken aus Buntsandstein, zwischen Odenwald und Rhön.

Speyerer Straße Gibitzenhof

Speyer, die alte Kaiserstadt am Rhein, mit dem romanischen Dom und den Gruften der Kaiser des Mittelalters (Obst, Tabak).

Spielberger Ring Großreuth bei Schweinau

Gemeinde Spielberg, Landkreis Weißenburg-Gunzenhausen, am Hahnenkamm. Schloß der Grafen Oettingen-Spielberg, 14./15. Jahrhundert.

Spielhagenstraße Kornburg

Friedrich Spielhagen (1829-1911), Schriftsteller, schrieb liberale Gesellschaftsromane.

Spießstraße Werderau

Ernst Spieß (1837-1894) war Professor in Nürnberg und verdienstvoller Vorstand der Naturhistorischen Gesellschaft hier.

Spitalbrücke Altstadt

Nach dem nahen Heilig-Geist-Spital benannt.

Spitalgasse Altstadt

Nach dem nahen Heilig-Geist-Spital. 1329 wurde das für 200 Kranke geplante, von Hans Groß gestiftete, „Neue Spital" fertiggestellt.

Spitalhof Erlenstegen

Der Spitalhof, ein Einödshof, gehörte dem Heilig-Geist-Spital.

Spitalwiesenweg Mögeldorf

Flurbezeichnung eines Weges im Pegnitztal, nahe dem Ebensee.

Spittlertor Altstadt

Der Name, schon im 14. Jahrhundert üblich, stammt vom nahen Spital von St. Elisabeth.

Spittlertorgraben Kleinweidenmühle/Gostenhof

Benannt nach dem Spittlertor.

Spittlertormauer Altstadt

Vgl. Spittlertorgraben.

Spittlertorzwinger Altstadt

Benannt nach dem Spittlertor.

Spitzäckerstraße Brunn

Nach einem Flurnamen.

Spitzenberg Altstadt

Der Name stammt aus der RSZ.

Spitzwegstraße Worzeldorf

Carl Spitzweg (1808 - 1885), Münchener Maler.

Spohrstraße Muggenhof

Ludwig Spohr (1784 - 1859) war Violinvirtuose. Er komponierte Opern, Kammermusik und Sinfonien.

Sportplatz, Am Boxdorf

Benannt nach dem Sportgelände des ASC Boxdorf.

Sprangerstraße Herpersdorf

Eduard Spranger (1882 - 1963), Jugendpsychologe, Pädagoge und Philosoph.

Spreestraße Neukatzwang

Die Spree ist ein Nebenfluß der Elbe.

Sprottauer Straße Langwasser

Sprottau in Niederschlesien hat Eisenindustrie.

Spund, Am Boxdorf

Nach einem Flurnamen.

Stabiusstraße Rennweg

Johann Stabius (gest. 1521) war kaiserlicher Hofmathematiker. Er zeichnete 1502 die Sonnenuhr an der Südseite der Lorenzkirche. Stabius führte diese - im 19. Jahrhundert von Wanderer (siehe Wandererstraße) restaurierte - Arbeit auf Bitten seines Freundes Johannes Werner (siehe Wernerweg) aus. Werner hatte als mathematisch sehr gelehrter Pfarrer wohl einen besonderen Kontakt zu Stabius.

Stadelwiesen Fischbach

Nach einer Flurbezeichnung.

Stadenstraße Erlenstegen

Johann Staden (1581 - 1634) war Nürnberger Organist und Komponist. Die Musikalität vererbte sich weiter. Sigmund Gottlieb Staden, 1607 - 1655, war ebenfalls Organist - an St. Lorenz - und er veranstaltete 1643 auf Betreiben des Predigers Dilherr (siehe Dilherrstraße) eine Konzertveranstaltung, die in ihrer besonderen Art eher ein Kind des 20. Jahrhunderts hätte sein können. Es handelte sich um ein „historisches Konzert" und trug das Motto „Anfang, Fortgang, Änderungen, Brauch und Mißbrauch der edlen Musica". Der Zulauf muß der Überlieferung nach gewaltig gewesen sein.

Stadtgasse, Obere und Untere Almoshof

Sie führt in die Stadt.

Stadtpark, Am Gärten hinter der Veste/Schoppershof

Benannt nach dem angrenzenden Stadtpark.

Stadtweg Neukatzwang

Benannt nach dem ehemals von Katzwang nach Nürnberg führenden Weg.

Staedtlerweg Röthenbach bei Schweinau

Die Staedtler waren bekannte Nürnberger Bleistiftmacher. Sie gründeten die nach ihnen benannte Bleistiftfabrik.

Staffelsteiner Straße Schnepfenreuth

Nach dem Ort Staffelstein in Oberfranken.

Stahlstraße Herrnhütte

Benannt nach der Eisenlegierung Stahl.

Stallbaumer Straße Laufamholz

Stallbaum ist ein Ort bei Hersbruck, jetzt Ortsteil von Hartmannshof. Er gehörte zum Reichsgut.

Stangengäßchen Altstadt
Der Name stammt aus der RSZ.

Starckstraße Mühlhof
Benannt nach dem angesehenen Nürnberger Patriziergeschlecht Starck (1395 - 1715). Die Geschäfte der Starcks erstreckten sich vom westlichen Mittelmeer über die Karpatenländer bis zum Schwarzen Meer.

Stargarder Straße Röthenbach bei Schweinau
Nach Stargard in Ostpommern an der Ihna, mit schöner Marienkirche.

Staudenweg Eibach
Benannt nach den Stauden, Sammelbegriff für bestimmte Pflanzenarten.

Staufer Straße Reichelsdorf
Staufen (Stauf) liegt im Landkreis Roth, ist jetzt ein Ortsteil von Thalmässing. Die Burg Stauf wurde 1328 von Kaiser Ludwig dem Bayern dem Nürnberger Burggrafen verliehen. 1460 zerstört.

Stauffenbergstraße Langwasser
Claus Schenk Graf von Stauffenberg (1907 - 1944) war Oberst und Widerstandskämpfer. Bekannt durch seine Mitwirkung am Attentat auf Hitler.

Stehrstraße Fischbach
Hermann Stehr (1864 - 1940), schlesischer Dichter.

Steig, Am Großgründlach
Benannt nach dem ehemaligen Herboldshofer Steig.

Steigbeetstraße Brunn
Nach einem Flurnamen.

Steigerwaldstraße Schoppershof

Der Steigerwald ist ein bewaldetes Mittelgebirge zwischen Main, Regnitz und Aisch.

Steiglehnerstraße Erlenstegen

Georg Christoph Steiglehner (1738 - 1819) war Nürnberger Naturforscher, Mitglied der bayerischen Akademie der Wissenschaften. Er war der letzte Fürstabt des Reichsstiftes St. Emmeram in Regensburg.

Steigwiesen Fischbach

Nach einem Flurnamen.

Steinacher Kreuz, Am Boxdorf

Nach einem alten Flurnamen.

Steinacher Straße Boxdorf

Benannt nach dem ehemals zu Boxdorf gehörenden Ortsteil Steinach. Schloß (erbaut 1658/61) ehemals im Besitz der Steinacher Löffelholz (ausgestorben 1738).

Steinberg, Am Reichelsdorf

Nach einem alten Flurnamen.

Steinbrechweg Werderau

Nach der Berg- und Steingartenpflanze, die zu den Rosenpflanzen gehört.

Steinbruch, Zum Buchenbühl

Nach dem früheren Buchenbühler Steinbruch, der jetzt mit Bombenschutt aufgefüllt ist.

Steinbühler Straße Gostenhof

Sie führt nach Steinbühl, einem heutigen Stadtteil. Das Dorf Steinbühl (steiniger Hügel) wurde 1864 eingemeindet. Der im 14. Jahrhundert schon bestehende Ort war Sitz vieler Nürnberger Patriziergeschlechter (Imhoff, Pfinzing, v. Gugel, Menter).

Steinbühler Tunnel Gostenhof
Nach Steinbühl.

Steiner Weg Röthenbach bei Schweinau
Führt nach Stein. Schon im 14. Jahrhundert ein Edelsitz derer v. Stein. 1977 Stadt.

Steinfeldstraße Schnepfenreuth
Nach einem alten Flurnamen.

Steingruberstraße Mögeldorf
David Steingruber (1702 - 1787) war Barockbaumeister im Ansbacher Markgrafengebiet.

Steinhauserweg Reichelsdorf/Reichelsdorfer Keller
Die Steinhauser besaßen einmal das Reichelsdorfer Schlößchen.

Steinheilstraße Steinbühl
Karl August Steinheil (1801 - 1870) war Astronom, Physiker und Techniker. Der in München lebende erfand den Prismenkreis und schuf hervorragende Instrumente.

Steinlach, Im Reichelsdorf
Nach einem alten Flurnamen.

Steinmauer, An der Worzeldorf
Nach einem Flurnamen.

Steinmetzanlage Großreuth bei Schweinau
Karl Friedrich Steinmetz (1796 - 1877) war preußischer Generalfeldmarschall.

Steinmetzstraße Großreuth bei Schweinau
Vgl. Steinmetzanlage.

Steinplattenweg Erlenstegen
Nach einer alten Flurbezeichnung (Sandsteinschichtungen).

Steinstraße St. Johannis
Vermutlich nach der steinigen Beschaffenheit des dortigen Bodens.

Steinthalstraße Herpersdorf
Hermann Steinthal (1823 - 1898) war Psychologe und Sprachforscher.

Stelzengasse Altstadt
Bis 1811 hieß die alte Ortsbezeichnung „Stelzenbach". Wohngegend der Bettler; ihr Aufseher war der „Stelzelmeister". Sterzer, bzw. Landsterzer war früher gleichbedeutend mit Bettler und Landstreicher. In Nürnberg war das Bettelwesen streng geordnet. In einer Bettelordnung aus dem 14. Jahrhundert wurde bestimmt, daß jeder, vom Bettelvogt als würdig befundene Bettler eine Marke aus Weißblech ein halbes Jahr tragen durfte. Fremde Bettler durften nicht länger als 3 Tage in der Stadt verweilen.

Stephanstraße Gleißhammer
Nach dem männlichen Vornamen.

Sterngasse, Hintere und Vordere Altstadt
Wurde 1811 nach dem dortigen Wirtshaus zum „Blauen Stern" benannt.

Sterntor Altstadt
Der schon alte Mauerdurchbruch wurde nach der Sterngasse benannt.

Sterzinger Straße Lichtenhof
Sterzing ist eine Stadt in Südtirol im Eisacktal mit Porphyr- und Marmorbrüchen.

Stettiner Straße Thon
Die Stadt Stettin, Hauptstadt Pommerns, ist Ostseehafen, hat Werften, Reedereien und Fabriken. Im 12. Jahrhundert besiedelt, um 1243 Stadtrecht, Hansastadt, 1648 an Schweden, 1720 an Preußen.

Steubenbrücke Marienvorstadt
Friedrich Wilhelm August von Steuben (1730-1794) war preußischer General. Er reorganisierte im Unabhängigkeitskrieg 1775 die amerikanische Armee.

Steubenbrücke, Neue Marienvorstadt
Vgl. Steubenbrücke.

Stieberstraße Mühlhof
Nach der Familie Stieber, die seit 1730 schon in der Leonischen Industrie in Roth a. S. und Mühlhof führend tätig ist.

Stiegelfeld, Zum Loher Moos
Eine alte Ziegelsteiner Flurgemarkung.

Stieglitzweg Weiherhaus
Nach der Vogelart.

Stielerstraße Erlenstegen
Karl Stieler (1842-1885) war bayerischer Dichter und Schriftsteller. Der Münchener schrieb auch in bayerischer Mundart.

Stillastraße Moorenbrunn
Benannt nach der seligen Stilla. Sie errichtete im 12. Jahrhundert das Peterskirchlein in Abenberg.

Stirnerstraße Großreuth hinter der Veste
Max Stirner (1806 - 1856) war Philosoph. „Der Einzige und sein Eigentum."

Stockäckerstraße Worzeldorf
Nach einem Flurnamen.

Stockbauerstraße Gebersdorf
Dr. Jakob Stockbauer (1836 - 1896) war Mitglied der Bayerischen Landesgewerbeanstalt und Förderer des Kunstgewerbes.

Stockweg Brunn
Nach einem Flurnamen.

Stöpselgasse Altstadt
Aus der RSZ, bedeutet vielleicht „Staffelgasse".

Stolper Straße Röthenbach bei Schweinau
Die Stadt Stolp in Pommern an der Stolpe treibt Seehandel, hat Schloß und alte Kirchen.

Stolzingstraße Gartenstadt
Walter Stolzing, der Ritter aus der Wagneroper „Die Meistersinger von Nürnberg".

Storchenweg Mögeldorf
Benannt nach dem Vogelnamen.

Stormstraße Erlenstegen
Theodor Storm (1817 - 1888), Dichter und Erzähler aus Husum in Schleswig (Immensee, Der Schimmelreiter).

Strahlenfelsweg Buchenbühl
Nach einem felsigen Berg im Landkreis Forchheim.

Stralsunder Straße Thon
Stralsund, Hafenstadt an der Ostsee in Pommern; Industrie, Handel und Schiffahrt. Im 13. Jahrhundert Hansestadt, kam es 1648 an Schweden. 1814 an Dänemark, 1815 an Preußen.

Straßburger Straße Gibitzenhof
Straßburg, die alte ehemalige deutsche Freie Reichsstadt im Elsaß, hat herrliches Münster, Universität, Handelsplatz, Sitz des Europarates, Römische Siedlungen (Argentoratum). Im 7. Jahrhundert Bistum, 1262 Reichsstadt, 1681 von Ludwig XIV. besetzt, 1870 wieder deutsch, seit 1920 französisch, 1940 - 1945 deutsch, heute wieder französisch.

Straßenäckerweg Reichelsdorf
Nach einem Flurnamen.

Straßenholz Altenfurt
Nach einem Flurnamen.

Straubinger Straße Zerzabelshof
Hieß bis 1954 „Bei den Stadtwegäckern". Straubing an der Donau in Niederbayern. Mittelalterliches Stadtbild, mehrere bedeutende Kirchen.

Strauchstraße St. Peter
Lorenz Strauch (1544 - 1630) war Nürnberger Radierer, Maler und Porträtist.

Strawinskystraße Katzwang
Igor Strawinsky (1882 - 1971), russischer Komponist. (Ballette: „Der Feuervogel", „Petruschka", Sinfonien, Klavierwerke).

Strehlener Straße Langwasser
Strehlen ist eine Stadt in Schlesien mit Granitbrüchen und Möbelindustrie.

Ansicht der Fleischbrücke mit Fleischhaus.
Nach einem Stich von Lorenz Strauch (1554-1636).

Streitberger Straße Ziegelstein
Streitberg, Luftkurort im Wiesenttal in der Fränkischen Schweiz, mit den Ruinen der Streitburg und Neideck.

Strengerwiesenweg Brunn
Nach einem Flurnamen.

Stresemannplatz Gärten bei Wöhrd
Gustav Stresemann (1878 - 1929), nationalliberaler Politiker. Er gründete 1918 die Deutsche Volkspartei, war 1923 - 1929 Reichskanzler bzw. Reichsaußenminister (Völkerverständigung, Völkerbund, Rapallovertrag, Youngplan, 1926 mit Briand Friedensnobelpreis).

Streubuck Moorenbrunn
Nach einem Flurnamen.

Striegauer Straße Langwasser
Nach der schlesischen Stadt Striegau bei Liegnitz, Granit- und Basaltbrüche.

Strindbergstraße Laufamholz/Freiland
August Strindberg (1849 - 1912), schwedischer Dichter („Nach Damaskus", „Ein Traumspiel", „Gespenstersonate").

Stromerstraße Gostenhof
Otto Freiherr Stromer von Reichenbach (1831 - 1891) war der erste rechtskundige Bürgermeister Nürnbergs, aus einem schon im 13. Jahrhundert bekannten Nürnberger Patriziergeschlecht.

Stuckstraße Gärten bei Wöhrd
Franz von Stuck (1863 - 1928) war Münchener Maler und Bronzeplastiker (Kämpfende Faune).

Stübacher Straße Höfen

Der Ort Stübach liegt im Landkreis Neustadt an der Aisch-Bad Windsheim.

Stuibenweg Langwasser

Benannt nach dem Berg Stuiben im Allgäu, 1749 m über NN.

Sturmstraße St. Peter

Jakob Sturm (1771 - 1843) war Nürnberger Maler und Kupferstecher, Naturforscher.

Stuttgarter Straße Röthenbach bei Schweinau

Nach der Landeshauptstadt von Baden-Württemberg, mit Hochschulen und vielseitiger Industrie. Seit dem 12. Jahrhundert bekannt. 1250 Stadt, im 15. Jahrhundert Residenz.

Sudermannstraße Kornburg

Hermann Sudermann (1857 - 1928), naturalistischer Dramatiker und Erzähler.

Sudetendeutsche Straße Zerzabelshof

Benannt nach den ehemaligen in der Tschechoslowakei lebenden Deutschen.

Südstraße Eibach

Nach der Lage im Süden des Ortes.

Südtiroler Platz Lichtenhof

Der südliche Teil Tirols, der bis 1919 zu Österreich gehörte.

Südwesttangente

Die Straße tangiert den südwestlichen Bereich des inneren Stadtgebietes. Sie verläuft von der Stadtgrenze zum Hafen entlang des Europakanals.

Sündersbühlstraße St. Leonhard
Zur Erinnerung an den einst dort stehenden Siechenkobel für Aussatzkranke, der in früherer Zeit „Sondersiechenbühl“ hieß.

Süßheimweg St. Johannis/Schniegling
Dr. Dr. Max Süßheim (1876 - 1933), Nürnberger Rechtsanwalt und Justizrat, Mitglied des Stadtrats. Führender sozialistischer Politiker an der Seite des einstigen Nürnberger Bürgermeisters Luppe.

Sulzbacher Straße Gärten bei Wöhrd
Sulzbach in der Oberpfalz, Schloß, Eisenindustrie.

Sulzbacher Straße, Äußere Schoppershof/Erlenstegen
Vgl. Sulzbacher Straße.

Sumpfwiesenweg Brunn
Nach einem Flurnamen.

Sybelstraße Gleißhammer
Heinrich von Sybel (1817 - 1895) war Hochschullehrer und Historiker. Er war Vertreter der kleindeutschen Geschichtsschreibung, gründete die „Historische Zeitschrift“.

Sylter Straße Almoshof
Sylt, die größte nordfriesische Insel, mit den Badeorten Westerland, Kampen, List und Hörnum. Hindenburgdamm (11 km).

Tabakfeldstraße Großgründlach
Benannt nach den Tabakfeldern im Ortsteil Großgründlach.

Tafelfeldstraße Steinbühl
Alte Ortsbezeichnung; erinnert an einen früheren Ort Tafelfeld, der flaches Feld bedeutet.

Tafelhofstraße Tafelhof
Der Ort Tafelhof wurde 1899 eingemeindet.

Tafelhoftunnel Tafelhof
Nach dem alten Ort benannt.

Talgasse, Obere und Untere Altstadt
Sie wurde 1811 so benannt, weil sie zur Pegnitz führt; die Untere Talgasse hieß vor 1811 „Taschen-Tal".

Tannenbergstraße Ziegelstein
Nach der ostpreußischen Stadt Tannenberg. Im August 1914 die große Einkreisungsschlacht (Tannenbergdenkmal, 1945 zerstört).

Tannenhof Gartenstadt
Nach dem Nadelbaum.

Tannhäuserstraße Gartenstadt
Tannhäuser, Minnesänger im 13. Jahrhundert, stammte aus Thannhausen bei Gunzenhausen in Mittelfranken und starb als Deutschordensritter um 1255 in Nürnberg. Titelheld der gleichnamigen Wagneroper.

Tassilostraße Muggenhof
Benannt nach Herzog Tassilo von Bayern (Regierungszeit 757-788).

Tauberstraße Großreuth bei Schweinau
Die Tauber ist ein Nebenfluß des Mains. 120 km, entspringt an der Frankenhöhe, mündet bei Wertheim.

Taunusweg Gartenstadt
Nach dem Taunus, einem Teil des Rheinischen Schiefergebirges.

Tauroggenstraße Schoppershof
Tauroggen, Stadt in Litauen. 1812 bahnte sich hier das Bündnis zwischen Preußen und Rußland gegen Napoleon an.

Tellstraße Großreuth hinter der Veste
Nach dem Helden der Schweizer Sage, Wilhelm Tell.

Tennenloher Straße Schnepfenreuth
Das Kirchdorf Tennenlohe ist jetzt ein Ortsteil von Erlangen.

Terzkastraße Mühlhof/Holzheim
Adam Erdmann Terzka (1599 - 1634) war der Schwager und Vertraute Wallensteins.

Tetzelgasse Altstadt
Im Jahre 1811 nach dem Hof der ausgestorbenen Patrizierfamilie Tetzel benannt.

Teutoburger Straße Weigelshof
Nach dem Teutoburger Wald, wo 9 nach Chr. Arminius die Römer unter Varus besiegte.

Teutonenstraße Gleißhammer/Mögeldorf
Nach dem germanischen Volksstamm, der mit den Cimbern nach Italien zog.

Thäterstraße Mögeldorf
Dr. Karl Thäter (1886 - 1946) war Tiergartendirektor von 1912 - 1945.

Thalheimer Straße Laufamholz
Nach dem Dorf Thalheim bei Hersbruck, Landkreis Nürnberger Land.

Thalmässinger Straße Röthenbach bei Schweinau
Thalmässing, ein größerer Ort in Mittelfranken, liegt im Landkreis Roth.

Theatergasse Altstadt
Das Bedürfnis, für die Aufführung der italienischen Opern ein passendes Lokal zu finden, veranlaßte den Rat, 1667 ein Nachtkomödienhaus zu errichten. Das Theater befand sich auf dem „Lorenzer Stadtgraben", wo heute das Gebäude der Stadtsparkasse steht. Mit der Eröffnung des Opernhauses, 1905, wurde das Theater geschlossen.

Theklastraße Gleißhammer
Nach dem weiblichen Vornamen.

Theodor-Hampe-Weg Schoppershof
Theodor Hampe (1866 - 1933) war Nürnberger Historiker und 2. Direktor des Germanischen Nationalmuseums.

Theodor-Heuss-Brücke Sündersbühl/St. Johannis
Theodor Heuss (1884 - 1963), FDP-Politiker, war der erste Bundespräsident der Bundesrepublik Deutschland.

Theodorstraße Wöhrd
Nach dem Vornamen des Gründers der MAN, Theodor Freiherr von Cramer-Klett.

Theresienplatz Altstadt
Er hieß früher Heumarkt und wurde 1833 nach der Königin Therese, Gemahlin König Ludwigs I., umbenannt.

Theresienstraße (fr. Dillinggasse) Altstadt
1833 wurde die Dilling- oder Egidiengasse nach der Königin Therese umbenannt.

Thomas-Dehler-Straße Boxdorf
Thomas Dehler (1897 - 1967), FDP-Politiker, war ab 1960 Bundestagsvizepräsident.

Thomasiusstraße Eibach
Gottfried Thomasius (1660 - 1746) war Arzt und Polyhistoriker, seit 1691 in Nürnberg.

Thomas-Kolb-Brücke Reichelsdorf/Mühlhof
Thomas Kolb (1885 - 1975) war Reichelsdorfer Kommunalpolitiker.

Thomas-Mann-Straße Langwasser
Thomas Mann (1875 - 1955) war ein bedeutender Schriftsteller. 1929 Nobelpreis (Buddenbrooks, Königliche Hoheit, Der Zauberberg, Der Tod in Venedig u. a.).

Thoner Espan, Am Thon
Nach der alten Bezeichnung des Thoner Gemeindelandes.

Thoner Weg Thon
Thon von Tanne, eine alte Rodungssiedlung an einem Bach (Thoner Graben), mit einem Schwedenhaus, das abgebaut wurde (Walmdachhaus aus der Zeit vor dem Dreißigjährigen Krieg). Thon wurde 1899 eingemeindet.

Thorner Straße Schoppershof
Thorn, Stadt in Westpreußen. 1231 Stadt, 1793 preußisch.

Ehemalige Festung, Rathaus (14. Jahrhundert), Universität. Metall-, Elektro-, Maschinenindustrie.

Thüngersheimer Straße Großgründlach
Das Pfarrdorf Thüngersheim liegt im Landkreis Würzburg, bedeutender Weinort.

Thuisbrunner Straße Loher Moos
Thuisbrunn ist ein Ausflugsort bei Gräfenberg im Landkreis Forchheim (Burgruine).

Thumenberger Weg Erlenstegen
Nach dem Thumenberg (Platnersberg); der dortige Landsitz gehörte dem Nürnberger Bürger Georg Thumer.

Thurn-und-Taxis-Straße Schafhof
Das Geschlecht der Thurn und Taxis besaß im 16.-19. Jahrhundert das Generalpostmeisteramt im Deutschen Reich und in den südlichen Niederlanden.

Thusneldastraße Mögeldorf
Thusnelda war die Frau des Cheruskerfürsten Armin, des Befreiers Deutschlands von den Römern.

Thymianweg Werdeau
Nach der Gewürz- und Arzneipflanze.

Tieckstraße Erlenstegen
Ludwig Tieck (1773-1853), Dichter der Romantik, war mit Schlegel Shakespeare-Übersetzer.

Tiefäckerstraße Mögeldorf
Nach einem alten Flurnamen.

Tiefe Brücke Fischbach
Nach einem Flurnamen.

Tiefenfeldstraße Herrnhütte

Nach einem alten Flurnamen.

Tiergärtnertor, Beim Altstadt

Es hieß schon 1288 so. Vor dem Tor der Tiergarten (Bärenzwinger) der Burggrafen.

Tiergarten, Am Mögeldorf

Seit 1939 ist hier der Tiergarten.

Tillystraße Schweinau

Graf Johann Tserclaes Tilly (1559 - 1632), der Feldherr der katholischen Liga im Dreißigjährigen Krieg. Er siegte in Norddeutschland und wurde bei Rain am Lech schwer verwundert. Er starb in München.

Tilsiter Straße Neukatzwang

Tilsit, Hafenstadt in Ostpreußen, an der Memel. Barockes Rathaus, Ordensburg. Friede von Tilsit (1807).

Tiroler Straße Lichtenhof

Tirol, die österreichische Berglandschaft, zu der Nürnberg schon früher enge Beziehungen hatte.

Tizianstraße Neukatzwang

Tizian (1489/90? - 1576), italienischer Maler, Hauptmeister der venezianischen Renaissance.

Tolstoistraße Fischbach

Leo Graf Tolstoi (1828 - 1910), russischer Schriftsteller (Krieg und Frieden, Anna Karenina, Auferstehung u. a.).

Toplerstraße Zerzabelshof

Die Topler, ein früheres Nürnberger Patriziergeschlecht, hatten längere Zeit Zerzabelshof im Besitz. Ein Topler war Bürgermeister in der Reichsstadt Rothenburg.

Torwartstraße Zerzabelshof

Benannt nach dem ehemaligen benachbarten Fußballplatz.

Traklstraße Eibach

Georg Trakl (1887 - 1914), österreichischer Lyriker des Expressionismus.

Trautstraße Kraftshof

Wolf Traut (1477 - 1520) war Nürnberger Maler und Zeichner (Artelshofener Altar).

Trebnitzer Straße Langwasser

Trebnitz, in Niederschlesien, seit 1228 Stadt und berühmter Wallfahrtsort.

Treibberg Altstadt

Der Name stammt aus der RSZ und erinnert wahrscheinlich an den ehemaligen Viehtrieb.

Treitschkestraße St. Jobst

Heinrich von Treitschke (1834 - 1896) war einer der bedeutendsten deutschen Geschichtsschreiber, nationalliberaler Politiker.

Treuchtlinger Straße Eibach

Treuchtlingen, mittelfränkische Stadt an der Altmühl, Eisenbahnknotenpunkt, Marmorwerke und etwas Industrie. 1447 - 1647 war es pappenheimisch, dann ansbachisch und wurde mit der Markgrafschaft 1807 bayerisch.

Treufer Straße Laufamholz

Treuf ist ein Dorf bei Hersbruck im Landkreis Nürnberger Land.

Trewstraße Mögeldorf

Christoph Jakob Trew (1695 - 1768) war Nürnberger Arzt und widmete seine große medizinische Bibliothek der Universität Altdorf und der Stadt Nürnberg.

Trienter Straße Moorenbrunn

Trient, norditalienische Stadt an der Etsch. Hauptstadt der Region Trentino-Alto Adige. Mittelalterliche Stadt, Dom, Schloß, Erzbischofssitz, Industrie.

Trierer Straße Gartenstadt

Trier an der Mosel, Rheinland-Pfalz. Ruinen der Römerzeit (Porta Nigra, Amphitheater), Dom, Universität, Industrie, Weinbau.

Triesdorfer Straße Röthenbach bei Schweinau

Das Dorf Triesdorf liegt bei Ansbach, hat eine bekannte Landwirtschaftsschule für Jungen und Mädchen. Früher war es markgräfliche Sommerresidenz mit Schloß, Kavaliershäuschen und Reitschule.

Tristanstraße Lichtenhof

Tristan, ein Held der deutschen Sage und eines Musikdramas Richard Wagners.

Trödelmarkt Altstadt

Dort war schon in der RSZ der Altwarenmarkt (Trödler = Altwarenhändler).

Troststraße Gartenstadt

Gottlieb Trost d. J. (1672 - 1728), Nürnberger Architekt und Erbauer der barocken Egidienkirche.

Trubachweg Großreuth bei Schweinau

Der Trubach ist ein Nebenfluß der Wiesent in der Fränkischen Schweiz (Trubachtal mit Egloffstein).

Trübnerstraße Eberhardshof

Wilhelm Trübner (1851 - 1917), süddeutscher Maler, war Schüler von Leibl, 1903 Professor in Karlsruhe.

Tuchenbacher Straße Höfen

Die Gemeinde Tuchenbach liegt im Landkreis Fürth.

Tuchergartenstraße Gärten hinter der Veste

Dort hatte die Familie Tucher einen Lustgarten.

Tucherstraße Altstadt

1811 nach der Handelsfamilie Tucher benannt, die dort vorübergehend ihr Verschickungshaus hatte. Das Geschlecht der Tucher soll um 1140 von Leipzig nach Nürnberg gezogen sein. 1598 erwarben die Tucher Simmelsdorf.

Tucherzwinger Altstadt

Benannt nach den Tuchern.

Tucher

Tuchgasse Altstadt

Dort stand in der RSZ das Tuchhaus. Welch große Bedeutung die Tuchherstellung in Nürnberg hatte, ersieht man daraus, daß die Tuchscherer als erstes Handwerk „geschworen" wurden. Wie eng die Verbindung von politischem Einfluß und Gewerbe war, zeigt, daß es in Nürnberg, ähnlich wie in Leipzig, das „Gewandhaus", ein Tuchhaus gab, welches durchaus als erstes Rathaus in Nürnberg gelten darf. Im Obergeschoß befanden sich die Ratsstuben, im Erdgeschoß eine Tuchwarenschau. Hier wurden Tuche auf Haltbarkeit, Sauberkeit, Farbe und Dichte von einem Ratsbeauftragten geprüft, gezeichnet, dann erst zum Verkauf freigegeben.

Tuchmacherzwinger Altstadt

In der RSZ benutzte die Tuchmacherzunft den Zwinger.

Tucholskystraße Langwasser

Kurt Tucholsky (1890 - 1935), Publizist, Satiriker und Erzähler („Schloß Gripsholm").

Türkheimer Straße Gaulnhofen

Der Markt Türkheim liegt im Landkreis Mindelheim (Barockschloß, Industrie).

Tullnaustraße St. Peter
Die Ortschaft Tullnau bestand schon in der RSZ, heute Parkanlage.

Tulpenstraße .St. Leonhard
Nach der Blume.

Tunnelstraße Steinbühl
Nach der Nähe des Tafelhof-Tunnels.

Turnerheimstraße Schweinau
Dort liegt das Vereinsheim von Schweinau 1860.

Turnstraße, Obere und Untere Kleinweidenmühle
Dort liegt das Heim des Turnvereins 1846.

Uehlfelder Straße Neusündersbühl
Nach dem Ort Uehlfeld im Landkreis Neustadt an der Aisch-Bad Windsheim. Uehlfeld ist bekannt für sein historisches Torhaus am Eingang zum alten Ortskern.

Uffenheimer Straße Großreuth bei Schweinau
Die mittelfränkische Stadt Uffenheim ist der Mittelpunkt des Uffenheimer Gaues, seit 1394 Stadtrechte. 1378 wurde sie von den Burggrafen von Nürnberg vom Grafen von Hohenlohe gekauft.

Uhlandstraße Gärten hinter der Veste
Ludwig Uhland (1787 - 1862), der schwäbische Dichter und Dramatiker. Der freisinnige Schwabe war schließlich Politiker und saß 1848 in der Paulskirche (Schwäbische Kunde, Des Sängers Fluch, Ernst, Herzog von Schwaben).

Ulman-Stromair-Weg Marienvorstadt

Ulman Stromair, ein Nürnberger Ratsherr, gründete 1390 die erste deutsche Papiermühle bei der Hadermühle.

Ulmenstraße Gibitzenhof

Nach dem Laubbaum.

Umbenhauerstraße Reichelsdorfer Keller

Georg Umbenhauer (1912 - 1970) war Radrennfahrer.

Universitätsgasse Altstadt

Nach der dort liegenden Nürnberger Universität.

Unschlittplatz Altstadt

Nach dem „Unschlitthaus“, als Kornhaus 1490/91 erbaut, später nach dem Amt der RSZ zur Verteilung des Unschlitts benützt (Unschlitt = Rindertalg für Kerzen). Kaspar Hauser wurde am Unschlittplatz aufgefunden.

Unterbürger Straße Laufamholz

Dorf und Schloß Unterbürg liegen im Pegnitzgrund hinter Mögeldorf.

Unterreichenbacher Straße Katzwang

Unterreichenbach ist ein Ortsteil von Schwabach.

Untersbergstraße Langwasser

Benannt nach dem Berg Untersberg im Berchtesgadener Land, 1973 m über NN.

Urbanstraße Zerzabelshof

Nach dem männlichen Vornamen.

Ursulastraße Gleißhammer

Nach dem weiblichen Vornamen.

Uttenreuther Straße Loher Moos

Uttenreuth liegt im Schwabachtal bei Erlangen.

Uzstraße Gleißhammer

Johann Peter Uz (1720 - 1796) war fränkischer Dichter aus Ansbach. Der Geheime Justizrat verfaßte anakreontische Gedichte.

Vacher Weg Gebersdorf

Vach an der Regnitz, Ortsteil von Fürth, hat Brauerei und große Kunstmühle.

Valentin-Dretzel-Straße Am Südfriedhof

Valentin Dretzel (1578 - 1658), Nürnberger Organist. Bekanntester Sproß der Nürnberger Musikerfamilie Dretzel war wohl Cornelius Heinrich Dretzel (1697 - 1775), der schon mit 14 Jahren Organist an der Frauenkirche war. Ein Musikchronist nennt diesen Dretzel als einen der besten Schüler Johann Sebastian Bachs. Dretzel schuf mit seinem umfangreichen Choralbuch von 1731 - „Des evangelischen Zions musikalische Harmonie“ - ein Standardwerk der Nürnberger Kirchenmusik.

Valznerweiherstraße Zerzabelshof

Der Valznerweiher gehörte früher einem Nürnberger Geschlecht Valzner. Hier liegt die vereinseigene Sportanlage des berühmten 1. FC Nürnberg.

Van-Gogh-Straße Worzeldorf

Vinzent van Gogh (1853 - 1890), holländischer Maler und Graphiker.

Vargetweg Kornburg
Johann Christoph Varget war im 18. Jahrhundert Gutsbesitzer in Kornburg.

Veilhofstraße Gärten bei Wöhrd
Dort lag das Gehöft Veilhof (Feilhof), das 1988 eingemeindet wurde.

Veillodterstraße Rennweg
Dr. Karl Valentin Veillodter (1769—1828) war Hauptprediger bei St. Sebald.

Veitsbronner Straße Höfen
Veitsbronn im Zenntal, Landkreis Fürth, hat eine sehenswerte Kirche (früher befestigt, liegt auf der Höhe). Der früher als Heilquelle geltende Bronn, am Fuß des Kirchberges, sicher dem heiligen Veit geweiht, gab wohl dem Dorf den Namen.

Veitshöchheimer Straße Großgründlach
Veitshöchheim am Main in Unterfranken, mit Lustschloß der Fürstbischöfe von Würzburg (Balthasar Neumann); französischer Schloßpark, einer der schönsten Rokokogärten Europas, mit Gartenplastiken (F. Tietz).

Veit-Stoß-Platz Gostenhof
Veit Stoß (gest. 1533), der berühmte Nürnberger Bildschnitzer, Maler und Kupferstecher. (Der „Englische Gruß, Altar im Bamberger Dom, Marienaltar in Krakau.)

Velburger Straße Zerzabelshof
Velburg in der Oberpfalz, seit 1310 Stadt, liegt an der Schwarzen Laaber. In der Nähe sehenswerte Höhlen.

Veldener Straße Laufamholz
Velden, Stadt an der Pegnitz, Landkreis Nürnberger Land.

Mathias Prechtl
Die Brandmarkung des Veit Stoß

912 schon genannt, 1376 Stadt, gehörte sie von 1504 - 1806 zur Reichsstadt Nürnberg (Schloß, Mühlen, Dolomitwerk).

Venatoriusstraße Kornburg
Thomas Venatorius (1488 - 1551) war ein Wegbereiter des Luthertums in Kornburg.

Venezianer Straße Kornburg
Benannt nach der Handelsstraße, die im Mittelalter von Nürnberg über Kornburg nach Venedig führte.

Verdistraße Katzwang
Guiseppe Verdi (1813 - 1901), italienischer Opernkomponist (Othello, Don Carlos, Rigoletto, Macht des Schicksals u. a.).

Verschönerungsweg Brunn
Benannt nach der mundartlichen Bezeichnung des Wanderweges Schmausenbuck - Brunn.

Vestnertor Burg
Es ist der äußere Zugang zur Burg.

Vestnertorbrücke Gärten hinter der Veste
Am Vestnertor.

Vestnertorgraben Gärten hinter der Veste
Das Vestnertor ist der äußere Zugang zur Burg. Veste = Feste.

Vestnertormauer Altstadt
Vgl. Vestnertorgraben.

Viatisstraße Zerzabelshof
Bartholomäus Viatis (1534 - 1624), der aus Venedig zugewanderte Handelsmann, war ein bedeutender Nürnberger Kaufmann. Er erbaute mit seinem Schwiegersohn Martin Peller das Pellerhaus mit prachtvollem Hof (1945 zerstört, jetzt städtisches Archiv).

Victor-Huber-Straße Langwasser
Professor Victor Aimè Huber (1800 - 1869) war der Wegbereiter der deutschen Wohnungsbaugenossenschaften.

Villacher Straße Moorenbrunn
Die Stadt Villach liegt in Kärnten an der Drau. Gotische Pfarrkirche. Gehörte 1007 - 1759 zum Bistum Bamberg.

Virchowstraße Schoppershof
Dr. Rudolf Virchow (1821 - 1902) war Mediziner und Anthropologe in Berlin. Demokratischer Politiker (Fortschrittspartei), eine Zeitlang in Würzburg wegen seiner politischen Einstellung, dann wieder in Berlin.

Epitaph des Bartolomäus Viatis in der Johanniskirche.

Virnsberger Straße Kleinreuth bei Schweinau
Dorf und Schloß Virnsberg liegen im Rangau, Landkreis Ansbach (Deutscher Ritterorden).

Völklinger Straße Gartenstadt
Völklingen im Saarland hat Eisenhütten und Kohlenbergbau.

Vogelberg, Am Weiherhaus

Nach einem Flurnamen.

Vogelherdstraße Wetzendorf

Dort waren früher Vogelfangherde.

Vogelsangstraße Gartenstadt

Benannt nach dem Nürnberger Heftelmacher Vogelsang, den Hans Sachs als einen der bedeutendsten Meistersinger aufführt.

Vogelsgarten St. Peter

Eine alte Ortsbezeichnung, vielleicht nach dem Namen eines dortigen Gartenbesitzers.

Vogelweiherstraße Gibitzenhof

Früher war dort ein Weiher dieses Namens.

Vogtsbergstraße Reichelsdorf

Nach einem alten Flurnamen.

Voigtländerstraße Wöhrd

Peter Wilhelm Friedrich von Voigtländer (1812 - 1878) gründete die weltbekannten optischen Werke in Braunschweig (erst in Wien, 1849 Übersiedlung nach Braunschweig).

Volbehrstraße Erlenstegen

Lu (Julie) Volbehr (1876 - 1945), Nürnberger Schriftstellerin. Sie schrieb Romane (Stephan Henlein) und Dramen (Evas Söhne).

Volckamerplatz Werderau

Dr. Johann Christoph Volckamer (1662 - 1744) war berühmter Nürnberger Botaniker. Die Familie blüht noch. (Clerodendron, Volckamerie, vielleicht nach ihm benannt, ist eine tropische Zierpflanze - Schicksalsbaum genannt.)

Aus Volckamers Hesperiden: Östl. Teil seines Gostenhofer Gartens, 1714

Volckamerstraße Werderau
Vgl. Volckamerplatz.

Volkacher Straße Großgründlach
Die Stadt Volkach liegt am Main in Unterfranken. Stadtmauer mit Tortürmen, gotische Pfarrkirche, Wallfahrtskirche „Maria

im Weingarten“ mit Rosenkranzmadonna von Riemenschneider, bekannter Weinort.

Volker-Coiter-Straße Mögeldorf
Coiter war Holländer (1534 - 1576), in Nürnberg als Arzt und Anatom. Er entdeckte die Ganglien an den Rückenmarksnerven.

Volkmannstraße Steinbühl
Robert Volkmann (1815 - 1883), ein Komponist von feiner Musik (Orchester- und Klavierstücke).

Volkswohlstraße Eibach
Dort siedelte die Baugenossenschaft „Volkswohl“.

Vollandstraße Buchenbühl
Hermann Volland (14. Jahrhundert) war der älteste Forstamtmann des Sebalder Reichsforstes. (Die Familien Volland sind heute noch im Knoblauchsland häufig.)

Vollmarstraße Boxdorf
Georg von Vollmar (1850 - 1922) war sozialdemokratischer Politiker, Mitglied des Reichstages.

Volprechtstraße Gostenhof
Wolfgang Volprecht (1517 - 1525 Prior am Augustinerkloster in Nürnberg) hatte große Verdienste um die Einführung der Reformation in Nürnberg.

Voltastraße Steinbühl/Lichtenhof
Graf Alessandro Volta (1745 - 1827) war berühmter italienischer Physiker (Voltasäule, Kondensator).

Volzstraße Sündersbühl
Benannt nach dem Dichter Hans Volz, gebürtig aus Worms, lebte und dichtete in Nürnberg (etwa 1470 - 1490). Er ver-

pflanzte den Meistergesang als schulmäßige Dichtung nach Nürnberg.

Von-der-Tann-Straße Großreuth bei Schweinau/Sündersbühl
Freiherr von und zu der Tann-Rathsamhausen (1815 - 1881) war bayerischer General und Heerführer 1866 und 1870/71 des I. bayerischen Armeekorps.

Fürer

Von-Fürer-Straße Schoppershof
Die Herren von Fürer sind ein noch blühendes Nürnberger Patriziergeschlecht.

Von-Lieben-Straße Großreuth bei Schweinau
Robert von Lieben (1878 - 1913) war Physiker in Österreich und erfand die Verstärkerröhre (Elektronenröhre).

Von-Nassau-Weg Kornburg
Gräfin Anna von Nassau, ehemalige Gutsherrin in Kornburg. Anna war die Tochter des Burggrafen Friedrich III. von Nürnberg. Die Nassauer verkauften spätestens im Jahre 1364 alle ihre Besitzungen in Nürnberg und Franken.

Von-Oelhafen-Straße Thon
Benannt nach dem noch blühenden Nürnberger Patriziergeschlecht von Oelhafen.

Von-Soden-Straße Altenfurt
Franz von Soden (1790 - 1869).

Vorjurastraße Reichelsdorf/Reichelsdorfer Keller
Nach dem Vorgelände des Frankenjura (Malm und Liashöhen).

Vorrastraße Laufamholz
Das Pfarrdorf Vorra liegt im Landkreis Nürnberger Land, an der Pegnitz.

Voßstraße Erlenstegen
Johann Heinrich Voß (1751 - 1826) war Dichter und Übersetzer, gehörte zum Göttinger Dichterbund, übersetzte Homer, Virgil, Horaz u. a. Eigene Dichtungen: Luise, Der Siebzigste Geburtstag. Der geborene Mecklenburger starb in Heidelberg.

Vorchtelstraße Zerzabelshof
Die Vorchtel waren eines der ältesten Nürnberger Patriziergeschlechter, das schon seit Mitte des 13. Jahrhunderts hier ansässig war. Zu Beginn des 16. Jahrhunderts starb die Familie aus.

Waaggasse Altstadt
Im 14. Jahrhundert stand dort die Fron- oder Herrenwaage. In der Herrenwaage befanden sich kleinere Waagen, auf denen Edelmetall abgewogen wurde; als Hauptwaage diente eine Brückenwaage, die ganze Fuhrwerke samt Ladung wiegen konnte.

Wabenstraße Herpersdorf
Benannt nach den Waben, dem Honigspeicher der Bienen.

Wachendorfer Weg Großreuth bei Schweinau
Wachendorf ist ein Dorf bei Cadolzburg im Kreis Fürth/Bay.

Wacholderweg Werderau
Nach dem Wacholderbusch, der in etwa 30 Arten auf der nördlichen Halbkugel vorkommt (bei uns der Gemeine Wacholder, eine Heilpflanze).

Wachtelstraße Wetzendorf
Nach der Wachtel, dem kleinen Feldhuhn.

Wackenroderstraße Erlenstegen
Wilhelm Wackenroder (1773 - 1798), der Berliner Kammergerichtsreferendar, war Dichter der Romantik (Herzensergießungen eines kunstliebenden Klosterbruders).

Waechterstraße Gärten bei Wöhrd
Maximilian von Waechter war von 1854 - 1867 der erste Bürgermeister von Nürnberg. Unter ihm wurde die frühere Landgemeinde Steinbühl zu einer Vorstadt Nürnbergs. Waechter veranlaßte 1854 den Bau der Schwabenmühle, des Wasserpumpwerks und der Kanalisation der Altstadt; dies alles, weil bis dahin Epidemien durch unzureichende Trinkwasserversorgung und mangelhafte Abwässerbeseitigung begünstigt worden waren.

Wagenseilstraße Mögeldorf
Johann Christoph Wagenseil (1633 - 1705) war Professor in Altdorf. Er veröffentlichte geschichtliche, juristische und orientalische Schriften (De civitate Norimbergensis commentatio, 1697 - und Belehrung der Jüdisch-Teutschen Red- und Schreibart, 1699). Bei Wagenseil wurde über den Nürnberger Gebietszuwachs (1504) erwähnt, daß die Nürnberger Hersbruck, Reicheneck, Lauf, Altdorf, Stierberg, Betzenstein, Grünsberg, Velden, Hohenstein, sowie die Vogtei des Klo-

Wagenseil, De civitate Noribergensi, 1697

sters Engelthal erhielten. Dadurch wurde Nürnberg zur größten reichsstädtischen Territorialmacht.

Wahlbaum, Beim Reichelsdorf
Nach einem alten Flurnamen.

Wahlerstraße Schniegling
Nach der Nürnberger Kaufmannsfamilie von Wahler, die eine Zeitlang das Schlößchen in Schniegling besaß. Die Familie ist ausgestorben.

Walburgisstraße Kleinreuth hinter der Veste
Walburgis (Walpurgis), auch in Nürnberg verehrte Heilige. Sie war die Schwester der Heiligen Wunibald und Willibald, die aus England kamen und im Jura bei Eichstätt missionierten. Sie starb 779 als Äbtissin des Klosters Heidenheim am Hahnenkamm.

Waldamtstraße Buchenbühl
Als 1427 der große Reichswald in reichsstädtische Verwaltung kam, gab es zwei Waldämter: St. Lorenz und St. Sebald. Die Waldpfleger stammten aus dem Patriziat.

Waldaustraße Schweinau
Georg Ernst Waldau (1745 - 1817) war Nürnberger Pfarrer und Geschichtsforscher.

Waldenburger Straße Langwasser
Waldenburg im Waldenburger Bergland in Schlesien, Kohlen- und Eisengebiet.

Waldgärtnerstraße Zerzabelshof
Der Waldgärtner, der große Kiefernmarkkäfer, hat im Reichswald schon wiederholt Schaden angerichtet. Er gehört zu den Borkenkäfern.

Waldherrenstraße Buchenbühl
Der Rat der Reichsstadt Nürnberg hatte einen Ausschuß, die „Waldherren", bestehend seit etwa 1489.

Waldhof Gartenstadt
In dieser Gegend war früher Wald und darinnen ein Waldhof.

Waldluststraße Gleißhammer/Zerzabelshof
Benannt nach der Wirtschaft „Waldlust", die dort lag.

Waldmüllerstraße Worzeldorf
Ferdinand Waldmüller (1793 - 1865), österreichischer Maler (Porträts, Landschaften, Stilleben, Genrebilder).

Waldrand, Am Katzwang
Im Bereich dieser Straße war ehemals Wald.

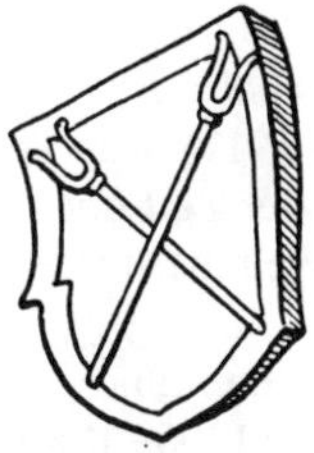

Waldstromer

Waldstraße Mögeldorf
Früher war dort Wald.

Waldstromerstraße Reichelsdorf
Die Waldstromer, ein ausgestorbenes Nürnberger Patriziergeschlecht, waren längere Zeit Besitzer des Schlößchens in Reichelsdorf.

Waldwinkel Mühlhof/Holzheim
Benannt nach der Waldlage der Straße.

Walkürenstraße Gartenstadt
Die Walküren waren germanische Götterjungfrauen in Wallhall.

Wallensteinstraße Großreuth bei Schweinau
Albrecht Eusebius Wenzel Wallenstein, Herzog von Friedland (geb. 1583), studierte in Altdorf. Der wohlhabende, reich verheiratete, aus Böhmen stammende stellte im Dreißigjährigen Krieg ein eigenes Heer auf und kämpfte gegen die Schweden. 1630 entlassen, 1632 wieder Oberbefehlshaber, unterlag er bei Lützen. Er verhandelte mit dem Gegner und wurde 1634 abgesetzt und am 25. 2. 1634 in Eger ermordet.

Walleräcker Kraftshof
Nach einem alten Flurnamen.

Walter-Flex-Straße Reichelsdorf
Walter Flex (1887 - 1917) war ein Dichter der deutschen Jugendbewegung in der Zeit der Kriegsjahre (Der Wanderer zwischen den zwei Welten).

Waltherstraße Kleinweidenmühle
Wilhelm von Walther (1805 - 1889) war bayerischer General und Ehrenbürger der Stadt Nürnberg. Er führte die Nürnberger Garnison.

Walzwerkstraße St. Jobst
Nach dem dort liegenden „Eisenwerk Nürnberg", vormals J. Tafel.

Wandererstraße Eberhardshof
Friedrich Wanderer (1840 - 1910) war Maler und Professor in Nürnberg, Ehrenbürger der Stadt. Die Aufstellung des Neptunbrunnens (Kopie) ist ihm zu verdanken.

Warmbrunner Straße Langwasser
Warmbrunn, Dorf und Bad in Niederschlesien, hat radioaktive Schwefelthermen und Moorbäder.

Wartburgstraße Schoppershof
Nach der hochgelegenen Burg der Thüringer Landgrafen (12. - 14. Jahrhundert). Luthers Zufluchtsort - heilige Elisabeth - Minnesängerwettstreit.

Wassergasse St. Leonhard
Nach einem alten Ortsnamen (Wassergraben oder öffentlicher Brunnen).

Wassermannstraße Kornburg
Jakob Wassermann (1873 - 1934), jüdischer Schriftsteller aus Fürth. Seine Romane (Der Fall Maurizius, Die Juden von Zirndorf) stellen eine herbe Gesellschaftskritik der Vor-Hitler-Aera dar. Über Wassermanns „Fall Maurizius" schrieb der berühmte amerikanische Autor Henry Miller: „Eine grimmige und grausige Geschichte, von unheimlichen Blitzen durchleuchtet, welche die Tiefen und Höhen der deutschen Seele erhellen." Besonders mit Nürnberg in Verbindung zu bringende Romane sind: „Kaspar Hauser, oder die Trägheit des Herzens" und „Das Gänsemännlein".

Wassertorstraße Wöhrd

Der Name stammt von dem alten Tor an der Pegnitz, dem Wassertor.

Wassertrüdinger Straße Eibach

Wassertrüdingen, ein mittelfränkisches Städtchen am Hesselberg an der Wörnitz, 1317 Stadt, 1366 hohenlohisch, kam 1371 an die Burggrafen von Nürnberg bzw. Markgrafen und wurde 1807 bayerisch.

Wasserturm, Am Kornburg

Benannt nach dem am Straßenanfang stehenden Wasserturm.

Wattstraße Lichtenhof

James Watt (1736 - 1819), englischer Ingenieur, erfand die Dampfmaschine. Das nach ihm benannte Watt (W) ist die physikalische Leistungseinheit 1 Watt = 1 Voltampere.

Watzmannstraße Langwasser

Benannt nach dem Watzmannmassiv im Berchtesgadener Land, 2714 m über NN.

Webersgasse St. Leonhard

Dort wohnten und werkten in früherer Zeit die Weber.

Webersplatz Altstadt

Hieß bis 1811 „Am Schwabenberg“. Erinnert an die 1488 dort eingebürgerten Augsburger Weber (Sieben Zeilen). Um gegen Augsburg konkurrenzfähig zu bleiben, versuchte der Rat, kundige Augsburger Weber am Webersplatz anzusiedeln. Sie erhielten freies Bürgerrecht, zeitlich begrenzte Steuerfreiheit und billige Kredite. Die Augsburger Weber aber, die Zunftfreiheit gewohnt, wanderten bald wieder ab.

Weddingstraße Gleißhammer
Otto Wedding (1885 - 1915) war ein bekannter und erfolgreicher U-Bootführer im 1. Weltkrieg.

Wegfeld, Am Buch
Nach einem Flurnamen.

Wehefritzstraße St. Johannis
Valentin Wehefritz (1790 - 1868) war Nürnberger Volks- und Mundartdichter.

Wehrenreuthweg Buch
Nach einem Flurnamen (Wehre in der Rodung).

Weichselstraße St. Johannis
Nach der Sauerkirsche, vielleicht wegen der nahen Kirschgartenstraße.

Weide, Zur Hohen Großgründlach
Nach einem Flurnamen.

Weidenkellerstraße Tafelhof
Dr. Johannes Jakob Weidenkeller (1779 - 1851) gründete den Industrie- und Kulturverein.

Weidicht, Im Eibach
Nach einem alten Flurnamen.

Weidmannstraße Gleißhammer
Leonhard Weidmann war seit 1578 Stadtbaumeister in Rothenburg und auch hier tätig. Er baute das Rathaus, Gymnasium, Hegereiterhaus in Rothenburg.

Weigelstraße St. Johannis
Christoph Weigel (1654 - 1725) war Nürnberger Kupferstecher und Verleger.

Weihenzeller Straße Röthenbach bei Schweinau
Die Gemeinde Weihenzell liegt im Landkreis Ansbach.

Weiher, Am Boxdorf
An dem Straßenanfang liegt ein Weiher.

Weihergartenstraße Schniegling
Alter Ortsname, nach dem Weihergarten.

Weiherhauser Straße Katzwang/Neukatzwang
Benannt nach dem Ortsteil Weiherhaus.

Weihern, An den Weiherhaus
Benannt nach den angrenzenden Stockweihern.

Weiherwiesenstraße Brunn
Nach einem Flurnamen.

Weikershofer Straße Höfen
Weikershof ist ein Ortsteil von Fürth.

Weikertsgäßchen Altstadt
Johann Wolfgang Weikert (1778 - 1855) war Nürnberger Mundartdichter; gestaltete vor allem klassische Themen.

Weiltinger Straße Großreuth bei Schweinau
Der Markt Weiltingen liegt im Landkreis Ansbach.

Weimarer Straße Schoppershof
Die Stadt Goethes an der Ilm in Thüringen. Unter Herzog Karl August war sie Zentrum des deutschen Geisteslebens (Wieland, Goethe, Herder, Schiller). 975 als Burg bekannt, 1250 Stadt, seit 1572 Residenz, 1919 deutsche Nationalversammlung, Landeshauptstadt von Thüringen.

Weinmarkt Altstadt

In der RSZ schon so genannt, wahrscheinlich wegen der dort wohnenden Weinhändler und der Weinlager.

Weintraubengasse Altstadt

Der Name wurde 1806 eingeführt. Die dort liegende Wirtschaft wurde 1562 „Beim Ochsenfelder“, 1648 „Zu den 3 Königen“ und später „Weinträublein“ genannt.

Weinzierleiner Straße Gebersdorf

Das Dorf Weinzierlein liegt im Landkreis Fürth.

Weißdornweg Röthenbach bei Schweinau

Nach dem Weißdorn, der als Strauch oder Baum gepflanzt wird.

Weißenburger Straße Röthenbach bei Schweinau

Weißenburg in Mittelfranken an der Schwäbischen Rezat, Reste eines römischen Kastells „Castrum Biricianis“, 867 Königshof, 1314 Stadt, 1360 - 1802 freie Reichsstadt, 1802 bayerisch. Bei Weißenburg die Bergfeste Wülzburg, erst Kloster, dann Festung, jetzt Schullandheim.

Weißenoher Straße Ziegelstein

Das Dorf Weißenohe liegt vor Gräfenberg im Landkreis Forchheim. Es ist eine alte Klostersiedlung (Bierbrauerei).

Weißensee, Am Reichelsdorfer Keller

Nach einem alten Flurnamen.

Weißenseestraße Erlenstegen

In der Nähe liegt im Wald der versumpfte Weißensee.

Weißer Turm Altstadt

Der zum alten Mauerring gehörige Turm wurde im 13. Jahrhundert erbaut. Seinen Namen soll er nach seiner Nummernbezeichnung erhalten haben, die in weißer Farbe aufgetragen war.

Weißer Weg St. Jobst

In dieser Gegend gab es weißen Sand, vielleicht Einschwemmreste.

Weißgerbergasse Altstadt

Schon im Jahre 1254 wird bezeugt, daß hier in der RSZ die Weißgerber wohnten und werkten.

Welfenstraße Altenfurt

Die Welfen sind ein deutsches Fürstengeschlecht, das schon unter Karl dem Großen nachweisbar ist.

Wellenweg Buch

Er führte über ein leicht-welliges Gelände in der Nähe des Almoshofer Bühls.

Weller, Im Laufamholz

Nach einem alten Flurnamen.

Welserstraße Schoppershof

Dr. Ludwig Freiherr von Welser (1841 - 1931) war Regierungspräsident von Mittelfranken. Er war ein Sproß des alten Augsburg-Nürnberger Patriziergeschlechtes der Welser, die durch Großhandel reich geworden waren.

Welser

Weltenburger Straße Reichelsdorf

Nach dem Dorf und dem romantischen Kloster Weltenburg im Juradurchbruch der Donau (Asamkirche, Klosterbräu).

Wemdinger Straße Eibach

Wemding, eine Kleinstadt und Badeort im bayerischen Schwaben, Schwefelquellen. 898 Lehen des Hochstifts Regensburg, ab 1306 gehörte es den Grafen Öttingen, seit 1467 bayerisch (Wallfahrtskirche).

Wendelsteiner Straße Rangierbahnhof

Der Markt Wendelstein liegt im Landkreis Roth. Er hat mit den „Wenden" nichts zu tun, wie der Brunnen dort aussagt, sondern ist aus einem alten kaiserlichen Freigut entstanden. Berühmt war früher der Wendelsteiner Zucker (Zeidelbauern).

Wendlerstraße Galgenhof

Johann Wendler (gest. 1800) war ein bedeutender Nürnberger Buchhändler, der es durch eine Stiftung möglich machte, in Gostenhof ein Schulhaus zu errichten.

Wenzelstraße Leyh

Der deutsche König Wenzel, Sohn Karl IV., ist in Nürnberg am 26. 2. 1361 geboren.

Werderau, An der Werderau

Ludwig Werder (1808 - 1885), ein gebürtiger Schweizer, war Nürnberger Techniker und Industrieller (Werdergewehr, ein Hinterlader).

Werderstraße Rennweg

Vgl. Werderau.

Werkvolkstraße Röthenbach bei Schweinau
Dort ist die Siedlung des Wohnbauvereins „Werkvolk GmbH".

Wernerweg Langwasser
Johannes Werner (1468 - 1522) war Pfarrer und Mathematiker in Nürnberg, auch als Karthograph tätig. Er zeichnete die Kartennetze, schrieb ein Lehrbuch der Trigonometrie und lehrte, die geographische Länge durch Mondabstände zu berechnen.

Wernfelser Straße Eibach
Die Gemeinde Wernfels liegt im Landkreis Roth (Burg Wernfels).

Wertheimer Straße Großgründlach
Stadt Wertheim am Main in Baden-Württemberg, Fachwerkbauten, gotische Stadtkirche.

Wertinger Straße Gaulnhofen
Stadt Wertingen an der Donau, Landkreis Dillingen, Schloß, 1278 an Bayern.

Wespennest Altstadt
Dieses Gewinkel von alten und neueren Häusern wurde bereits 1655 so benannt, wohl sinnbildlich für die verschachtelte Bauweise des Häuserviertels.

Westendstraße Doos
Liegt am westlichen Ende der Stadt.

Westerwaldweg Gartenstadt
Der Westerwald ist ein Teil des Rheinischen Schiefergebirges, mit Braunkohlen, Eisen und Basaltkuppen.

Westtor oder Mohrentor Altstadt
1864 wurde hier die Mauer durchbrochen zu dem genannten Tor.

Westtorgraben Kleinweidenmühle
Nach dem Westtor.

Westtormauer Altstadt
Nach dem Westtor.

Westtorzwinger Altstadt
Nach dem Westtor.

Wettersteinstraße Langwasser
Benannt nach dem Gebirgsmassiv Wetterstein (Zugspitze 2964 m).

Wettinerstraße Altenfurt
Die Wettiner sind ein altes deutsches Herrschergeschlecht aus dem zwischen Saale, Bode und Harz gelegenen Nordschwabengau.

Wetzendorfer Straße Wetzendorf
Das Dorf Wetzendorf im Knoblauchsland wurde 1899 eingemeindet.

Wetzlarer Straße Großgründlach/Boxdorf
Stadt Wetzlar an der Lahn, romanisch-gotischer Dom, Stahl-, Eisen-, Leder- und optische Industrie.

Wichernstraße Langwasser
Johann Heinrich Wichern (1808 - 1881) war der Begründer des „Rauhen Hauses“ in Hamburg un der evangelischen Inneren Mission 1933.

Wichsensteinweg Kraftshof/Buchenbühl

Der Wichsenstein ist der dritthöchste Berg (578 m) der Fränkischen Schweiz.

Widhalmstraße Galgenhof

Die Widhalm waren eine berühmte Nürnberger Geigenmacherfamilie im 18./19. Jahrhundert.

Wiedersbacher Straße Röthenbach bei Schweinau

Das Pfarrdorf Wiedersbach liegt im Landkreis Ansbach.

Wielandstraße St. Johannis

Christ. Gottlieb Wieland (1789 - 1869) war Nürnberger Kaufmann. Er stiftete sein Vermögen und einen Garten, der dort lag, für wohltätige Zwecke.

Wiener Straße Eibach (Hafengebiet)

Wien, die Hauptstadt Österreichs, liegt an der Donau.

Wiesbadener Straße Großgründlach/Boxdorf

Wiesbaden, hessische Landeshauptstadt. Klassizistisches Schloß, Bundeskriminalamt, Statistisches Bundesamt, Hochschule für Politik, Industrie.

Wieselerstraße Schoppershof

Kommerzienrat Theodor Wieseler (1859 - 1924) gründete den Nürnberger Bund.

Wiesengrund, Am Worzeldorf

Nach den angrenzenden Wiesen.

Wiesenstraße Steinbühl

Dort lagen in der RSZ große Wiesen.

Wiesentalstraße St. Johannis

Sie liegt an den Wiesen im Pegnitztal.

Wildbahnstraße Eibach
Die Wildbahn ist der nahe Wald.

Wildenfelsweg Buchenbühl
Nach einem Felsberg in der Fränkischen Schweiz.

Wilderstraße Großreuth hinter der Veste
Georg Christoph Wilder (1797 - 1855) war Nürnberger Maler und Kupferstecher.

Wilhelm-Busch-Straße Doos
Wilhelm Busch (1832 - 1908) dichtete und zeichnete erste Comics (Max und Moritz, Die fromme Helene), Busch ist auch als Maler bekannt.

Wilhelminenstraße Lichtenhof
Nach dem weiblichen Vornamen.

Wilhelm-Löhe-Straße Gibitzenhof
Wilhelm Löhe (1808 - 1872) war evangelischer Pfarrer, in Fürth geboren, er schuf in Neuendettelsau bei Ansbach einen Verein der Inneren Mission für weibliche Diakonie.

Wilhelm-Marx-Straße St. Johannis
Wilhelm Marx (1784 - 1836) war Nürnberger Magistrat und Volksdichter.

Wilhelm-Raabe-Straße Erlenstegen
Wilhelm Raabe (1831 - 1910) war Dichter und Schriftsteller (Hungerpastor).

Wilhelmshavener Straße Thon
Nach der Hafenstadt am Jadebusen in Niedersachsen, früher Kriegshafen. 1872 erst Stadt. Jetzt Umschlaghafen für das Ruhrgebiet.

Nürnberger Schönbartbuch

Wilhelm-Spaeth-Straße St. Peter
Johann Wilhelm Spaeth (1786 - 1854) war der Gründer der ersten bayerischen Maschinenfabrik in Nürnberg.

Wilhelmstraße St. Leonhard
Nach dem männlichen Vornamen.

Wilhermsdorfer Straße Gebersdorf
Wilhermsdorf liegt im Landkreis Fürth, Marktflecken.

William-Wilson-Straße Rangierbahnhof
Der Engländer William Wilson (gest. 1862) war der erste Lokomotivführer der 1835 erbauten Ludwigseisenbahn Nürnberg - Fürth.

Willibaldstraße Schoppershof
Vermutlich nach dem heiligen Willibald (um 745), dem Bruder der heiligen Walburgis, die zusammen um 770 im Altmühltal missionierten.

Willigisstraße Moorenbrunn
Willigis (geb. um 950, gest. 1011) war Erzbischof von Mainz und 971 Kanzler Otto des Großen.

Willstätterstraße Großreuth bei Schweinau
Richard Willstätter (1872 - 1942) war Chemiker. Er machte sich verdient um die Erforschung von Alkaloiden, Chlorophyll und Enzymen. 1915 Nobelpreis.

Willstraße Gostenhof
Georg Andreas Will (1727 - 1798) war Professor in Altdorf für Geschichte und Politik. Er schrieb über Nürnberg. „Geschichte des Nürnbergischen Schönbartlaufens" (1761).

Willy-Schmitzer-Weg Schoppershof
Nach Willy Schmitzer (1905 - 1973), Nürnberger Mundartlyriker.

Wimpfener Straße Röthenbach bei Schweinau
Wimpfen liegt am Neckar in Baden-Württemberg. Im 13. Jahrhundert Reichsstadt.

Wind, An der Neunhof
Mundartliche Bezeichnung für den ehemaligen Weiher in Neunhof.

Windenstraße Moorenbrunn
Benannt nach den Winden, einem südslawischen Volksstamm in Kärnten.

Windsbacher Straße Gebersdorf

Die Stadt Windsbach liegt in Mittelfranken, Landkreis Ansbach, an der Fränkischen Rezat, wurde 1200 Stadt, fiel 1292 an die Burggrafen von Nürnberg, war dann ansbachisch und 1809 bayerisch. Pfarrwaisenhaus mit den Windsbacher Sängerknaben.

Windsheimer Straße Gebersdorf

Bad Windsheim an der Aisch in Mittelfranken, Sol- und Mineralbad. 823 schon genannt, wurde im 12. Jahrhundert Stadt, 1341 - 1802 Reichsstadt, dann bayerisch, 1804 preußisch, 1806 - 1810 französisch, dann wieder bayerisch.

Windthorststraße Langwasser

Ludwig Windthorst (1812 - 1891) war der Führer der Deutschen Zentrumspartei.

Winkel, Im Gartenstadt

Nach seiner Lage so genannt.

Winklerstraße Altstadt

1811 benannt nach der dort wohnenden Familie Winkler von Mohrenfels. Sie erhielt 1501 einen Wappenbrief. 1727 wurde Wolfgang Christoph Winkler in die Reichsritterschaft aufgenommen.

Winner Zeile Laufamholz

Winn ist ein Ortsteil von Weißenbrunn im Landkreis Nürnberger Land, ehemals nürnbergisch.

Winter-Günther-Straße Gibitzenhof

Berthold Winter-Günther (1869 - 1944) war Generaldirektor der Siemens-Schuckert-Werke in Nürnberg. Er war Verwaltungsratvorsitzender der Bayerischen Landesgewerbeanstalt.

Wintersdorfer Weg Großreuth bei Schweinau
Wintersdorf liegt an der Bibert im Landkreis Fürth.

Winterstraße Großreuth bei Schweinau
Nach der Jahreszeit.

Winzelbürgstraße Schoppershof
Benannt nach dem früher dort liegenden Landgut Winzelbürg.

Wirthstraße Galgenhof/Lichtenhof
Ambrosius Wirth (1656 - 1723) war Prediger am Heilig-Geist-Spital. Er stiftete die Wirthschule, eine Armenschule der Reichsstadt Nürnberg.

Wöhrder Hauptstraße Wöhrd
Wöhrd von Werd = hochgelegenes Ufer. Gehörte schon im 13. Jahrhundert den Nürnberger Burggrafen, die es 1427 an die Freie Reichsstadt verkauften, als sie für Brandenburg Geld brauchten. 1825 eingemeindet. Die Bartholomäuskirche enthielt viele Kunstschätze. Sie wurde im Markgrafenkrieg 1552 und im zweiten Weltkrieg zerstört und wieder aufgebaut.

Wirtsacker, Am Großreuth bei Schweinau
Nach einem alten Flurnamen.

Wismarer Straße Thon
Nach dem Ostsee-Ort Wismar.

Wissmannplatz Ziegelstein
Hermann von Wissmann (1835 - 1905) war deutscher Afrikaforscher.

Wissmannstraße Ziegelstein
Vgl. Wissmannplatz.

Witschelstraße Sündersbühl

Johann Heinrich Witschel (1769 - 1847) war evangelischer Pfarrer in Nürnberg, geistlicher Schriftsteller und Mundartdichter.

Wittekindstraße Muggenhof

Altdeutscher Vorname (Widukind war der von Karl dem Großen besiegte Sachsenherzog, der sich unterwarf und 785 taufen ließ).

Wittelsbacherstraße Altenfurt

Die Wittelsbacher sind ein Herrschergeschlecht, hervorgegangen aus dem bayerischen Grafengeschlecht von Scheyern.

Witzlebenstraße Schoppershof

Erwin von Witzleben (1881 - 1944) war Generalfeldmarschall und Widerstandskämpfer.

Wodanstraße Lichtenhof/Forsthof

Der oberste Gott der Germanen (Odin der nordischen Sage).

Wöhrder Kreugasse Wöhrd

Vermutlich nach dem Wirtshaus „Zum schwarzen Kreuz“.

Wöhrder Schulgasse Wöhrd

Dort lag früher die Wöhrder Schule.

Wöhrder Talübergang Wöhrd

Nach dem schon alten Talübergang über die Pegnitz nach St. Peter.

Wöhrder Tor Altstadt

Benannt nach dem früher dort befindlichen Tor.

Wöhrder Wiesenweg Marienvorstadt

Führt über die Pegnitzwiesen.

Wöhrder Wollengasse Wöhrd

In der RSZ wohnten und werkten dort die „Wollenweber".

Wölckernstraße Galgenhof

Lazarus Karl von Wölckern (1695 - 1761) war Nürnberger Ratskonsulent und Historiker.

Wörnitzstraße Großreuth bei Schweinau

Die Wörnitz ist ein Nebenfluß der Donau, entspringt an der Frankenhöhe.

Wörthstraße, Obere und Untere Altstadt

Hart an der Pegnitz, daher Wörth = Werd = hohes Ufer.

Wohlauer Straße Langwasser/Altenfurt

Wohlau, Stadt in Niederschlesien mit Piastenschloß, kam 1740 an Preußen.

Wolfgangstraße Thon

Nach dem männlichen Vornamen.

Nürnberg. Prospect bey dem Wördher Thür gegen die Vorstadt Wördh. — Vue de Nuremberg pres de la Porte qui regarde le Fauxbourg de Woerdh

Wolframs-Eschenbacher-Straße Großreuth bei Schweinau

Stadt Wolframs-Eschenbach in Mittelfranken, Landkreis Ansbach. Mittelalterliches Stadtbild, ehemalige Deutschordenskirche, Geburtsort des Minnesängers Wolfram von Eschenbach (Hauptwerk: Parzival).

Wolfshof, Am Fischbach

Nach einem alten Flurnamen.

Wolfsmantelweg Großgründlach

Nach einem alten Flurnamen.

Wolfsteiner Straße Gartenstadt

Nach dem Pfälzer Ort Wolfstein an der Lauter.

Wolgaster Straße Schnepfenreuth

Kreisstadt Wolgast an der Peenemündung in Pommern. Schiffbau, Metall- und Lederindustrie. Im 17./18. Jahrhundert oft umkämpfte Festung.

Wolgemutstraße Sündersbühl

Michael Wolgemut (1434 - 1519) war bedeutender Maler der Reichsstadt und der Lehrer Albrecht Dürers.. Er führte die Werkstatt von Pleydenwurff weiter. Er schuf viele Altäre und illustrierte die Schedelsche Weltchronik.

Wolkersdorfer Straße Katzwang

Wolkersdorf ist ein Ortsteil von Schwabach.

Wollengäßchen Altstadt

Dort befand sich der Wollenmarkt und die Wohnung des Wollenschauers, der aus der Tuchmacherzunft gewählt wurde. Dieser bezeichnete die Wolle mit seinem Siegel, dann erst durfte sie an die Huter und Tuchmacher verkauft werden.

Wollentorstraße Wöhrd
Benannt nach dem Wöhrder Wollentor.

Wolliner Straße Röthenbach bei Schweinau
Die pommersche Stadt Wollin an der Dievenow treibt Schiffbau und Fischhandel. Es ist das alte Julin, das schon die Wikinger kannten und war Hansestadt.

Wormser Straße Röthenbach bei Schweinau
Worms, die Stadt am Rhein, mit berühmtem romanischen Dom mit Kaisergräbern. Die Kelten nannten es Borbetomagus, die Römer Civitas Vangonium. Bis zum 5. Jahrhundert römisch, dann burgundische Hauptstadt (Nibelungen), im 13. Jahrhundert freie Reichsstadt, 1797 wurde es französisch, kam 1816 zu Hessen und 1945 zu Rheinland-Pfalz.

Worzeldorfer Hauptstraße Worzeldorf
Worzeldorf ist ein Ortsteil von Nürnberg, 1974 eingemeindet.

Worzeldorfer Kirchsteig Worzeldorf
Er führt zur Kirche nach Kornburg.

Worzeldorfer Straße Rangierbahnhof
Ortsteil Worzeldorf.

Wredestraße Großreuth bei Schweinau
Mathilda Wrede (1864 - 1928) war Sozialarbeiterin und Philantropin.

Wunderburggasse Altstadt
Dort lag in der RSZ der Hof „Wunderburg".

Wunibaldstraße Schoppershof
Der heilige Wunibald war der Bruder des heiligen Willibald. Er war der Gründer und der erste Abt des Klosters Heidenheim, 701 - 761.

Würfelstraße Mögeldorf
Andreas Würfel (1718 - 1769) war Nürnberger Historiker.

Würzburger Straße Boxdorf
Nach der fränkischen Wein- und Barockmetropole Würzburg in Unterfranken.

Wurfbeinstraße Mögeldorf
Leonhard Wurfbein (1581 - 1654) war Nürnberger Jurist und Historiker.

Wurzelbauerstraße Gärten hinter der Veste
Benedikt Wurzelbauer (1548 - 1620) war Erzgießer in Nürnberg. Er schuf den Tugendbrunnen an der Lorenzkirche.

Wurzelgasse Altstadt
Vermutlich stammt die Bezeichnung von einem dort gelegenen Wirtshaus „Im Würzelein".

Wurzgartenstraße Buch
Der Wurzgarten ist der Haus- und Pflanzengarten im Knoblauchsland.

Xantener Straße Ziegelstein
Stadt Xanten am Rhein mit romanisch-gotischem Dom. Römisches Lager (Castra vetera), nach dem Nibelungenlied eine Königsstadt. Metallindustrie.

Yorckstraße Schoppershof
Graf von Yorck (1759 - 1830) war preußischer Generalfeldmarschall in den Befreiungskriegen (Konvention von Tauroggen, 1812).

Zähringerstraße Altenfurt
Die Zähringer sind ein süddeutsches Adelsgeschlecht, als dessen Ahnherr Landold gilt.

Zapfengasse Erlenstegen
Hieß bis zur Eingemeindung von Erlenstegen 1902 „Büttnersgasse".

Zaungasse Eibach
Hieß bis zur Eingemeindung 1924 „Bogenstraße".

Zaunkönigweg Herpersdorf
Nach dem Vogelnamen.

Zedernstraße Gebersdorf
Nach dem Zedernwald, den die Familie Faber von Stein im 19. Jahrhundert anlegte. Er wurde leider in der Nachkriegszeit verheizt.

Zeidlergäßchen Wöhrd
Nach den Zeidlern, den Bienenzüchtern.

Zeisigweg Wetzendorf/Thon
Nach dem Singvogel.

Zeißstraße Gärten bei Wöhrd
Carl Zeiß (1816 - 1888) war der Gründer der Zeißwerke in Jena. (Optische Instrumente, Linsen, Photo, Jenaer Glas.)

Zeitenwendeplatz Eibach
Hieß bis 1924 (Eingemeindung) Schillerplatz.

Zeltnerstraße Tafelhof
Johannes Zeltner (1802 - 1882) baute dort eine Ultramarinfabrik (Leykauf).

Zengerstraße Rangierbahnhof

Karl von Zenger (1838 - 1905) war Generaldirektor der bayerischen Eisenbahnen und Erbauer des Nürnberger Hauptbahnhofes.

Zennweg Gebersdorf

Die Zenn ist ein Nebenfluß der Regnitz.

Zeppelinfeld Dutzendteich

Auf dem heutigen Brachland hinter dem Dutzendteich landete an Pfingsten 1909 zum erstenmal das Luftschiff Graf Zeppelin in Nürnberg.

Zeppelinstraße Dutzendteich

Graf Ferdinand von Zeppelin (1838 - 1917) war der Erfinder und Erbauer des lenkbaren Luftschiffes. Er schuf das Starrluftschiff. Werke in Friedrichshafen.

Zerzabelshofer Hauptstraße Gleißhammer/Zerzabelshof

Schon im frühen Mittelalter ein Förster- und Zeidelgut „Zum Zagelhof". Das Schloß besaßen die Löffelholz, Schlee und Freiherr von Metthing. Name Zabel aus Zagel = Zipfel in den Wald ragend.

Zerzabelshofstraße Zerzabelshof

Führt nach Zerzabelshof (Zabo).

Zickstraße Gostenhof

Stephan Zick (1659 - 1715) war Nürnberger Beindrechsler. Er erfand das künstliche Auge.

Ziegelsteinstraße Herrnhütte/Loher Moos/Ziegelstein

Ziegelstein wurde 1925 eingemeindet. Es war eine Rodung im Knoblauchsland, mit Ziegeleien (Keuperletten auf dem Haidberg). Im 13. Jahrhundert Hallersches Reichslehen, später den Imhoff gehörend, hat Wasserschlößchen.

Ziegenstraße Mögeldorf

Hieß vor der Eingemeindung Mögeldorfs 1900 „Gaisberg".

Zillerstraße Moorenbrunn

Die Ziller ist ein Nebenfluß des Inn.

Zinkenwerderstraße Großgründlach

Benannt nach dem ehemaligen Zinkenwerdertor.

Zirkelschmiedsgasse Altstadt

1811 wurde die Straße so genannt nach dem Handwerk der Zirkelschmiede, heute Reißzeugmacher. Sie trug früher die Bezeichnung „Hohes Pflaster", wahrscheinlich wegen der Sprungsteine, die früher in den ungepflasterten Gassen üblich waren, um bei Regen nicht in den Schmutz steigen zu müssen.

Zirndorfer Straße Gebersdorf

Zirndorf im Bibertgrund, am Fuß der Alten Veste, Landkreis Fürth. Sicher ist der Ort schon um 1100 bekannt gewesen (1422 wurde die Kirche in Vach von der Mutterkirche in Zirndorf getrennt). Ob der Name von der Zirbelkiefer oder Zierodorf = Burgdorf kommt, ist nicht einwandfrei nachzuweisen. Metall- und Spielwaren, Spiegel.

Zitronenweg Gebersdorf

Nach der Zitrone, der Frucht des Zitronenbaumes.

Zochastraße Mögeldorf

Karl Friedrich Zocha (1683 - 1749) war Ansbacher Hofbaumeister.

Zollerstraße Sündersbühl

Oskar Freiherr von Zoller (1809 - 1865) war bayerischer General.

Zollhaus, Am Langwasser
Benannt nach dem früheren Ort Zollhaus an der Straße nach Wendelstein.

Zollhausstraße Langwasser
Nach dem früheren Zollhaus, das an der Straße nach Wendelstein liegt.

Zollhof Steinbühl
Dort steht das Zollamt und das Lagerhaus dieses Amtes.

Zuckermandelweg Höfen
Wilhelm Zuckermandel (1767 - 1839) war Nürnberger Mundartdichter und von Beruf Schneidermeister.

Zufuhrstraße Gostenhof
Sie ist der Zugang zum Güterbahnhof.

Zugspitzstraße Langwasser
Die Zugspitze (2964 m über NN) ist der höchste Berg Deutschlands im Wettersteingebirge.

Zur Hohen Weide Großgründlach
Alter Flurname.

Zur Schlottareuth Großgründlach
Alte Flurbezeichnung.

Zum Schüsselstein Fischbach
Alter Flurname.

Zweibrückener Straße Schweinau
Zweibrücken in der Rheinpfalz, 1170 schon bezeugt, 1352 Stadt, bayerisch, dann französisch bis 1814, dann bayerisch, jetzt Rheinland-Pfalz. Textil- und Schuhfabrik.

Zweigstraße Sündersbühl
Hieß bis 1898 (Eingemeindung) Gartenstraße.

Zwernberger Straße Großreuth bei Schweinau
Die Gemeinde Zwernberg liegt im Landkreis Ansbach.

Zwickauer Straße Schoppershof
Zwickau an der Zwickauer Mulde in Sachsen hat alte Kirche, Gewandhaus. Dort wurde Robert Schumann geboren. Um 1220 schon Stadt.

Zwieselbachweg Röthenbach bei Schweinau
Der Zwieselbach ist ein Nebenflüßchen der Rednitz.

Zwieseler Straße Mögeldorf
Zwiesel liegt im Bayerischen Wald am Schwarzen Regen, ist Luftkurort, hat Glasindustrie. Es entstand als Salzzollstätte, wurde 1342 Markt und 1904 Stadt.

Zwingerstraße, Mittlere, Obere und Untere Gärten bei Wöhrd
Erinnert an den alten Grabenzwinger des früher befestigten Wöhrd.

Zwinglistraße Lichtenhof
Ulrich Zwingli (1484 - 1531) war Schweizer Reformator.

Im Verlag A. Hofmann sind ferner erschienen:

Friedrich Mader / Hans Max von Aufsess
NÜRNBERG
Bilder einer Stadt
Groß-Bildband farbig und schwarz-weiß, Leinen, 224 Seiten, 27 x 33 cm

Nürnberger Erinnerungen 1
Nürnberger Erinnerungen 2
Nürnberger Erinnerungen 3
Eine Foto-Dokumentation
Drei Bildbände mit je 180 Fotos aus den Jahren 1920 — 1945, Leinen, je 192 Seiten, 24 x 22 cm

Herbert Maas
Nürnberg, Geschichte und Geschichten
Nürnberger Geschichte für jung und alt, Linsonleinen, 254 Seiten, 16 x 24 cm

Franz Ströer / Sigrid Sangl
Die Burg zu Nürnberg
Repräsentativer Bildband, farbig und schwarz-weiß, Leinen, 128 Seiten, 23 x 30 cm

Eugen Schöler
Eine Lanze für Franken
Humorvoll-geschichtliche Anekdoten zum Lobe Frankens, mit Zeichnungen, Pappband, 84 Seiten, 20 x 21 cm

Margarete Zschörnig
Eine Liebe in N
Nürnberger Roman, der in Fortsetzungen bereits in der NZ erschien, Pappband, 176 Seiten, 12 x 17 cm

Sagen aus Nürnberg:
Heft 1: Die Kaiserlein
Heft 2: Till Eulenspiegel in Nürnberg
jeweils 32 farbige Seiten, Broschur, 17 x 24 cm

E. Eichhorn/G. W. Schramm/O. P. Görl
3 x Nürnberg
Eine Bilderfolge aus unserem Jahrhundert, umfangreicher Textteil, Leinen, 276 Seiten, 24 x 22 cm

Franz Ströer / Gustav Roeder
NÜRNBERG
Romantik einer Stadt
Repräsentativer Bildband, farbig und schwarz-weiß, Texte in Deutsch, Englisch und Französisch, Leinen, 116 Seiten, 23 x 30 cm

Friedrich Mader / Irene Reif
Rothenburg ob der Tauber
Repräsentativer Bildband, farbig und schwarz-weiß, Texte in Deutsch, Englisch, Französisch und Japanisch, Leinen, 108 Seiten, 23 x 30 cm

Friedrich Mader / Wilhelm Schwemmer
LAUF · Bild einer Stadt
Repräsentativer Bildband, farbig und schwarz-weiß, Leinen, 104 Seiten, 23 x 30 cm

Friedrich Mader / Dietrich Kappler
HERSBRUCK
Stadt und Land
Repräsentativer Bildband, farbig und schwarz-weiß, Leinen, 104 Seiten, 23 x 30 cm

Friedrich Mader / Emil Ammon
FÜRTH · Bild einer Stadt
Repräsentativer Bildband, farbig und schwarz-weiß, Leinen, 124 Seiten, 23 x 30 cm

Friedrich Mader / Eugen Schöler
SCHWABACH
Bild einer Stadt
Repräsentativer Bildband, farbig und schwarz-weiß, Leinen, 108 Seiten, 23 x 30 cm

Verkauf nur über den Buchhandel